# 創造された「故郷」

## ケーニヒスベルクからカリーニングラードへ

Создавая родину на чужбине:
от Кёнигсберга к Калининграду

# 創造された「故郷」
## ケーニヒスベルクからカリーニングラードへ

ユーリー・コスチャショーフ 著
Юрий Костяшов
橋本伸也　立石洋子 訳
Nobuya Hashimoto　Yoko Tateishi

岩 波 書 店

Создавая родину на чужбине : от Кёнигсберга к Калининграду
(Creating a Homeland in a Foreign Land: From Königsberg to Kaliningrad)

by **Юрий Костяшов** (Yury Kostyashov)



Originally written in Russian and
first published 2019
as the Japanese edition
by Iwanami Shoten, Publishers, Tokyo
by arrangement with the Author.

# はじめに

第二次世界大戦はヨーロッパの地図を塗り変えた。一九四五年以降、ポツダム会談の決定によりその一部がソ連に編入された時から、ドイツ辺境のとあるひとつの州でも新たな時間を刻み始めた。東プロイセンが西部ロシアとなり、ケーニヒスベルクがカリーニングラードとなって久しいが、当時この地ではいったい何が起こったのだろうか。このことは、久しく書くことも語ることもできなかった。一九八〇年代後半のペレストロイカ期にはじめて、地域の過去についての禁が解かれて、それまで「秘」印を付されていたアーカイヴ資料が研究者の手に届くようになった。カリーニングラードの人びとは自分たちの暮らす地域、この小さな故郷の過去をはじめてみずからのために開放し始めた。この開放には、ひとかたならぬ強い情緒的困難が伴った……。

一九九〇年代初頭、カリーニングラードの街中に最初のドイツ人旅行者の姿が見られるようになったが、彼らはおよそ旅行好きや異国情緒好きのようには見えなかった。年配で、なかには悲しげな目をした相当の高齢者もいた。単身ないし小さなグループで、街区をひとつひとつ途方に暮れたように物静かにさまよい、永遠に消え去った過去の痕跡を見つけようとしているようでもあり、あるいはずっと以前に通り過ぎた日々の光景をせめて記憶のなかに蘇らせようとしているかのようでもあった。わずかに、ごくわずかだが、幸運の女神が微笑むこともあった。かつて生を受けて幸福な日々を過ごした家を見つけたのだ。あるいはそんな気がしただけだったのかもしれない。おずおずとドアをノックしたり、呼び鈴を鳴らしたりして、扉が開くと通訳を介して、下手なロシア語で、あるいは身振り手振りで、かつて半世紀ほど前に自分たちはここに住んでいたので、生家の建物を見せていただきたいだけなのですが、と説明した。

あるとき本書の著者のアパートの扉で呼び鈴が鳴った。入り口には、白髪で地味な服装の背の低い年配の女性が立っていた。ずいぶんどぎまぎしていて、ドイツ語・英語・ロシア語をまぜて、これは「私の家《マイン・ハウス》」で一二歳の時にここを立ち去ったのだと説明し、なかに入ってもよいかと許しを乞うてきた。この女性は、室内に足を踏み入れると壁に手を触れ、小声でなにか囁き、幼時から記憶してきた室内の細部を思い出したかのようにときおり頷くこともあれば、頭を横に振ることもあった。きっとこんな意味だったに違いない。いやいや、私たちの時はこんなではなかった、と。通訳抜きでは会話も成り立たないから、アパートの主人《あるじ》にできることといったら、客人に愛想よく微笑みかけて、事情はわかっていますし同情していますよと、態度で示すことだけだった。時には、腰を下ろしてお茶はいかがと勧める場合もあったが、普通、返事はお断りで、これはけっして横柄なのではなく、自分が訪問したことで主人に迷惑や不安な思いをさせたくないというだけのことである。

訪問は一五分にも満たなかっただろう。辞去する際に客人は感謝の言葉を述べ、暖かく微笑んだが、目には変わらず悲しみがたたえられていた。しかし今では、この悲しみは晴れやかなものになったのではないかという気がする。

二年が経過した。あるときポストから一枚の紙片を取り出した。白黒の線画のコピーで、湖畔にある私たちの二階建ての家であることがすぐにわかった。この街区で唯一、戦争をくぐり抜けて残った建物だったのである。この絵では建物の左側、高い塀のくぐり戸のところに三人の姿が描かれていた。女性、男性そして小さな女の子である。右下には絵を描いた人のサイン(ラテン文字のHR)と、一九三五年という年代が記されていた。「ケーニヒスベルクからの挨拶状」である。この言葉は伝統的に、街の様子を描いた戦前の絵はがきに印刷されていたものだ……。

ケーニヒスベルクのヴェルフ湖畔，ローゼンクランツ並木道沿いの住居，1935 年．右下の 1935 の数字の上に小さく HR とある

*

日本の読者にお届けするこの書物は、戦後、ドイツの一地方であった東プロイセンがソ連のカリーニングラード州に変貌したことをとりあげて、一九四五年から二一世紀初頭にいたるこの地域の歴史上もっとも重要な側面を扱っている。東プロイセンとロシアとの古くからの歴史的つながり、二〇世紀の二つの世界大戦の帰結、一九四五年のソ連領編入、移民の過程、ソヴィエトの移住者の日常生活、ドイツへの強制移住以前のドイツ人とロシア人との相互関係も論じている。特に重きを置いているのは、ドイツ的な歴史文化遺産にたいする新たな移住者たちの態度、記憶の政治、そし

てカリーニングラードの人びとの地域アイデンティティの形成である。

本書執筆の基礎となった史料は、中央（モスクワ）と地元（カリーニングラード）のアーカイヴに収められた文書類、雑誌・新聞、そしてオーラル・ヒストリーによる証言である。一九八八年以来、カリーニングラード大学の教師陣と学生たちは、著者の発意と指導のもとに、戦後、カリーニングラード州に来た初期の移住者たちのインタヴュー（記憶の記録化）に取り組んできた。これら古老らの生きた語りの一部は、オーラル・ヒストリーのジャンルに属する『ソヴィエト移住者の見た東プロイセン』という書物として公刊され、これは三つの言語で五つの版を重ねてきた(1)。

著者は四半世紀以上にわたってロシア・ドイツ関係史に従事し、旧東プロイセンの戦後の運命と、この地域がロシア連邦のひとつの構成部分へと変貌し統合される過程を研究してきた。本書はある意味で、多年にわたる学術研究の総決算である。この地域の実相に馴染みのない日本の読者のために特に心がけたのは、テクストをよりわかりよいものにすることとあわせて、注記や索引などを短縮し簡素化することである。日本の読者にロシアでもユニークなひとつの地方について知っていただくことで、ロシア国民と日本国民とのあいだの相互理解の発展が促進され、二国間関係における未解決の問題を解消する一助となることを著者は希望している。

ユーリー・コスチャショーフ

［付記］　本書中で所蔵写真を公開する機会を与えてくださったことについて、国立カリーニングラード州文書館に感謝申し上げる。

創造された「故郷」

# 目次

はじめに
現在のヨーロッパ地図／地名対照表／
現在のカリーニングラード州／ソ連構成共和国

第Ⅰ部　ケーニヒスベルクの時代
第1章　ピョートル大帝からロシア革命まで …… 3
第2章　ロシア革命から第二次世界大戦まで …… 21

第Ⅱ部　カリーニングラード州の成立
第3章　第二種立入禁止地区 …… 41
第4章　残留ドイツ人 …… 57
第5章　ソヴィエトの移住者たち――カリーニングラード州への大規模移住 …… 87

第6章　スターリンのカリーニングラード州建設計画……105

## 第Ⅲ部　スターリニズム末期のカリーニングラード

第7章　新たな都市　新たな生活——移住者たちの日常生活……125
第8章　戦後カリーニングラード州農村の日常生活……145
第9章　ドイツ人のドイツへの強制移住……167
第10章　戦後スターリン期における「プロイセン的精神の追放」のための闘い……183

## 第Ⅳ部　ポスト・スターリン期のカリーニングラード

第11章　ポスト・スターリン期の記憶政治……207
第12章　ペレストロイカとその後——カリーニングラードの開放……223
結語　遺産はいかに扱われたのか——結論に代えて……245

訳者あとがき……251
注
人名・事項索引
地名索引

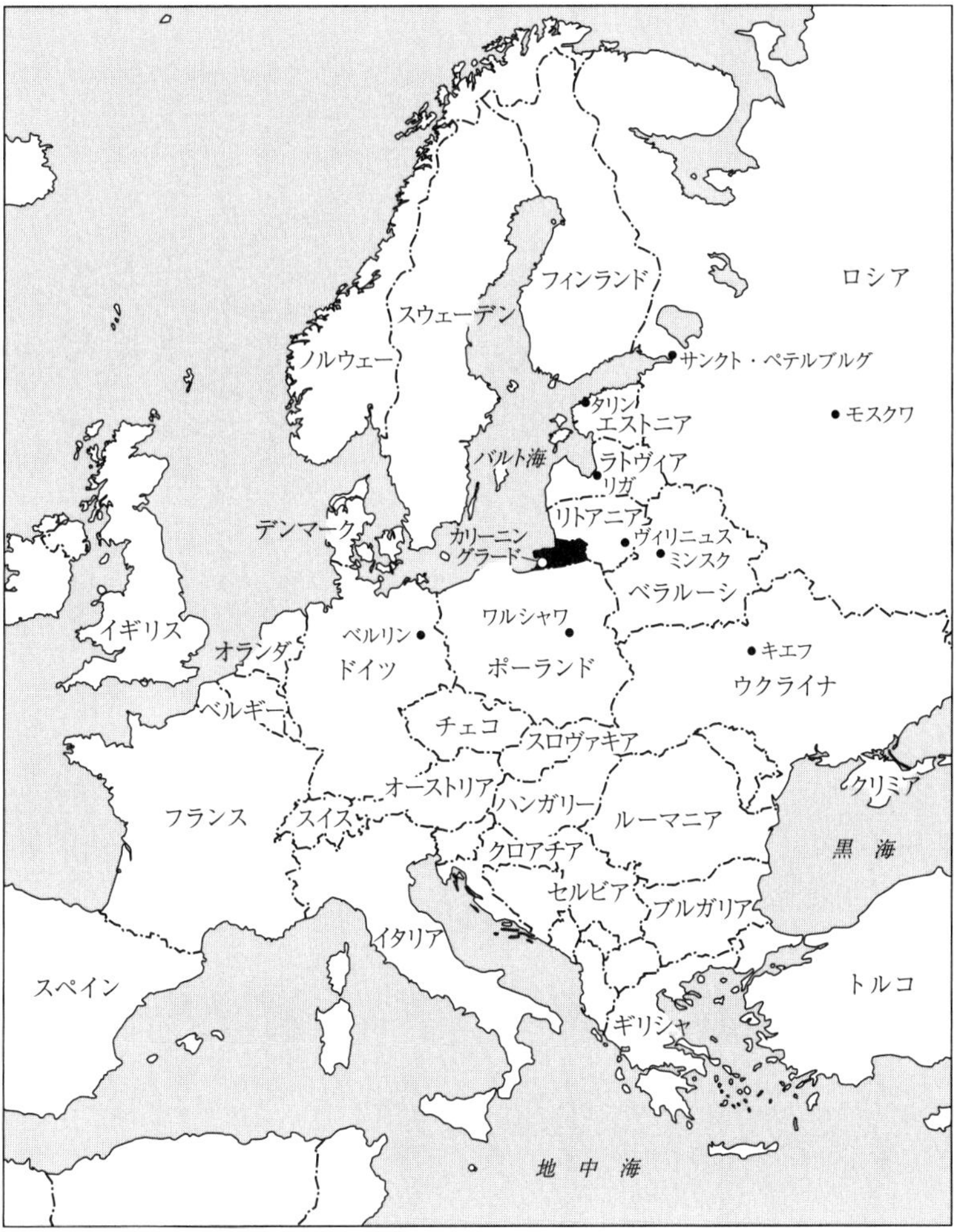


**現在のヨーロッパ地図**

カリーニングラード州はリトアニアとポーランドの間に位置している

## 地名対照表

| ロシア語名 | ドイツ語名 |
|---|---|
| オジョールスク(Озёрск) | ダルケーメン(Darkehmen) |
| カリーニングラード(Калининград) | ケーニヒスベルク(Königsberg) |
| グヴァルヂェイスク(Гвардейск) | タピアウ(Tapiau) |
| グーセフ(Гусев) | グンビンネン(Gumbinnen) |
| クラスノズナメンスク(Краснознаменск) | ラスデーネン(Lasdehnen) |
| グリエフスク(Гурьевск) | ノイハウゼン(Neuhausen) |
| ジェレズノダロジュヌィ(Железнодорожный) | ゲルダウエン(Gerdauen) |
| ジリノ(Жилино) | スチッレン／シッレン(Szillen／Schillen) |
| スヴェトロゴルスク(Светлогорск) | ラウシェン(Rauschen) |
| ズナメンスク(Знаменск) | ヴェーラウ(Vehlau) |
| スラフスク(Славск) | ハインリヒスヴァルデ(Heinrichswalde) |
| ゼレノグラツク(Зеленоградск) | クランツ(Cranz) |
| ソヴィエツク(Советск) | ティルジット(Tilsit) |
| チェルニャホフスク(Черняховск) | インステルブルク(Insterburg) |
| チェルヌィシェフスコエ(Чернышевское) | アイトクーネン(Eydtkuhnen) |
| チストゥイエ・プルドゥイ(Чистые Пруды) | トルミンゲン(Tollmingen) |
| ドブロヴォリスク(Добровольск) | ピルカレン(Pillkallen) |
| ネステロフ(Нестеров) | シュタルペーネン(Stallupönen) |
| ネマン(Неман) | ラグニット(Ragnit) |
| バグラティオノフスク(Багратионовск) | プロイセン・アイラウ(Preussisch-Eylau) |
| バルティスク(Балтийск) | ピッラウ(Pillau) |
| ピオネールスキー(Пионерский) | ノイクーレン(Neukuhren) |
| プラヴヂンスク(Правдинск) | フリートラント(Friedland) |
| フラボロヴォ(Храброво) | ポヴンデン(Powunden) |
| プリモルスク(Приморск) | フィシュハウゼン(Fischhausen) |
| ポレッスク(Полесск) | ラビアウ(Labiau) |
| マモノヴォ(Мамоново) | ハイリゲンバイル(Heiligenbeil) |
| ヤンタルヌィ(Янтарный) | パルムニケン(Palmnicken) |
| ラドゥシキン(Ладушкин) | ルートヴィヒスオルト(Ludwigsort) |
| ルィバチィ(Рыбачий) | ロッシテン(Rossitten) |

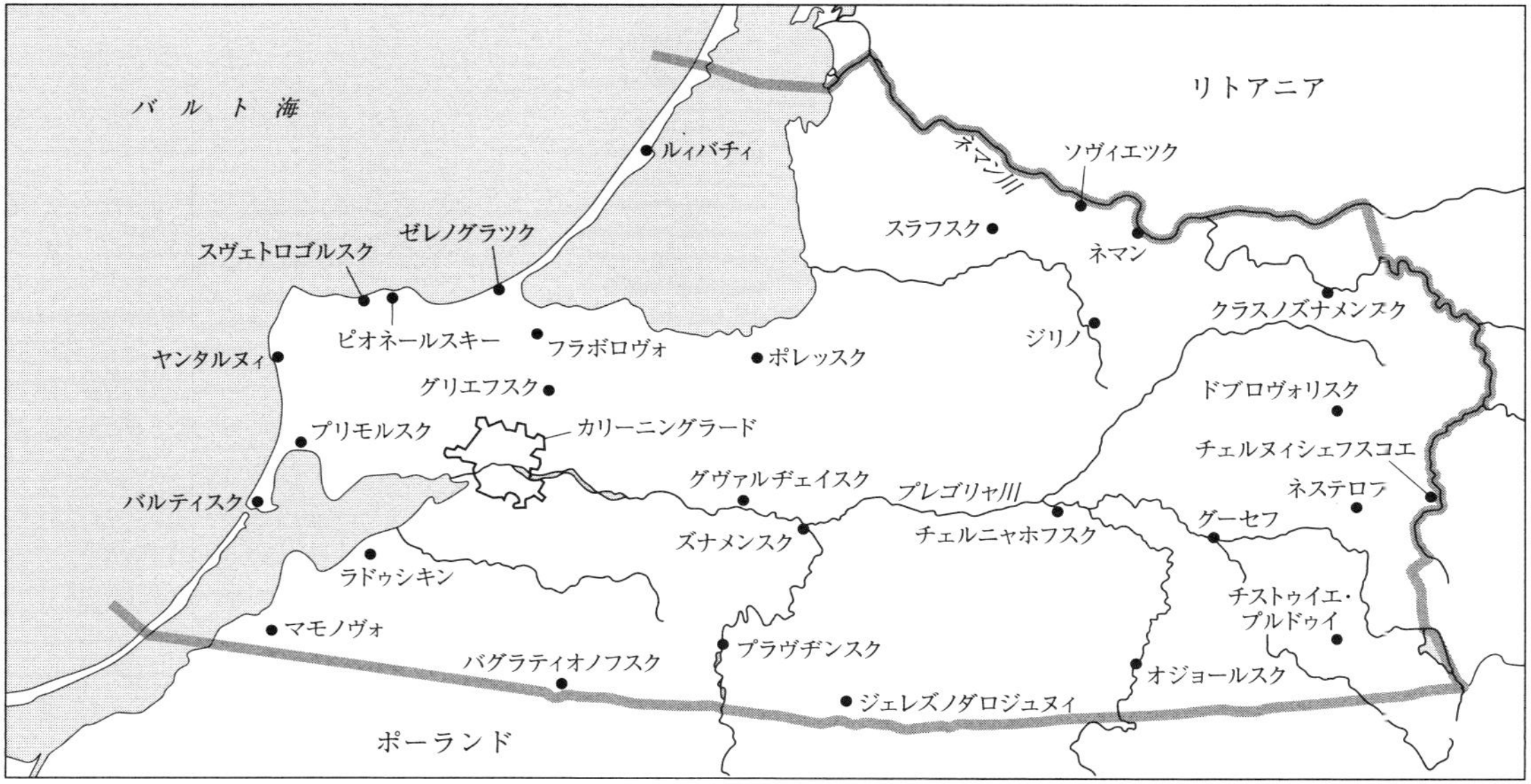


## 現在のカリーニングラード州

太いグレーの線はカリーニングラードの国境

**ソ連構成共和国**

①ロシア・ソヴィエト連邦社会主義共和国　②エストニア・ソヴィエト社会主義共和国
③ラトヴィア・ソヴィエト社会主義共和国　④リトアニア・ソヴィエト社会主義共和国
⑤白ロシア・ソヴィエト社会主義共和国　⑥モルダヴィア・ソヴィエト社会主義共和国
⑦ウクライナ・ソヴィエト社会主義共和国　⑧グルジア・ソヴィエト社会主義共和国
⑨アルメニア・ソヴィエト社会主義共和国　⑩アゼルバイジャン・ソヴィエト社会主義共和国
⑪トルクメン・ソヴィエト社会主義共和国　⑫ウズベク・ソヴィエト社会主義共和国
⑬カザフ・ソヴィエト社会主義共和国　⑭タジク・ソヴィエト社会主義共和国
⑮キルギス・ソヴィエト社会主義共和国

**本書に登場するロシア共和国(①)の都市**

a レニングラード　b スモレンスク　c ブリャンスク　d モスクワ　e カルーガ　f クルスク　g ヤロスラヴリ　h ウラジーミル　i リャザン　j タンボフ

# 第Ⅰ部

# ケーニヒスベルクの時代

# 第1章 ピョートル大帝からロシア革命まで

## バルト地方におけるドイツ人の「島」

東プロイセンのユニークさは、今から八世紀前に運命的に決まったものだ。一二二六年、ポーランドのコンラト一世マゾフシェ〔マゾヴィエツキ〕公が、異教徒である古プロイセン人〔プルシ人〕の諸部族と戦うための援軍として、ドイツ騎士団〔チュートン騎士団〕を招き入れたのである。ドイツ皇帝、ローマ教皇、そしてヨーロッパ中のキリスト教徒の騎士の支援を受けた十字軍は五〇年かけて、異教徒の死にものぐるいの抵抗を無慈悲に蹴散らし、古プロイセン人の地を攻略した。軍門に下った土地に騎士団は城塞を築き都市を創建して、ドイツその他のヨーロッパ諸国から植民者を引きよせた。その結果、古プロイセン人の地には、みごとに組織され大規模な軍事能力を備えた強力な騎士団国家が登場した。まもなく当初の境界の内部が手狭になると、十字軍の戦士らは近隣諸族との戦いを上首尾に進めて、境界付近のポーランド人やリトアニア人の土地を自領に加えていった。時の経過とともに騎士団国家の多民族性はドイツ人による支配へと置き換えられていった。在地の人びとは根絶やしにされるかゲルマン化された。かくしてバルト海東部沿岸地域には「ドイツ人の島」が形作られた。これは、ドイツから数百キロメー

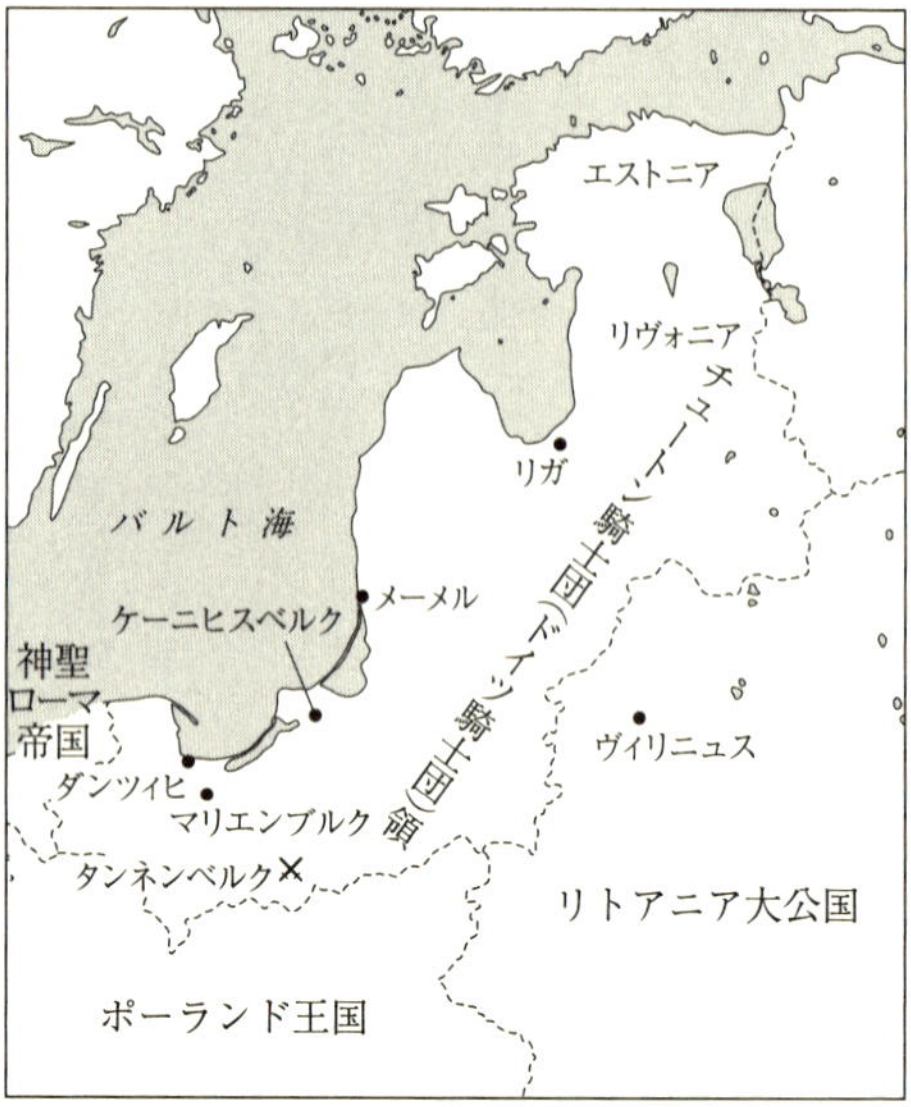

図1　騎士団国家の最大版図(1407年)

トル離れスラヴ人やバルト人に包囲された西《ザーパド》＊1の文明の異質な一角、つまり別タイプの文明とは多くの点で縁もゆかりもない世界であった。「ドイツ人の島」のおかれたそのような状況には正負両面があった。

騎士団国家とその末裔である東プロイセンは一面では、使節団つまり東方へのドイツ的影響の水先案内人の役割を果たして、ヨーロッパのこの一隅に新しい進歩的息吹を伝播する者とならねばならなかった。たとえば、一五四四年に創建されたケーニヒスベルク大学がバルト諸国の学問と啓蒙の発展に際して果たした役割は、そのようなものであった。他方、「島」という立場は、少なからぬ危険を内に秘めていた。隣接するポーランド・リトアニアの野心的な統治者たちが力を蓄えるや、かつての失地を取り戻して歴史的正義を回復することを目標に、ドイツの飛び地を拡張の対象として見なすことが多くなった。

ポーランドとの一連の戦争をへて一四六六年に騎士団は降伏を余儀なくされ、十字軍戦士は多くの土地を失い、それらはポーランド王権の手に渡った。縮小した騎士団国家はポーランド王の封臣になった。一五二五年、最後の大総長アルブレヒト・フォン・ブランデンブルクのもとで騎士団国家は世俗国家であるプロイセン公国に転じ、後にプロイセン王国の一部となった。この新王国はポーランド領によって分断された二つの部分からなっていた。王国を治めるホーエンツォレルン家が主に目指したのは、この国家の本土部分(ブランデンブルク)を東プロイセンつまりかつての騎士団領と陸続きにすることである。「ポーランドという間隙」を解消する事業を決意したのは、プロイセン王のフリードリヒ二世(大王、在位一七四〇―八六年)である。政治的遺言のなかで王は、国家にとって最大の問題は、国内他地域から分断されてロシアに攻撃される可能性のある東プロイセンの無防備さだと書いた。この危惧は七年戦争時に完全に裏づけられた。四年間(一七五八―六二年)にわたって東プロイセンはロシア軍占領下に置かれて、ロシア人総督の手で治められたのだ。それにもかかわらず両国の軍事紛争は首尾よく和平にこぎつけて、プロイセンとロシアの接近にとどまらず同盟関係樹立のための条件を生んだ。

フリードリヒ二世の統一構想は、オーストリアやロシアも加わった一八世紀後半の三次に及ぶポーランド分割を通じて実現された(一七七二年、一七九三年、一七九五年)。ヨーロッパ地図からポーランドが消滅した結果、プロイセンは国土を二倍に拡大して大国となったが、特に重要なのは、分断されてきた国土の二つの部分の再結合が進展したことである。この時、東プロイセンは、ロシアと国境を接するプロイセンの一地方となった。

東プロイセンの孤立状態という問題はうまく解決されたとはいえ、たちまち、またもや深刻な試練にみまわれた。ヨーロッパはナポレオン戦争による嵐の時代に突入したのだ。一八〇六年にフランスはプロイセン軍を殲滅《せんめつ》して、国全体を占領するのに成功した。同盟国の援護に駆けつけたロシア軍も役には立たなかった。ナポレオンはまたもや完勝した。一八〇七年にティルジットで行われた和平交渉でフランス皇帝は、ロシアのツァーリであるアレクサンドル一世にプロイセン全土をロシアに引き渡すと申し出た。ロシアとプロイセンとの同盟関係を断ち切ることを狙ったのである。ツァーリの名誉のためにいうと、彼は、プロイセン国王フリードリヒ三世に与えた永遠の友情の誓いを裏切ることなくこの申し出を退け、東プロイセンをホーエンツォレルン家の王国の構成部分のままにするよう主張した。ナポレオン戦争の終結後、ロシアとプロイセンの国境では百年に及ぶ堅固な平和が確立され、ロシアにとって東プロイセンはもっとも近くにあるドイツ領にとどまらず、一風変わった西方世界の「ショーウインドー」になったのだ。

## ケーニヒスベルクのピョートル一世

一六九七年春、ロシアのツァーリ[*2]で二五歳のピョートル一世は大使節団の一員として、はじめて国外に旅立った。これは、モスクワ国家史上初めてのロシア君主によるヨーロッパ歴訪であり、期間は一年半に及び、まぎれもなく物議を醸した。これまでロシアの人びとのあいだには、ルーシ(ロシアの古名)の境界外には「犬の頭をした人間」が暮らしているとか、西は罪悪と異端の根源であり、どんな形であれ彼らと接触するのは危険だといった強い偏見が存在していた。何世紀にも及ぶこのステレオタイプは消滅する定めだった。

ツァーリはお忍びで(ピョートル・ミハイロフという名の普通の貴族に身をやつして)旅したが、秘密を守るのは土台無理な話で、いたるところで王侯による歓待に迎えられた。旅路の最初にほぼ二カ月もの長いあいだ、ピョートル一世はケーニヒスベルクで足止めされたが、そこでは城塞建築について知識を得、海事を研究し、砲術を学んで、「慎重にして巧み、しかも豪胆な射撃の名手」(1)というお墨つきも手に入れた。特に大きな印象を受けたのは当地の大学を訪問したことだった。この時から、自国にもこの種の施設を設けようと思いついたのだ。歓迎儀礼や外交交渉のほかに、ツァーリは気晴らしに興じ、闘獣競技や宴会の場を訪れ、狩りにいそしみ、当時流行の花火の場にも席を連ねた。

東プロイセンを後にしたツァーリはヨーロッパの多くの国を訪れたが、西との最初の出会いはほかならぬケーニヒスベルクであったし、最初の印象がもっとも鮮明だというのは世の常である。その後、ピョートル一世が五回もこの都市に立ち戻ったのは偶然ではない。一六九七―九八年の外国旅行が若きツァーリを壮大な改革に駆り立て、そのことがロシアをヨーロッパ的な発展軌道に導いたとする点で、歴史家の意見は一致している。彼は、死刑で脅して外国訪問を禁ずる法令を廃止したのにとどまらず、自身、臣下に外遊を強要した。ツァーリが若い貴族を修行のために外国に送り出さない日はまずないと、ロシア宮廷に滞在する異国の外交官は書き記していた。見送りには涙がつきものだった。多くは妻を娶り子もいたし、外国語を解する者はほとんどいなかったからである。だが、君主の意に背くほど肝の据わったものはほとんどおらず、拒むとツァーリが土地財産を没収すると脅しをかけてきた。在位中に数千人の若者が「海をわたって」勉強に赴いた。その際いずこよりも重要だったのが、ロシア国境に至近のケーニヒスベルク大学である。

ことは貴族には限らない。一七一六年、ツァーリは全国から三〇―四〇人、平民出身で勉学の能力を備えた若者を選抜して、国費でケーニヒスベルクに派遣するように命じた。外国語を身につけて、ヨーロッパ的教養を得られるようにするためである。

若者らは各地の都市や県ごとに集められて、翌年やっとケーニヒスベルクに旅立ち、勉強に取りかかった。半数はすぐに大学の正規学生として登録されたが、それ以外はラテン語もドイツ語も解さないため、私教師を雇うほかはなかった。手初めに外国語を学ぶためである。ピョートル一世直々の思し召しで学生の監視を引き受けたケーニヒスベルク市長のネゲラインは、学生たちの怠けぶりや気晴らしのそぞろ歩きについてツァーリに不満を告げていた。彼の言葉を借りると、ロシア人の若者はロシアの祝日もドイツの祝日も欠かさず休むうえ、授業には不定期にしか出席せず、さまざまの過ちや悪行で罰金を科され、逮捕されることも一度や二度ではなかった。学生側でも、手元の不如意や並大抵ではない勉学の負担、訳のわからぬ講義、ドイツ人の不公平な態度その他の困りごとをペテルブルグに書き送った。同時に、できるだけ多く知識を得られるよう外国滞在期間の延長をツァーリに願い出るロシア人学生がいたのは興味深い。

一七二〇年、三年以上外国で学んだピョートルの使節がペテルブルグに戻った。彼らの勉強の出来栄えはそれほど悪くなかったようだ。故国に戻った二九人の学生のうち、元老院《セナート》で行われた試験で不合格は一人のみだった。彼らはみな、ツァーリが設けたばかりのロシアの新統治機構である外務参議会や海軍参議会で勤務するよう採用され、ベルリン・イギリス・オランダ・デンマーク・ポーランドに駐在するロシア外交使節の通詞や秘書職にも任じられた[2]。

亡くなる直前にピョートル一世は、サンクト・ペテルブルグに科学アカデミーを創設する案を裁可したが、これは学術機関と大学を併設したものになるはずだった。ピョートルの創意は、同時代人からは夢物語のように受けとめられた。国内ではアカデミーの学者も、大学生も見つからないからである。反対意見に応える際にツァーリが引き合いに出したのは、まだうまく水を引けないとわかっていながら水車小屋を建てた老人の寓話である。水車小屋を建てておけば、息子らが水路を掘って水を引くだろうと、望みをかけたのである。[3] だが当初は、教授も学生も外国から呼び寄せ可能だった。サンクト・ペテルブルグのアカデミー創設にもっとも積極的に関与したのは東プロイセン出身の教授たちで、初代から数えて五人の総裁のうち四人までがケーニヒスベルク大学で教育を受けていた。

ピョートル時代以来、ケーニヒスベルクはロシアの啓蒙に重要な役割を果たした。二〇〇年間に何千人ものロシア出身学生が当地で教育を受けた。卒業生には名をあげたロシア人も少なくない。著名な学者、医師、アカデミー会員、モスクワ大学教授、国家顕官や公の場で活躍した人びと、県知事や元老院議員、さらに将校や文学者などである。

## 「ロシア人」の港ケーニヒスベルク

一九世紀、ドイツはロシアの主要な経済パートナーとなった。東プロイセンは二国間協力から少なからぬ利益を得た。ケーニヒスベルクは、なかば本気で「ロシア人の港」と呼ばれるようになった。ロシア産商品が取扱総量の約四分の三を占め、ここから海路で輸出された。一八八〇年、ロシア領事のフリードリヒ・ヴィシェメルスキーは、ケーニヒスベルクの繁栄は隣国に決定的に依存しているとして、こう書いた。

今年も経験したことだが、ロシアで不作があると当地のすべてがほぼ止まってしまう。当地の港の交易活動は、まったく取るに足りない水準まで落ち込んでしまった[4]。

ロシアからの主要輸出品は穀物で、品質もよくドイツ産以上という評価だった。ケーニヒスベルクではロシア産農業原料が補完的に精製・選別・箱詰めされ、大半がさらに西ヨーロッパに転送された。当地の鉄道では、ロシアからの貨物を積んだ貨車が一日当たり四〇〇―五〇〇両を超えた。両国の国境駅には、ロシアの線路（広軌）用からドイツの線路（標準軌）用に貨車の置換えを行う特別装置が備えられていた。さらに、東プロイセンでは河川を使って大量のロシア産木材が筏《いかだ》で輸送されていて、年間約一〇〇万立方メートルに達していた（図2）。これらの木材は、ケーニヒスベルクで活況を呈した建設現場に届けられたものであり、外交官の報告によると、旧要塞の城壁が取り払われた場所に、巨大な建物が建設されていた。ティルジットからメーメルにいたるネマン川沿いに建てられた三一軒の木材加工工場も、ロシア産木材を使って作業を行っていた[5]。

**図2**　ティルジット近郊のネマン(メーメル)川のロシア人筏乗り(19世紀末のドイツの絵はがき)

他方、ロシア人の商人・地主・工場主は東プロイセンで、種畜、最高品質の種子、農機具を好んで購入した。地元造船工場の経営者は、ツァーリの海軍の半分は東プロイセンの造船所で建造されたのだと、誇らしげに語った。機械、プラント、人工肥料、塩等々といったロシア側の輸入品の中継地点としてケーニヒスベルクの役割は大きかった。

第一次世界大戦前にケーニヒスベルクでは、二国間貿易の規模の大きさもあって、輸送システムと港湾設備を近代化するために格別の手立てがなされた。ケーニヒスベルクの各突堤では、機械式冷蔵設備、穀物貯蔵庫その他の当時最高の技術と便利な鉄道引込線を備えた倉庫類が設営された。その結果、ケーニヒスベルク港の生産力は数倍に増大した。

一九世紀最後の数十年間に東プロイセンには、ロシア帝国西部諸県から莫大な数（最高で年間八万人）の季節労働者・農民が賃仕事を求めて奔流のように殺到した。彼らは農作業に雇われ、道路を建設し、建築現場で働いた。プロイセン当局は一時、この地方の「スラヴ化」を危惧して、ロシアから出国し雇われて働く者のための東プロイセン入国許可証の交付を禁じたこともあった。だが、この禁令は早々に廃止された。撤回理由は領事報告書のひとつでこう説明されていた。「工業の急成長のためにドイツの農村は深刻な労働力不足を感じるようになった。若い世代はみな工場に行ってしまい、ドイツ農業は完全に崩壊するおそれがあった」⑥。ウラジーミル・ジュコフスキー領事は一九〇七年に、同国人の群れで自分の公邸はいつも溢れかえっているが、彼らはドイツ人雇用主への文句を言いたてて「泥汚れと騒ぎ」をもたらしたから、そのため領事館は隣人の不満をかい、所在地を転々と変えなければならなかった、と書いていた⑦。

このような不平不満はあったとはいえ、それでも幾千万のロシア出身の外国人労働者《ガストアルバイター》にとって東プロイセンは魅力溢れる憧れの地だった。一労働日一二時間当たり二マルク程度を得られるのだが、これはロシアで稼ぐより三、四倍も多かったからである。

一九世紀末には、バルト海沿岸の保養地がロシア人に特に人気の休養地になっていたことも述べておかないわけにはいかない。戦争前にはケーニヒスベルクと近郊についてロシア語の旅行案内書が何点も出版されており、東プロイセンの大きな都市には、ロシアからの旅行者の受け入れに特化した専門のホテルも存在した。雨もよく降るし、海は冷たすぎると思われていたのに、夏にこれらのホテルで宿泊する客足が途切れることはなかった。東プロイセンで休養する確かな利点と考えられたのは、ヨーロッパの他の保養地と比べて安価だったことである。なにより富裕でない人びと、つまり中小地主や、作家・大学教授・画家や音楽家らのインテリゲンツィアに属する人びとの関心を呼んだということだ。

## ロシア人旅行者の見た東プロイセン

東プロイセンには、ロシアから西に向かう主要道路が通っていた。もっと先——ベルリン、ローマ、パリ——へと旅するなかで旅行者たちはしだいに感覚の鋭敏さを失い、目にしたものに食傷し、感情はぼやけていった。だが、最初の出会いはむさぼるような好奇心をかき立てた。東プロイセンでは「目をかっと見開いて」凝視し、目の前の光景を祖国に残してきたそれと比べていた。

国境を越えることでロシア人旅行者は、文字通り異次元の世界に入り込んだ。もっとも急進的な専制体制批判者であったアレクサンドル・ゲルツェンは一八四七年に初めて、そして気づいてみれば永遠に外国に旅だった際に、こう書いている。

まったく別世界にいるのだと気づくのには、馬車に揺られて一時間もすれば十分です。……劇場の廻り舞台みたいにすべてが一変します。……清潔さと清楚さが長い文明を物語っています。[8]

大劇作家のアレクサンドル・オストロフスキーは、一八六二年に初めて外国に旅立った際の旅行日記にこう記していた。

畑はみごとに耕されて施肥されており、村もすべて石造りで清潔に建てられていて、何もかも豊かです。神さま、いったいいつまで私たちはこうなるのを待つのでしょうか。[9]

作曲家のピョートル・チャイコフスキーも、一八九二年のペテルブルグから東プロイセン国境の町への小旅行のことを記していた。

ペテルブルグからアイトクーネンへの道程ほどひどいものは考えられない。乗ったのはこのうえなく汚らしい列車だった。……不便で泥だらけ、ドアは閉まらないし、ベルの音は鳴りっぱなし。挙句にストーブが故障して、気温三、四度のなかで寝た。手や顔も洗えなかった。水の導管が腐っていて、なかの水は凍ってしまっていた……。（やっとドイツ国境につくと）アイトクーネンでみごとな温かい客車に乗り換えた。最高級ホテルに宿泊したみたいだ……。[10]

急行列車の車窓の眺めは文字通り悩殺されるほどで、そのことは著名な教育者のナデージダ・ヤコヴレヴァが書いていた。

畑伝いに列車で走ったのですが、どこもかしこもよく考えてみごとに耕されています。耕地はまるでふるいにかけたみたい。添え木を施した果樹。公園のような森には小道が通っていて、あちこちにベンチも置かれています。きっと持ち主は、自分の森の一本一本の木をまるで家族のように知り尽くしているのでしょう(11)。

東プロイセンは、第一次世界大戦時のロシア人兵士にも同様の印象をもたらした。後の臨時政府陸軍大臣で、その後、赤軍司令官になった将校のアレクサンドル・ヴェルホフスキーは、一九一四年に身近で知ったドイツ的生活文化についてこう回想した。

おしゃれな店舗、鏡のような窓のあるみごとなレストランとビヤホール。家屋と家屋のあいだの庭が眼を楽しませてくれた。ひと足ごとに、草木の緑や花が目にとまった。……ロシア人の目にはなじみがないが、都市から農村へのこの変化は印象的だった。ロシアの都市では周辺は荒れ地やゴミの山ばかりで、痩せた野良犬が歩き回っているが、そんなところは見かけなかった。傾いた垣、掘った穴、肥溜め、ゴミなどもない。豊かな都市が終わると豊かな農村が始まる。一片の土地も無駄はなかった。なにもかもが活用されていた。家が建ててあったり、畑があったり、みごとな耕地……。農村で目を楽しませてくれるのは石造りの家屋、瓦葺き屋根、電灯、舗装道路、丸々と太った家畜である。蒸気機関を使った製粉所と工場も、清潔さとみごとな外観が印象深い。さらにヴェルホフスキーは国境を越えてロシア側に戻った時のことも書き記している。

寄木細工のように平らなドイツの街道は国境で途切れて、自動車は砂地でスリップするか、泥濘《ぬかるみ》にはまり込むかだ。その泥濘からは痩せこけた豚が、世界の運命などまったく無関心な様子で這い出てきて、何か食べ物がないかとクンクン嗅ぎまわっている。石造家屋の代わりに貧相なあばら家、豊かな畑の代わりは砂がちの地条……。どうやってドイツ人は、すぐ隣にある似たり寄ったりの土地を実り豊かにできたのだろう。ドイツ文化は古いロシア文化より上だと何度も耳にしてきたが、この越境は別惑星への越境みたいで、自分の祖国への痛ましい思いがかきたてられた⑫。

ロシアからの旅人をさらに驚かせたのは人びとの表情である。上述のゲルツェンはケーニヒスベルクの街中で、「出会う人はだれもかも、愉快そうにまっすぐ眼を見るので、私も愉快そうにまっすぐ眼を見るようになった……⑬」ことに驚きを示していた。大富豪のヴァシリー・コーコレフもまた、こう指摘した。「皆の表情は明るく愉快そうで、見るからに誰にも脅かされずに神の平和を楽しげに見ている。人びとの暮らしは、自由な考えとすべてに平等に参加できることから得られる恵みに満たされている⑭」。めだった身分的境界の存在しないことにロシア人は気づいていた。普通の労働者や農民が健康で清楚な服装をし、人びとへの義務を進んで果たしているように見えた。住民はみな、一日のうち陽の明るい間は仕事をし、何もせずぶらぶらする姿は目につかない。尊厳感情、組織性、規律性、正確さ、丁重さといったドイツ人の資質に触れられることもしばしばだった。

公正を期すために言っておくと、感激した批評が何百もあるとはいえ、なかにはケーニヒスベルクへの批判的発言もいくつか見られることを指摘する必要がある。喜劇作家のデニス・フォンヴィージンは、プロイセン人に向けて良いことを一言も語らなかった。一七八四年、旅の途上で認《したた》めたメモ書きで彼は同地の辻馬車の鈍さについて、「われらの駿馬は、人間が自分の足で歩くよりはるかにのんびりと疾駆し、「のんびり走ることもできず、まるで一カ所に立ち止まっているかのようだ」と、思う存分嘲笑《あざわら》った。作家にはケーニヒスベルクはもっとも陰鬱な都市として映っていた。「通りは狭く、背の高い家は大きく四角い面《つら》をしたドイツ人がいっぱい詰まっている」⑮。人気作家のヴァシリー・ネミロヴィチ＝ダンチェンコは一八九三年のケーニヒスベルク印象記で、ホテルの高値、秩序の欠如、泥濘《ぬかる》んだ道、酔っぱらいと貧乏人ばかりの酒場の多さを書いていたが、これらはロシアと似たりよったりだった。

私はドイツの反対側の場所のことは知らない。二つの国家の境界線にあるケーニヒスベルクは、内部に両国の欠点を併せ持つことができたが、両者の長所を身につけることはなかった⑯。

そうはいっても、風刺作家のミハイル・サルティコフ＝シチェドリンが指摘したとおり、旅人の大半は、客車の窓越しに見え隠れする合理的に整えられた生活、手入れの行き届いた町と村、健康で満ち足りた住民の生活の光景を眼にして、「何か抑えがたい気まずい感情」を味わった。そして、作家は、「プロイセン的な秩序が完全で、プロイセンの人間がもっとも幸せだ」と考えるわけではないと断りながらも、ロシアの運命が不自由と無権利であるのにたいして、ドイツ人の運命は自由と威厳であることを認めていた。その際ドイツには、「一つ重要な卓越した点がある。人間には人間としての価値が備わっているということが広く認められている[17]」というのである。

国境を越えたロシア臣民のなかにはさらに独特の集団に属する人びとがいた。一九世紀の七〇年代以降、東プロイセンにはロシア人ニヒリスト〔ナロードニキなどの革命家〕の隠れ家という名声が確立した。彼らはここで非合法に越境して、ツァーリ権力の弾圧から身を隠したのだ。外交官の文書のやりとりからは、アナーキストや革命家の捜索がつねに在ケーニヒスベルク・ロシア領事の頭痛の種だったことがわかる。鉄道の国境駅は文字通り、ロシアの憲兵と変装したスパイで溢れかえっていた。こうした措置にもかかわらず、ロシアと東プロイセンとの国境は、仮に多くの回想録《メモアール》を信じるならばだが、まるで誰でも行き交うことのできる中庭のような印象だった。密輸業者、外国人労働者《ガストアルバイター》、あらゆる毛色の革命家たち、脱走兵、アメリカを必死にめざす移民、その他あらゆる人びとの群れがここを行き交っていた。非合法越境には、ユダヤ人を指南役としてロシア人、ポーランド人、リトアニア人、ドイツ人ら民族を超えた集団がこぞってかかわっており、余計な質問をしないことを学んだプロイセンの国境管理官や税関吏は、まるでそこから得られる実入りで食っているようなものだった。国境地帯住民の持つパスポートがよく使われていた。これを持っていると、尋問なしで国境を越えて、隣国の三〇ヴェルスタ〔約三二キロメートル〕圏内まで入ることが認められていたのである。

帰国のための復路も容易ではなく、危険だった。「人民の意志」党員のニコライ・モロゾフは、一八七五年に帰国した際の重苦しい気分について、こう回想した。「外国に行った後のロシアの印象は奇妙なものだった。軍隊の駐屯地に滞在しているような気分だった。いたるところ、金ピカのボタン付きの制服だらけだ。……〔駅の〕プラットホーム全体が警官に取り囲まれていた(18)」。

ロシア帝国最後の数十年間、東プロイセンはロシアの経済的・社会的・文化的生活に特別の地位を占めていた。この地位はまずはドイツの国境地域という地理的位置によって決まっており、ロシアとドイツ、さらにヨーロッパの他地域とのあいだの架け橋や貨物の積み替え地点として登場した。活発な経済的つながり以外に東プロイセンは、官憲に追われる革命家も含めてロシア臣民にとって、西の別世界つまり自由と尊厳と進歩の世界にいたる独特の門戸となった。東プロイセンという要因は、二国間関係を安定化させる影響を及ぼしており、現地の政治・経済エリートはロシアとの対立、いわんや戦争など望まなかった。

## 第一次世界大戦

同時代人の回想では、戦争直前のロシアと東プロイセンの国境はいつになく平穏な様子を湛えていて、今日私たちが眼にするような、壁や有刺鉄線や国境管理地帯はまったくなかった。パスポートが調べられて隣国への出国記録がつけられたが、全体として手続きは難しくなく、迅速だった。

国境駅で旅行者たちは喜び勇んで、ロシア＝ドイツ国境の平和な場面を描いた郵便はがきを買い求めた。特に需要が大きかったのは両国を統治する王朝の当主、つまりツァーリ・ニコライ二世とドイツ皇帝ヴィルヘルム二世の肖像を描いた絵はがきである。ケーニヒスベルクにあるロシア人定住地の住民は約二〇〇〇〇人を数えた。二国間のつながりが並外れて活発だった証に挙げられるのは、ロシアの領事機関がこの一地方だけで、ケーニヒスベルク総領事館、メーメル領事館、そしてピッラウ副領事館の三カ所置かれており、これは他に例を見ないという事実である。

第一次世界大戦に際してロシアとドイツの武力対立には決定的な理由があったわけではけっしてないという考えを、歴史家たちはたびたび述べてきた。このことは同時代人も書いていた。一九一四年二月、

図3　ロシア・東プロイセン国境，1913年．カイザー・ヴィルヘルム2世とツァーリ・ニコライ2世の肖像付きのドイツの郵便はがき

つまり文字通り開戦まで数カ月の時点で、国家評議会議員で元内相のピョートル・ドゥルノヴォがニコライ二世に「覚書」を書き送って、反ドイツ的行動を取らないよう警告したが、これは、戦争が君主制にとって破滅的なものになりかねないと考えたからである。さらにこの書き手は、ロシアとドイツの経済的・政治的その他の利害は実際は相互にけっして対立しないと説得力をもって示していた⑲。武力衝突が発生した場合、軍事行動の主たる舞台になるのはドイツの国境地方である東プロイセンであり、紛争から利益を得ることがもっとも少ないのがこの地方の住民であることははっきりしていた。

一九一四年八月に始まった世界戦争は、まさに東プロイセンにもっとも痛ましい打撃を加えた。東プロイセンは、苛烈

で流血の戦闘行動が繰り広げられたドイツで唯一の地方となった。戦闘はあっという間に進み、タンネンベルク近郊の戦闘でロシア軍が敗北して、その後退却を余儀なくされたことで、帰趨は決まった。その後、一九一五年三月までの数カ月間にロシア軍部隊はドイツ最東の領土に攻撃を試みたが、撃退された。それどころか戦争が終わるまで、ここでは軍事行動が再開されることもなかった。

図 4　シュタルペーネンの破壊．ドイツの郵便はがき，1914 年

東プロイセンにもたらされた物的損失は大きく、一五〇万マルクと見積もられていた。三九の都市と一九〇〇の村落が蒙った破壊の程度はそれぞれ違った。特に苦境におかれたのは東部で、アイトクーネン、ダルケーメン、シルヴィントの各都市は完全に破壊され、シュタルペーネン、ピルカレンその他の都市・村落もひどい被害にあった。軍事行動が止むとただちに、ドイツ政府は被災都市に建設資材や資金、労働力、食料品による支援を与えた。国内最大のいくつかの都市がそれぞれ個別に具体的な町や村を支援する役割を引き受けた。ミュンヘンでは「東プロイセン同胞支援」組織が作られた。軍事的崩壊の帰結は、一九一六年を通じて基本的に解消され、東プロイセンには五〇万人以上の難民が戻って、しだいに平穏な生活を送れるようになった。

# 第2章 ロシア革命から第二次世界大戦まで

図5　1919年のヴェルサイユ講和によりポーランド回廊で他の領土から隔てられた東プロイセン

## ヴェルサイユ講和

一九一九年のヴェルサイユ講和条約は、敗戦国ドイツにとってきわめて重荷だったが、東プロイセンにはもっと深刻な帰結をもたらすものだった。同州から領土の一部がもぎ取られたのだ。メーメル地区がまず国際連盟管理下に置かれ、一九二三年にはリトアニアに併合された。

協商側諸国との講和締結後、東プロイセンは再び「島」に転じた。つまり、ポーランド回廊によってドイツの他の部分から切り離されたのである。州の面積は三万七〇〇〇平方キロメートルで、人口は二〇〇万人以上を擁した。旧敵国に囲まれたこの飛び地がまともに存続できるかどうかは問題含みだった。敗戦国ドイツで始まった革命と王朝の崩壊、そして国内の深刻な経済的政治的危機のために、事態はよりいっそう複雑になっていた。

東プロイセンの置かれた立場は定まらず無防備であり、しかもドイツの他地域との経済的つながりが途絶してしまったので、在地エリートは、こうして生じた状況から出口を見つけて、政治的位置を変える各種の計画を進めねばならなかった。それには、地域に自治権を付与するというアイデアから、独立国家の創設にいたるまで幅があった。東プロイセンの政治指導者たちは、政府が協商国と「ひどい講和条約」を締結してくれたおかげで、自分たちは州の自立性を強化し、それどころかドイツから離脱する覚悟もあると公言した。ケーニヒスベルクの一部企業家は、障壁なき対外貿易機会を確保するために、ポーランドと一〇―一二年間の関税同盟に踏みきる提案を行った。もっと先走って、東プロイセンをもとにして、自立した「東方国家」の建国を提案する者もいた。その際、立案者らは、経済的利益を得られるのであれば、結果的に連邦制でポーランドに併合されてもよいと腹を括っていたし、彼らの考えでは、それは東プロイセンにとってはより小さな悪だった。[1] こうした考え方を支持した一人が州長官のアウグスト・ヴィンニヒである。彼の計画は二段階を想定していた。まず東プロイセンをドイツから分離し、その後、ポーランドやリトアニアの近隣諸州、さらにダンツィヒ回廊(ポーランド回廊)を組み込んで「東方国家」の領土をしだいに拡大するというものである。[2]

しかしながら、このような分離主義の計画はいずれも実現不可能だった。むしろそれはかなりの程度、国庫補助と最大限の特権(特に対外貿易分野で)を得ることを目的に、在地の政治・経済エリートが中央政府に圧力をかける手段にすぎなかった。東プロイセン分離主義の虚構性は、一九二〇年の住民投票の結果はっきりした。

東プロイセンで住民投票を行うという決定は、ヴェルサイユ講和条約の条文中に書き込まれていた。問題は、パリ講和会議で新興国ポーランドの国境を確定するにあたって、同州内の一連の地域の国家帰属が争点として浮上したことである。一九一〇年に行われた戦前最後の人口調査によれば、東プロイセン人口の八〇%をドイツ人が占める一方、一四%程度がポーランド語話者住民として扱われ、五%がリトアニア人、ユダヤ人は一%以下だった。しかもポーランド人は基本的に南部諸地域に集中しており、そこではポーランド人が住民中の四分の一から二分の一を占めていた。五八万六〇〇〇人を擁するこれら南部の農村諸地域(州内面積の三三%程度)が、住民投票の対象地域と決められた。

ヴェルサイユ条約第九四―九七条によりこの領域からドイツ軍部隊は撤退して、連合国軍が進駐、同地域はドイツ当局の管轄圏外に置かれ、住民投票の実施とともに一般行政が協商国側の特別全権委員会に委ねられた。委員会の構成員にはフランス、イギリス、イタリア、日本の代表が加わった。特に、日本人委員には裁判制度と司法分野の管理が委ねられており、日本代表団を指導したのは、カトウマルモ(アレンシュタイン〔現在はポーランドのオルシュティン〕)とイダモリカズ(マリエンヴェルダー〔現在はポーランドのクフィヂン〕)であった。(3)*1

住民投票は一九二〇年七月一一日に実施された。投票の集計は連合国の監督下で行われ、以下のような結果だった。ドイツへの帰属に賛成票を投じたものが投票総数の九六・七%、ポーランドはたったの三・二%であった。(4) ドイツ人自身もこんな結果は期待していなかった。彼らは完全勝利を祝し、その後、このできごとを記念して、各都市に住民投票の結果を記した記念碑や石碑が設けられた。住民投票が示したのは、ドイツ人だけではなく東プロイセンに暮らす他の民族集団がそろって、自分たちの運命をドイツに託したということであって、地域住民には分離主義の土壌などまったく存在しなかった。

### 東西の架け橋としての東プロイセン

第一次世界大戦とロシア革命は、数十年間かけて形作られた独露間の交易関係の解体へといきつき、とりわけ東プロイセンの経済的安定に打撃をもたらした。だが、一九二〇年代初めに両国はともに国際的に孤立した似たような境遇にあり、そのことが両国の再接近を促した。一九二〇年の第八回ソヴィエト大会に登壇したウラジーミル・レーニンは、ヴェルサイユ条約によってもたらされた状態が「ドイツをうごかして、ソヴィエト・ロシアとの接近を求めさせている」のであり、「ドイツにとって自分をすくう唯一の手段はソヴィエト・ロシアとの同盟以外にはなかったのであり、ドイツもソ連に目を向けている[5]」と、四回も繰り返した。同様のことは、一九二二年にソ連誌『国際生活』にこう書かれていた。

図6　パルムニケン(東プロイセン)〔現在はカリーニングラード州ヤンタルヌィ〕にある記念碑．中央の石の上に短刀を持った手があり，ヴェルサイユ条約(1919年)を撤廃させようとの呼びかけを象徴している．小さめの石には，ドイツから切り離された各地の地名が彫られている

ドイツは、ヴェルサイユ条約の重荷でますます腰折れになっていて、ますます東方に眼差しを向け始めた。そこでは、無辺に広がる農業国ロシアが、技術発展を遂げた工業国との経済協力を渇望し

ていた。ドイツの世論で協商国への期待が萎むにつれて、人びとはますます冷静になり、豊かな資源のあるロシアとの平和的協力の問題に思いいたるようになった⑥。

関係回復のきっかけになったのは一九二二年のラパロ条約で、これが東プロイセンとソヴィエト・ロシアとの経済協力の前提条件をつくりだした。ドイツの新聞『フランクフルター・ツァイトゥンク』は、「東プロイセンほど、ラパロ条約締結が大歓迎されているところは他にはない⑦」と書いた。東プロイセンのビジネス・エリートと政治指導層はこの変化を興味津々で受けとめていた。彼らは地域経済協力システムの創設に期待を寄せていて、みずから、一方のソ連および隣接する東欧諸国と他方のドイツおよび西欧との架け橋、あるいは重要な仲介者としての役割を引き受けるつもりだったのだ。州の指導的地位にある人びとはドイツ外務省に、まずケーニヒスベルクにロシア領事館の開設を急ぐよう求める書簡を送っており、そこには次のように書かれていた。

ロシアとのかつての関係の復活に成功しなければ、ケーニヒスベルクの置かれた境遇とならんで、ドイツの海運業全体も脅かされことになるでしょう。ロシア市場を獲得するための重要拠点を失うことになるからです⑧。

ケーニヒスベルクの領事館は一九二四年二月に開設され、これはソ連の在外外交施設として最初の一つであった。革命前と比べて領事の役割は一変した。在外同胞を代表してこれを保護するよりもむしろ監視役であり、彼らが「ソヴィエト政治が求めるのに相応しい」行動をしているかどうか見張らなければならなかった。領事の職務には、次のようなものも含まれた。地元住民への共産主義思想とソヴィエト国家の偉業のプロパガンダ、ソ連に送り出すための外国人技術者・労働者の募集、そしてもちろん、コミンテルンおよび対外諜報の方針にそった秘密工作である。

ケーニヒスベルクの領事機関について特筆すべきこととして、この職務に就く候補者をめぐって上層部に生じた深刻な軋轢がある。この問題は、全連邦共産党（ボリシェヴィキ）中央委員会組織局と政治局の会議で五回にわたって審議されたのだ。領事ポスト争いが激しくなった理由は、革命後に襲った飢餓と混乱のなか、外国勤務が新参の共産党官僚にとって重要な特権と考えられたためだと説明されている。外交官職をめざしたのは、かつて革命家、政治犯、党職員であった人びと、さらにかれらの親類縁者や友人・知人で、この分野にかなりの競争をもたらした。一九二〇年代にヨーロッパ諸国では数千人のソ連の職員が働いていた。ベルリンの通商代表部だけでも職員数は約五〇〇〇人にのぼった。これらの人びとはみな多額の賃金を受け取っていた。たとえばケーニヒスベルク領事の俸給は、当時としては高額の月額一六五米ドルで、一般の領事館職員も一〇〇—一二〇ドルを得ていた。在外勤務ポストは年々増えたとはいえ、希望者全員には足りなかった。初代領事のユリアン・ボシュコヴィチや後任の在ケーニヒスベルク領事はほぼ全員が民族的にはユダヤ人だった。

領事館は、かつてのロシアとの深いつながりを復活させようとする東プロイセンのエリートの気運に喜んで対応した。独ソ間の接触がどれほど急速にはかられ、ケーニヒスベルクで各種共同事業がどれほど多く進められたのか、外交文書から手に取るようにわかる。ソ連から多数の代表団が東プロイセンを定期的に訪問し、両国のスポーツマンによる競技大会が行われた。一九二九年には、モスクワの水泳チームを二〇〇〇人ものドイツ人スポーツマンがケーニヒスベルク駅で歓迎した。ついでながら、試合はモスクワの水泳選手が賞を総取りし、楽団も繰り出し旗を掲げた労働者の大群が彼らの帰国を見送った。

ケーニヒスベルクではほぼ毎年、医師、図書館司書、技師、民俗学者といった各種団体のドイツ全国大会が開催されていた。これらにはいつもソヴィエトの学者や専門家の代表団が招聘された。市内の各所にあるみごとなホールでは多くの人びとが参加してソ連について講演会が行われたし、ソヴィエト美術の展覧会も開かれ、盛況のうちにソヴィエト映画が上映され、さらに音楽家や演劇の招待講演が催され、友好の夕べが組織された。地元の大学ではソヴィエトから来た学生が勉強し、ドイツの学校の生徒たちはソ連国内で長期の見学旅行を行い、両国はビジネスマンや政治家の訪問団を相互に派遣した。ケーニヒスベルクではロシア語雑誌が三種類刊行され、これらはソ連国内や革命までロシア帝国に属したバルト諸国でも頒布された。

東プロイセンでは、ソ連との協力関係の発展を主たる目的とした一連の組織や協会が設けられた。なかでももっとも格が高く会員数も多かったのは、ドイツ＝ロシア・クラブで、幹部には東プロイセンの上級官吏や著名な企業家、国会議員、大学教授が名を連ねていた。ソ連外交官はこのクラブを「純粋にブルジョア的」で「はなはだ右翼的」な組織と見なしていたのだが、それにもかかわらず、領事館とならんでケーニヒスベルクのソヴィエト人在留者全体がこれに加わっていた。

ドイツ＝ロシア・クラブは定期的(月に二回)に会合を開き、これには数百人が出席した。会合ではロシアの過去や文化と現状に関する報告を拝聴して討論を行っており、報告者はドイツ人学者とソヴィエトの外交官の交代だった。報告後は音楽会、舞踏会、芸術家の公演、映画上映が行われた。くつろいだ雰囲気と、意見交換してロシア語を練習する機会にもなるということで、多くの人びとがこの集まりに魅力を感じていた。

領事館側ではさらにもう一つの親ソヴィエト組織、すなわちドイツ共産党員、労働者、左翼知識人を対象とした「新ロシア友好協会」を創設するよう働きかけていた。だが、ドイツ共産党員は党の規律に従って入会したものの、積極的態度を全然示さないと、ソヴィエトの外交官は不平を漏らしていた。兼務で協会を運営したのは領事の妻たちである。たとえばロザリア・ロゴヴェルは、一九三二年にモスクワにこう書き送っていた。

私はいつもこの協会はドイツ人のものなのですよと強調して、自分は目立たないようにしているのですが、残念なことに、実際は何もかもしなくてはなりません。集会のお膳立てに始まり、写真を展示したり、看板をつけたり、タイプライターで文書を全部清書したり、こんなことまでしているのですよ。

彼女はまた、要するに協会の活動はプロパガンダのための講演会を行うことに尽きており、ドイツ共産党員は党の命令で出席しているのだと白状した。ロゴヴェルがだれかに、ソヴィエトの機械製造の成功を論じた講演の感想を尋ねたところ、一言、このような答えが返ってきたということである。「トラクターが多すぎますね」[9]。

もちろん、文化交流は東プロイセンとソ連のあいだの関係改善に大いに貢献したとはいえ、主たる目的は経済協力の再開であった。

### ケーニヒスベルクの東方見本市《オストメッセ》

地域経済交流を発展させて東プロイセンを東西ヨーロッパ協力の架け橋にという方針の主だった道具だてとして、ドイツは一九二〇年に、大規模な国際博覧会・見本市（オストメッセ）を行うことを決めた。これは当初は年二回開催だったが、一九二九年以降は年一回になった。ケーニヒスベルクの見本市はドイツで（ライプツィヒに次ぎ）二番目に大規模なもので、その性格は万屋《よろずや》的、つまりきわめて多様な工業・農業商品を提供した。見本市は、農業用純血種家畜や航空機の展示に始まり、造形芸術作品と民芸品の出品にいたるまで、ありとあらゆる専門的な展示施設を備えていた。見本市の出展者は二〇カ国の数千に及ぶ企業や会社で、イラン、中国、トルコ、日本などアジアも含まれた。だが、主に想定されていたのは無辺に広がるソ連市場だった。入場者数は二〇年間で四万人から三五万人にまで増えた。

ロシアが初めてオストメッセに参加したのは一九二二年である。オストメッセの管理部は、ロシア人参加者を集めるために万策繰り出していた。ケーニヒスベルクには対ロシア取引のための経済研究所が

図7　オストメッセに参加したソ連代表団幹部の写真を掲載した『東欧農業者』誌の表紙，1933年

設けられ、ソ連との接触の強化にあたっていたのだ。経済交流参加者に金銭的な信用を供与する「独露バーター取引」協会も設けられた。モスクワには定期市の常設代表部が開設された。地元紙は毎年、博覧会開催に向けてソ連特集の特別号を発行し、ラジオも同じテーマの番組を放送した。ロシア代表団のためにドイツ側がホテル代や出展物の保険費用を負担し、展示場所も無償で提供した。

こうした努力は無駄にはならなかった。すでに一九二三年時点で、農業産品を中心とするロシアの展示は、見本市のパビリオン一棟分をまるまる埋め尽くしていた。ソ連から博覧会にやって来る公式代表団の人数は、年々等比級数的に増えた。一九二七年には六〇人、翌年はすでに一〇〇人に達した。州当局は彼らを東プロイセン全域の視察に案内し、農業関連企業、工場、学術・教育機関などへの訪問を組織した。ソヴィエトの役人に協力する気を起こさせて、東プロイセン企業に商品や機械設備を発注してもらうのが目的である。

オストメッセにソ連が参加することはドイツ側にとってたいへん重要で、一九三一年の見本市以降は、ソ連パビリオンの常設化が決まったが、その際、パビリオン維持費は全額ドイツ側が負担することとし、ソヴィエト側の義務は、三カ月ごとに新しい展示品を補充することだけだった。

一九二八年にオストメッセを訪れた外務人民委員部の高官ニコライ・ライヴィドは、目にしたことへの驚きを包み隠さず、出張報告書にこう記した。

東プロイセン、特にケーニヒスベルクでは、ソ連への態度はベルリンやドイツ西部とおおきく違っている。ベルリンでこれまで感じたのは……わが国への冷淡な態度だが、それにたいして東プロイセンでは、まったくちがった雰囲気に出会うことだろう。ナショナリストから民主主義者にいたるまで、例外なくすべてのブルジョア政治集団がどれもごく親ロシア的な気分なのだ。ケーニヒスベルクでは、実に友人のあいだにいるような気持ちがするだろう。オストメッセについての発言はどれも、ソヴィエト連邦にもっとも多く触れていた。非公式会談の場でケーニヒスベルクの人びとは、われわれに愛の告白をしてくるのだ。

図8　ケーニヒスベルクのオストメッセでロシア製毛皮を展示したソヴィエト・パビリオンの一画，1933年

ケーニヒスベルク住民の「親ロシア」ぶりをこの外交官は、ソ連との経済関係の発展に他に例がないほど利害があるからと説明している。ロシアの商品や注文がなければこの地域の港は閑古鳥が鳴き、工業関連企業は半分しか仕事がなくなるということだ。以上述べてきたところから重要な結論が導き出される。

われわれに必要なのは、東プロイセンが対ロシア・対ポーランド政策をめぐってドイツ政府に圧力をかけるように、東プロイセンの人びとの気分を利用することである。そのためには、政治的にも経済的にも東プロイセンにある程度留意しなければならない(10)。

こうした見方はモスクワでも全面的に共有されており、西の諸国との接近をめざすベルリンの政治家に対抗して、東プロイセンがソ連ロビイストのようなものになってくれるのではないかと考えられていた。さらにソ連指導部が期待したのは、東プロイセンの地政学上の問題につけこんで、「共通の敵」であるポーランドとの闘争で両国が足並みを揃える条件が生まれるはずだということである。しかしながら、東プロイセン側の関係者は政治的約束を避けており、国際問題はなんであれ議論するのを拒否していた。

全体として東プロイセンでは、ボリシェヴィキの権力掌握後にロシアで生じた激変、とりわけ対外貿易事業に国家独占が導入されたという事実が理解されていなかった。ケーニヒスベルクの企業家と政治家は、ひきつづき市場経済の考え方を指針としていたのだ。二国間協力が成功裏に発展する保証は、相互の利益が明確であることにあると彼らは考えていた。それにたいしてソ連の対外貿易は、もっと別の目的に従っていた。スターリン期の工業化、とりわけ軍事産業のための機械、工作機械、設備、最新技術を西の発展した諸国から入手することである。それゆえモスクワの官僚は、ドイツで後進的とされる州には見られない、西の大企業ばかりを相手にするのを好んだ。

かつての経済的つながりを復活させる試みは失敗に終わった。一九二〇年代の東プロイセンとソ連との商品取引は戦前の一〇分の一から一二分の一だったが、その後一〇年間にさらに低下した。一九三三年のオストメッセ時のソヴィエト・パビリオンの活動の成果を見ても、取引契約はひとつも結ばれていなかった。確かに、ソ連にとって第一級の意義があったのは経済的利益ではなかった。ケーニヒスベルクの見本市への参加は、プロパガンダ目的で正当化されていたのだ。この件にかんして在ベルリン・ソ連大使館参事官のステファン・ブロドフスキーはある時このように書いていた。

ドイツ人はこう確信している。われわれ〔ソ連〕はここでは何も売ろうとしないし、何も買おうとしない。わが国のプロパガンダ活動のカモフラージュを唯一の目的として、われわれは人をたぶらかしているだけだ、というわけだ⑪。

こうして、ケーニヒスベルクではだれもが東西の「架け橋」という考え方に期待をかけていたわけだが、それにもかかわらず破綻した。両国の協力をめざす態度にはさまざまの思惑があり、実際の利害もそれぞれ立場によって異なったからである。

## 第二次世界大戦前夜

一九二〇年代を通じてずっと、ソ連領事は東プロイセンにおける国家社会主義者〔ナチ党〕の影響の強まりを報告しており、実際、同党は地元の若者をすべて取り込んでいた。エゼキイル・カントル領事が書き記したとおり、「ケーニヒスベルクでは、学校生徒のほぼ全員がファシストのバッジを帽子につけており、ここでは習慣になったみたいだ」というわけである。ヒトラーの党が高い人気を誇った理由として考えられたのは、ドイツ本土から隔てられた東プロイセン州の立地とポーランドによる領土要求である。同時に、ファシストによるソ連への友好的態度も指摘されており、これは「ポーランドとの戦争は避けがたいとの予想と、この戦争でソ連はドイツの同盟国になるはずだ」ということで説明されてきた。領事館員の意見では、この地域で醸成された「ポーランドへの刺々《とげとげ》しい憎悪」と、ポーランド・ドイツ間の和解し難い対立が、独ソ間協力が発展する好機を生み出しているというわけである。とはいえ、炯眼《けいがん》な外交官の一人であるカントルは、ある時、「状況次第で、ファシストのこの鉄拳がわれわれに向けられる可能性がある」⑫と指摘した。

この最後の言葉が的を射ていることを、ケーニヒスベルクに在留するソヴィエト人はすでに一九三〇年代初頭に感じていた。この頃からファシスト集会が多くの参加者を集め、ポグロムが発生し始めたのである。ドイツ＝ロシア・クラブは閉鎖され、地元報道では対ソ友好団体の会員への中傷も始まった。大学生はソ連支持者と疑われる教授の授業をボイコットした。博覧会やソヴィエトの芸術家の招待公演など以前から計画されていた企画が急遽中止になった。ついに地元の共産党員や左翼知識人、ユダヤ人の逮捕も始まった。

一九三三年三月五日の総選挙と地方選挙でナチ党が勝利すると、ソ連領事館をとりまく雰囲気はことのほか不穏になった。東プロイセンは、ヒトラーの党が絶対多数の得票を獲得した数少ない州の一つだったのだ。ケーニヒスベルクでファシストは一〇万票を得、前回より四万票も多かった。ソ連領事館員のロゴヴェルはこの頃、「ロシアの友人」に加えられる弾圧についてモスクワにこう書き送っている。「突然、崩壊状況とテロルが襲った⑬」。

一九三三年以降、独ソ協力はどの分野でも萎んでいった。その後数年間に在ケーニヒスベルク・ソ連領事館は、形式上は存続したとはいえ、やむなく活動を最小限にしなければならず、事実上、完全に孤立状態に陥った。一九三八年二月には、二国間関係の緊張が高まるなかで完全に閉鎖された。

一九三九年八月二三日のモロトフ＝リッベントロップ条約〔独ソ不可侵条約及び附属秘密議定書〕締結と、これに続く九月二八日の友好国境条約は、全権領事関係を復活させる道を開いた。一九四〇年春には、レニングラード、ウラジオストック、バトゥーミでドイツ領事館の再開が決まり、ソヴィエト領事代表部はケーニヒスベルク、プラハ、ウィーンに開かれた。その際、ドイツの政権は、戦前、ポーランド総領事館が置かれた建物をソ連外交官に割り振ることにした。開戦日である一九三九年九月一日に、ドイツ警察がこの建物に押し入って捜索し、職員を拘束するとともに領事館を閉鎖させたのである。ポーランドから明け渡された建物は、残された家具などの財産もあわせてソヴィエトの外交官に引き継がれた⑭。一九四〇年夏に通常業務を開始した在ケーニヒスベルク・ソ連領事館はまもなく総領事館に昇格し、職員定数も通常の三、四人から一八人に五倍化した⑮。

モロトフ＝リッベントロップ条約調印とならんで、両国間関係では報道のあり方も文字通り一変した。すでに翌日、『プラウダ』〔ソ連共産党機関紙〕は条約文公表に際して次のように付言していた。

> 独ソ間の敵対に終止符が打たれることだろう。……ソ連とドイツの敵たちが跳梁したために袋小路に追い込まれてきたドイツ・ソ連両国民の友好は、これからは、発展し開花するのに必要な条件を与えられなければならない⑯。

口先で宣言されたナチ・ドイツとの友好は、ドイツ・ファシズムはソ連にとって不倶戴天の敵だというスターリン的プロパガンダで育まれてきた表象と正反対だったから、ソヴィエトの人びとは混乱し、政治的方向感覚が狂わされることになった。どれほど本気かはともかく、友好感情を示すことが外交官にも求められた。ドイツ側でも公然たる反ソ的プロパガンダはなんであれ制限され、協力する準備があることが必ず強調された。

図9　オストメッセのソヴィエト・パビリオン開会式，1940年

一九四〇年から四一年にかけて、東プロイセンとソ連の関係は新たな活気を取り戻し、怒濤のように活発になった。ケーニヒスベルクでは、いったん解散させられたソヴィエト・ドイツ関連団体の活動が復活した。地元の大学はロシアの諸民族の生活について連続公開講演会を組織した。ソ連総領事館には共同企画の申し出が舞い込むようになり、モスクワには、図書・新聞雑誌・アルバム・レコード・美術展示品・最新ソ連映画を送ってほしいという引き合いが飛び込んできた。総領事のエヴゲニー・キセレフは、みずから東プロイセン大管区指導者エーリヒ・コッホの応接を受けて、もっと積極的に行動するよう求められた[17]。

なかでももっとも重要だったのは、一九四〇年八月の第二八回ケーニヒスベルク・オストメッセにソ連も参加するよう招請されたことである。スターリンは新しい友人に誠実な態度を示そうと躍起になっており、相当の金額を充当せよと指示がなされた。ケーニヒスベルクで展示会を開くために見本市で最大のパビリオンのひとつを借りあげたが、これは伝統的にダンツィヒ自由市が使っていたものだった。この時すでに、同市はヒトラーの手下に奪取されていた。

ソヴィエト・パビリオンはかつてないほどの成功をおさめた。四日間で三〇万人以上、つまり、見本市を訪れたすべての人のうち九〇％が入場したのである。開会式には来賓が何人も出席した。ドイツ中央政府の大臣や大管区指導者コッホである。案内役は在ドイツ・ソ連大使のアレクセイ・シュクヴァルツェフが務めた。その後に催された祝宴でコッホは、「ソヴィエト・パビリオンは、独ソ間の経済条約締結で開かれた可能性がほとんど限りないことを証明しております[18]」と言ってのけた。それに応えてシュクヴァルツェフ大使は、ナチ党首領と大管区指導者の健康を祈って乾杯の音頭を取り、見本市にソ連が参加したことは、「目先の思惑ではなく、両国の根本的国益に基づいたソ連とドイツの緊密な経済的・政治的関係を示す目印のひとつなのです[19]」と語った。

数カ月もすると、ナチ幹部が怒濤のごとく示したソ連への友情が、ヒトラーによってみごとに計画された策略だったことが判明した。スターリンに自分たちの本音を誤解させるように、「煙幕」が張られていたのである。ケーニヒスベルクにいたソ連外交官の名誉のために言っておくと、彼らは突然起こったナチとの友好を真に受けたわけではないし、自分たちの主たる任務は、講演会やコンサートの主催などではなくて、潜在的な敵について諜報資料を集めることだと考えていた。それをよく物語っているのは、一九四一年にキセレフ総領事がモスクワに宛てて提出した秘密報告書である[20]。

そうこうするうちに、東プロイセンは文字通り軍事駐屯地に転じていった。一九四一年六月二二日、まさにここからドイツ軍が宣戦布告なしでソ連領への侵攻を開始し、国土奥深くモスクワやレニングラードまで急進撃したのだ。東プロイセンは前線からはるか後方に位置していて、開戦の地であったこの地域に戦争が戻ってきたのは、すでに三年もの長い時間を隔てた、一九四四年のことである。

# 第II部

# カリーニングラード州の成立

# 第3章 第二種立入禁止地区

## 戦時期の東プロイセン

一九三九年九月、第二次世界大戦の勃発に際してドイツ軍部隊は、東プロイセン州内からポーランドに侵攻した。東プロイセンのドイツ人にとってポーランド軍の降伏とポーランド占領が意味したのは、かれらをドイツの他地域から隔てるダンツィヒ回廊の解消と飛び地状態の終結、長年待望してきたドイツ・ライヒとの再統合だった。

同州にはすでに二年間にわたって精鋭二六個師団からなる北方軍集団が集結させられており、兵士七〇万人、戦車一五〇〇台、航空機一二〇〇機を数えた。一九四一年六月二二日にはこの大軍がまるごと、レニングラードを含むバルト海の港湾奪取をめざして独ソ国境を越えた。戦時期のほぼ全体をつうじて東プロイセン領は実戦区域外にあり、ドイツの軍事力の圧勝を確信する地域住民に恐怖心を欠いた気楽な気分をもたらしていた。国境沿いに築かれた防衛線へのドイツ人の信頼度も大きかった。これは深く梯形《はしご》に築かれた、大管区指導者エーリヒ・コッホの「東部防壁」と呼ばれるもので、ソヴィエト軍部隊の進路を遮る障壁だと考えられていた。

図10　廃墟と化したケーニヒスベルク中心部，1945年

だが、同州内に強力な最初の一撃を加えたのは赤軍兵士ではなく、イギリス空軍だった。一九四四年八月末に約二〇〇機の重爆撃機「ランカスター」が、ケーニヒスベルクに二度にわたる大規模空爆を敢行したのである。街には二日間で約四万発の爆弾と焼夷弾(重量では約一〇〇〇トン)が投下された。イギリス側の評価では、空爆の結果、住居の四一%と工業施設の二〇%が破壊された。歴史ある市中心部は事実上完全に崩落した。王城や大聖堂と一二の教会が多大の被害を受けた。大学の新旧学舎、学校の半数、劇場、図書館、さまざまの名所旧跡が破壊された。イギリスの空爆により約五〇〇〇人の市民が亡くなり、さらに住民二〇万人が住居を失った。

一九四四年一〇月には、独ソ国境を赤軍が越えた。敵軍の鉄壁の防衛線を突破するには追加補充による準備が必要だったので、東プロイセン作戦として史上知られることになる大攻勢が始まったのはようやく一九四五年一月のことだった。

ソ連司令部は兵士一六〇万人、戦車三〇〇〇両以上、ほぼ同数の航空機をこの作戦のために集結させたが、これは敵の防禦兵力を相当上回っていた。ドイツ側の激しい抵抗にもかかわらず、ソ連部隊は数カ月におよぶ戦闘で州都まで前進し、四月初めの三日間の猛攻でケーニヒスベルクを奪取した。その後数日でドイツ軍部隊の最後の抵抗拠点も陥落した。

こうして、東プロイセンにおける戦争は、一九四五年五月八日のドイツ降伏と同時に終結した。東プロイセンにおける赤軍の喪失は、死亡・行方不明の将兵が全体で一二万六〇〇〇人、さらに四五万八〇〇〇人の軍人が負傷して戦列を離れた。ドイツ側で命を失った軍人・軍属の正確な数はわからない。ソヴィエト側のデータでは、三日間に及ぶケーニヒスベルク急襲時だけでも四万二〇〇〇人が死亡した。ドイツ人戦争捕虜の数についてはもう少しはっきりしたことが言える。東プロイセンでは約二二万人の敵軍兵士・将校が捕虜になったのである(1)。

## スターリン対チャーチル

スターリンが最初に東プロイセンに注目したのはおそらく一九三九年八月で、ちょうどモスクワでモロトフ＝リッベントロップ条約の秘密議定書が準備され、署名されたころである。当時すでに彼のなかでは、ポーランド分割にとどまらずバルト諸国併合計画ともかかわって、自身の帝国の西部国境について新たな輪郭のイメージが形作られはじめていた。新たな地政学上の現実は、いつもながらの歴史上の前例（ナポレオン戦争の時代と一九一四―一八年の帝国主義戦争時のそれ）への関心とともに、彼が死活的だと考える東プロイセン発の脅威を取り除く方途を見いだすことへと帰着せずにはすまなかった。

ドイツのソ連侵攻直後には、スターリンのなかでこうした思考が完全にできあがっていた。一九四一年一二月にモスクワで行われたイギリス外相アンソニー・イーデンとの会談時にすでに、東プロイセンの命運を決する問題が提起されたことは意味深長である。このときソヴィエト側は、次のような提案を

**図11**　テヘランのスターリンとチャーチル，1943年

行ったのである。

……リトアニアに接する東プロイセンの一部（ケーニヒスベルクを含む）は、対独戦争でソ連がこうむった損害への賠償の担保として、二〇年間にわたってソ連に帰属する。その他の部分はポーランドに帰属する。[2]

この時点では、この請求書が合意を得るところまではいたらなかったが、このきわめて重要な発意がスターリン本人によってなされた可能性のあることは疑う余地がない。

その後、ケーニヒスベルクの時限付管理というアイデアは、東プロイセンの一部の併合計画に変更された。この件はスターリンから、連合国三大国首脳によるテヘラン会議に持ち出された。一九四三年一二月一日、将来のポーランド国境が議論された際にウィンストン・チャーチルは、ソ連に編入されて失われた東部諸州[*1]への代償として、東プロイセン領をポーランド国家に併合するよう提案した。会談相手にとってスターリンの反応は、多くの点で思いがけないものだった。

ロシアはバルト海に不凍港を持っておりません。したがってロシアには、ケーニヒスベルクとメーメルの不凍港と東プロイセン領内の当該部分が必要なのです。その上、歴史的にみてここは大昔からスラヴ人の土地です。もしもイギリスが上述の領土引き渡しに同意されれば、わたしたちはチャーチル氏の提起された方式に合意いたします。

チャーチルはこの「興味深い提案[3]」を検討すると約束した。

一九四四年初頭、東プロイセンの命運を決する問題は、再度、英ソ首脳間の往復書簡に登場した。二月四日付のチャーチル宛書簡のなかでスターリンは、東プロイセンを犠牲にしてポーランド国境を北に拡大するアイデアを支持しつつ、以前の要求を繰り返した。

私たちは、不凍港であるケーニヒスベルク港を含む東プロイセン北東部分がソ連領に入ることを要求いたします。私たちが求めているドイツ領はただ一カ所だけ、ほんのかけらのような部分なのですよ。[4]

二月二〇日付のチャーチルの返書では、イギリス政府は「ロシア側の要求の正当性」を認めており、「ケーニヒスベルクをロシア領に含める」ように東プロイセンの境界線が引かれることに同意する旨が語られている。かつて第一次世界大戦時に「東プロイセンのこの部分の土地がロシア人の血で染められた」ことを想起した上で、チャーチルはこのような結論を下している。「……ロシアはこのドイツ領にたいして正当に根拠づけられた歴史的請求権を有している[5]」。

一九四五年二月の連合国三大国首脳によるクリミア会議〔ヤルタ会談〕では、ケーニヒスベルク問題は特に検討されなかった。しかしながら、そこで提案されているポーランド国境に関する一連の文書では間接的に、ケーニヒスベルクを含む東プロイセンの一部をソ連に引き渡す件についておおむね合意のあることが確認されていた[6]。

一九四五年七―八月のベルリン会議〔ポツダム会談〕は、他の諸問題とならんで領土問題の処理も課せられていた。すでに七月一八日の第二回会合の場で、「ドイツ」という概念をめぐって論争が起こっていた。チャーチルとアメリカの新大統領トルーマンが一九三七年時点の国境をドイツとして認めるよう主張したのにたいして、またもやスターリンが、「一九四五年時点のそれ」という別定式を持ち出したのである。論争の意味は東プロイセンに直接関わっていた。戦前の境界線に基づく場合、ケーニヒスベルクを含む東プロイセン領全体が、講和会議の最終決定まで連合国管理理事会のもとで三大国共同管轄下に置かれることになった。その場合、ドイツの行政機関等が（暫定的であれ）復活されねばならなかった。イギリス首相とアメリカ大統領は、東プロイセンの一部をソ連に引き渡すことに同意する立場を確認したが、同時に、領土問題解決の出発点として一九三七年時点の国境に賛意を示していた。スターリンはこれに激しく反論した。「ケーニヒスベルクにドイツの行政機関が登場したら、私たちはこれを追い払ってやります。必ず追い払います[7]」。

さらに協議を進めるなかで双方は、東プロイセンのうちソ連に引き渡される部分についてそれぞれの立場を一致させた。スターリン、トルーマン、イギリス新首相アトリーの署名した「三大国ベルリン会議プロトコル」最終版では、「ケーニヒスベルク市およびそれに隣接する地区のソ連への引き渡しをめぐって」原則的合意がなされたが、しかし二点、重要な留保がなされた。第一に、「正確な境界線は専門家の調査によるものとする」と述べられており、第二に、最終解決のためにこの問題は「来るべき講和会議の場で」検討されなければならないということである。⑧

周知の通り、ソ連も参加したそのような会議は、旧連合国間の意見の不一致と、まもなく始まった「冷戦」のために開催されなかった。しかしながら、国際社会でポツダム決定の合法性に疑念が示されたことは一度もなく、一九七〇年のドイツ連邦共和国とソ連との条約、一九七五年のヨーロッパ安全保障協力会議の最終文書（ヘルシンキ宣言）、ソ連・アメリカ合衆国・イギリス・フランス・ドイツ民主共和国・ドイツ連邦共和国がモスクワで調印した一九九〇年の条約といった、他の国際法上の文書でも繰り返し確認されていた。一九九〇年条約は「統一ドイツの対外国境の最終的性格」を決着させるものだった。[*2]

## 特別軍管区

一九四五年四月九日、ドイツのケーニヒスベルク守備隊が降伏し、さらに数日後には赤軍の各部隊が東プロイセン全域を占領した。モスクワの新聞『プラウダ』の前線特派員の目に映った戦場の光景は悲痛なものだった。

ザームラント半島の全方角数十キロメートルに及ぶ範囲のいたるところで激闘が繰り広げられた。無数のドイツ軍の兵器の山、つまり戦車、航空機、自動車、自走砲――焼け落ちたものも破壊されたものもあり、無傷のものも壊れたものもある――が道を塞《ふさ》ぎ、森の縁を遮《さえぎ》っていた。粉々になった堡塁《ほうるい》と恒久型トーチカは、煙で燻《いぶ》されて生気なく黒変していた。ドイツ人の血、鉄、コンクリートが、ドイツの土地に混ざりあっていた。⑨

ケーニヒスベルク急襲終結後ただちにゼレーニン将軍は、人民委員ラヴレンティ・ベリヤ〔人民委員会議副議長・国家防衛委員〕に同市の実状について報告を書き送ったが、そこには次のように書かれていた。

三日間に及ぶ爆撃・砲撃の後、ケーニヒスベルクは巨大な廃墟と化しております。市南部・西部の街外れに若干の家屋が無傷で残っているだけです。火災は今も続いています。街路は煉瓦や鉄、木屑や家具で塞がっております。軍の部隊を通すために瓦礫を片付けた一部の道を除いて、市内の通行は不可能です。

事前データでは市内には約一〇万人のドイツ人が残っており、「大半は女性、子ども、男女の老人であった。労働能力のある住民はほとんどいない」。市内では内務人民委員部の部隊によって一七一〇人のドイツ人後方攪乱者、テロリスト、ファシスト組織のメンバーが逮捕され、さらに六万五二六人が身元確認のために一時拘留、うち三万二五七三人がドイツ人、ソヴィエト市民は一万三〇五二人、外国人は一万四九〇一人であったことも、将軍は報告した。⑩

戦闘終結後の一年間、ソ連に編入された東プロイセン北部で唯一の権力機関は軍であり、特別軍管区という位置づけを与えられて軍事評議会の手で管理されていた。各地の実際の権力は軍の衛戍《えいじゅ》司令部と、軍事当局の原則に従って行動する臨時民生管理部に属していた。

各戦闘部隊の将軍や士官らは、ここでは絶対君主のような気分だった。州内の土地総面積の半分が彼らのものとなり、都市や村落をまるごと手に入れた例もあったが、そうでない場合も、比較的良好な街区や建物を占拠した。赤軍将校にとって、新たに併合された地域は戦利品だったのだ。他のドイツ領の場合と同様にここでも、資材や機械設備などの価値あるものを集めて州外に搬送する戦利品獲得部隊が活動した。工場だけではなく、斧、のこぎり、シャベル、敷石、煉瓦、市内舗装道路の舗石といった類の、もっと素朴な仕事道具や材料まで解体撤去されて、「ソヴィエト連邦に」送り出された。

図 12　ケーニヒスベルクの街路で地雷除去するソヴィエト兵，1945 年 5 月 27 日(ゲ・サムソーノフ撮影)

軍の衛戍司令部の主たる任務のひとつは地雷除去を進めることだった。軍の報告書によれば、州内では半年間に一七万四五五八発の地雷と二二三万六六八六発の爆弾・砲弾が発見されて、除去処理された(11)。しかし、爆発のおそれのあるすべてが工兵の手で見つけられたわけではない。危険な残留物がたえず野原や道路や都市と集落の工事現場で発見され、子どもたちが手にすることも少なくなかった。戦後長く爆発音は続いていた……。

一九四六年九月五日、中央政府の決定に従って州民生管理部長のヴァシリー・ボリーソフは極秘指令を発したが、その第一項には「国境防衛改善を目的に、カリーニングラード州全体を立入禁止地区に編入する」[12]と述べられている。この指令によれば、州内への立入・居住は特別許可証のある場合のみ可能だった。住民は、パスポートに特別スタンプ(「第二種立入禁止地区住民」というもの)が捺《お》してある場合は、州内を移動することが認められた。諸機関や組織は、居住権のない者を採用して働かせることを禁止された。鉄道その他の長距離交通機関の切符は、立入許可証または州内登録済印のあるパスポートを提示した場合にのみ販売された。各市内では外出禁止時間が設定され、街路では四六時中パトロール勤務する姿が見られた。カリーニングラードの人びとは長らく、海辺で余暇を過ごす機会を奪われた。なにしろ海岸が国境線になったのである。ポーランドとの国境地区や沿岸地区に立ち入る権利が与えられる場合は、パスポートに「第一種立入禁止地区住民」という別のスタンプが捺された。海辺の保養地の魅力を楽しめたのは、基本的には軍事・警察機構の将校や党幹部、各種機関の長であり、かれらは労働者やコルホーズ農民のような連中に煩わされるのを気にせずに、心穏やかで文化的に別荘やペンションで休息できた。

立入禁止地区に関する指令は全部で二五項目を含んでおり、なかにはたいへん奇妙なものもあった。たとえば、どんなものであれ州内の写真や映画の撮影は、刑事罰を科して禁止されていた。この指令のために、われわれの手元には一九四〇年代から五〇年代の写真がほとんど残っていない。ソ連邦内務省の特別許可がなければ、「伝書鳩などの保持・飼育・搬入」も禁じられた。伝書鳩を使って外国と秘密で通信する可能性を許さないためである。

地方当局は、この種の規制措置を歓迎しただけでなく、たえずそれらをもっと厳格化しようとした。州指導部は、民警や国家保安部の定員増や対リトアニア境界線での立入管理体制の強化をモスクワに求めていた。まるでリトアニアは外国のような扱いだ。

軍の衛戍司令部は、本来、軍部隊が受けもつはずのないものも含めて、きわめて広範囲の業務を果たさねばならなかった。在地のドイツ人住民の暮らしの統制、都市交通・通信業務への従事、破壊を免れた工場の稼働、農業労働の組織化等々である。

赤軍の前線部隊の兵士たちはみごとに戦うことができたとはいえ、役人や企業管理者になる用意はまったくなく、軍隊的なやり方を民生分野の管理に適用したところで、効果的なはずはなかった。たいへん苦労して工場の稼働に成功しても、計画された課題の半分も遂行できなかった。大規模な国営農業企業である軍事ソフホーズは採算が取れなかったが、そこでは基本的に、将校の指揮のもとでドイツ人が働いていたのである。

国内の隅々から州にやって来るようになった移住民も、軍による管理には満足していなかった。町や村の住民からは、好き放題に移住民に迫害や威嚇を加え、平穏に労働する邪魔をし、キャベツやジャガイモ、タマネギを畑から掠め取る軍人たちの行動への不平不満が各級機関に届けられた。軍人たちが、宿営用に割り当てられた住宅街を居住に不向きな状態にしてしまうことも稀ではなかった。まぎれもなく農業にとって災難だったのは、軍の機動訓練と射撃や戦車攻撃、塹壕・掩蔽《えんぺい》の掘削などの演習であった。しかも演習があると、播種《はしゅ》した畑を踏み荒らしたり、家畜を盗んだり、干し草に火を放ったり、農民と揉め事をおこしたり、それどころか住宅地に射撃することも日常茶飯だった。万事こんな具合だったから、権力組織と管理手法の変更が必要であった。

## 軍政から民政への移行

一九四六年四月七日付のソ連邦最高会議幹部会令によって軍政から民政への移行が始まった。それによれば、ケーニヒスベルク特別軍管区は解消し、代わりにケーニヒスベルク州が設置されるとともに、軍事省の管理下からロシア・ソヴィエト連邦社会主義共和国閣僚会議の管轄に移行し、また民生管理部は軍の管轄から外れて、文民による権力機構となった。一九四六年六月にはモスクワで、ケーニヒスベルク州内の土地・銀行・工場・輸送通信手段・公営事業の国有化、ソヴィエト法の施行と地域内への大規模移住を開始する決定がなされた。支払手段であった占領軍票も廃止され、代わりにルーブルが導入された。これらの決定はすべて、東プロイセンをソヴィエト化し、同州をロシア共和国内の普通の行政主体に転換させる法的枠組みを作り出すものだった。

その際にモスクワの政府官僚は、軍が同州にどれほどの遺産を譲り渡すことになるのかと問わないわけにはいかなかった。衛戍司令部の報告はそれほど信頼できなかったので、一九四六年四月に州内情勢調査のためにモスクワからヴェ・イヴァンチェンコを長とする委員会が派遣された。

報告書[13]から判断すると、イヴァンチェンコは自分が目にしたもの、特に高度に発達した農業及び土地改良に衝撃を受けていた。

州内全域に密度の高い土地改良施設網が張りめぐらされている。ここでは、開放型水路による排水施設、深井戸、汲上げポンプ場、土管を用いた地下排水施設、堤防、水路などが見られる。あらゆる種類の土地改良施設が一体化してシステムのようなものになっている。

都市や村などの居住地について述べたところでは、興奮を抑えることができなかった。どの建物も、その特徴は設《しつら》えの良さと基礎の頑丈さである。建造物はすべて石造り（煉瓦造り）。屋根は瓦葺きが普通。住居内部の装飾は油性ペンキ。住居や作業小屋にも、家畜小屋にも、電気がひかれている。暖房はきわめて快適な装置が標準装備され、同時に居住者に給湯するようになっている。各農家の給水も（電動ポンプで）機械化されている。どの家にも果樹園があるのが普通だ。将来の移住者用と指定された建物には、以下に挙げたような特徴がある。この種の住居の平均居住面積は六〇―八〇平方メートルかそれ以上。一戸当たり居室は三、四部屋で、台所、倉庫、補助建物がある。一階の居室以外に中二階、つまり二部屋からなる二階というのが一般的で、設えも良い。住み込み従業員用住居として使われていたものだ。かなり多くの建物が残っていた。農村地区では完全に破壊された建物、大規模な修理が必要なものは何軒かだけである。

イヴァンチェンコの報告は、軍による地域管理についてかなり否定的な評価を含んだ点でも興味深い。「州は、経営上ほとんど利用できていない」、州域全体で「土地の無駄遣い」が進んでいる、「州の正常な経済発展を考慮せず野放図に」土地が（演習場や射撃場など）軍事目的用にされた、「移住コルホーズ員に譲渡すべき土地はほとんど残っていない」(14)、機械類や農機具が「いたるところで放り出されている」一方で、財産や建築物のかなりの部分が「誰も保守せず、利用もしていない」といった具合である。

モスクワの指示を受けた軍部隊と衛戍司令部は、動産・不動産のすべてを目録通りに二週間でソヴィエト・党機関に移管しなければならなかった。建物、企業、建造物、交通機関、病院、学校、保有住宅、公営事業の対象、農業用適地、家畜等々である。だがこの過程には数カ月を要して、一九四六年五月から一二月まで続き、深刻な対立や紛争が引き起こされた。

目録作成委員会の活動をとおして、将来の新居住者用に指定された農村住宅が軍部隊の宿営のためにひどく損壊しており、なかにはまったく使いものにならなくなったものもあることが明らかになった。建物を明け渡す際に軍人が、家具だけではなくトイレや風呂の設備、ドア、窓枠などまで持ち去ることも稀ではなかった。しかも、かれらはただ自分たちの占拠した住居を明け渡す気になれなかっただけ、ということも多かった。市内のもっと良い建物が師団参謀部などの軍の組織によって将校用住居として専有されていたにもかかわらず、である。たとえば、州内第二の規模の都市であるインステルブルク〔現在のチェルニャホフスク〕では軍司令部が、文民当局と建物や住居を共有することを拒んでいた。別の地域では、軍人が「武器を使って威嚇」し、すでに法令で文民当局に移管されていた財産を取り戻した場合さえあった。ティルジット〔現在のソヴィエツク〕では、軍人が「遮断機で道を遮り」、歩哨を立てて民間人の立ち入りを禁じて完全な閉鎖街区を作ってしまうという事態に、地元当局は直面させられた。

ラグニット市〔現在のネマン〕では、公共のインフラストラクチャーを守る闘いが何カ月も繰り広げられた。民政部長のピョートル・アファナシエフは、当地に宿営している師団が市の三分の二を占拠し、病院や学校の建物を返還してくれないと、絶望的な気分で政府に訴えていた。

まさか私たちは、勤労者の当たり前の生活条件を作りだして、生活を維持することもできないような状況にあるのでしょうか。実際こんな具合なのです。ドイツ人は国民をすばらしい病院で治療し、明るいみごとな学校で子どもたちを教えてきたというのに、いま私たちは、犬小屋同然のところで患者を受診させ、入院治療さえ施していますし、しかも何もかもごたまぜ。こっちは産婦、その横にはチフス患者といったありさまです⑮。

陸軍に続いてそれ以外の武装組織、特に内務省や国家保安省の部隊も財産を手離すのに難色を示していた。たとえばカリーニングラード市では民警職員が、文民当局に移管された建物と備品を文字通り運び去ってしまった。ドイツ人を労働力に使って、床、窓枠、扉、鉄骨、トイレや風呂を取り外したのである⑯。検事局に訴え出ても役にはたたなかった。検事たちは、おおむねどんな場合であれ、民警側に立ったからである。

軍人の抵抗がたいへん強固だったことから、州当局の要請を受けたソ連邦閣僚会議は一九四六年九月三〇日に、移住者用に指定された居住地を軍人が即座に明け渡すよう、さらに一件の特別決議を採択した。従わない場合、司令官に厳しい処罰が科されることになっていた⑰。しかし「同志スターリンの署名入り」のこの文書も、すぐには役立たなかった。

それでも、諍《いさか》いや紛争が相次いだとはいえ、一九四六年末までに陸軍から文民組織への権力移行は基本的に完了した。さらに三カ月後、党の権力組織である全連邦共産党の州委員会・地区委員会・市委員会が設けられた。一九四七年五月には、カリーニングラード州執行委員会と、各地域のソヴィエト執行委員会が結成された。州統治システムの全面改変と憲法上の権力機関への最終的な移行がようやく完了したのは、一九四七年一二月二一日、各地の勤労者代表ソヴィエト第一回選挙が行われた際のことなのである。

# 第4章
# 残留ドイツ人

## 東プロイセンからのドイツ人の疎開

一九三九年の人口調査によれば、後にソ連に帰属することになる東プロイセン北部には一〇八万六〇〇〇人が暮らしており、そのうち三七万二〇〇〇人がケーニヒスベルク在住だった。これら諸地区から西への住民の疎開は一九四四年の夏から秋にかけて始まった。ソヴィエトの前線特派員の報道ではこのような様子が描かれていた。

東プロイセンのドイツ人は鉄道駅に殺到し、ドイツ内地に脱出しようとしていた。鉄道と街道は難民で溢れかえっており、特別許可を持たない者の疎開を禁じたドイツ当局の命令にもかかわらず、その数はどんどん増えている。(1)

一九四五年一月に赤軍の進攻が始まると、疎開はパニック的な敗走に転じた。民間人の住民が退却中のドイツ国防軍部隊に紛れ込み、少なからぬ人びとが命を落とした。難民はケーニヒスベルクや、もっと先のザームラント半島にあるピッラウ〔現在のバルティスク〕をめざしていた。海路による疎開に望みをかけていたのである。ドイツ最後のケーニヒスベルク要塞守備隊司令官であるオットー・ラシュは、事態を次のように書き記していた。

思いもよらぬほど多くの人びとがこの道に殺到した。徒歩で進む者もあれば、自転車や荷馬車で進む者もおり、乳母車を押している女性もいた。すぐそこにザームラント半島に向かう戦車部隊の縦列があって、全隊が三ないし四列でピッラウ方面に進んでいた。ケーニヒスベルク港では数隻の船舶に難民が乗船していたが、もちろん全員に席が行き渡るはずはなかった。港には何千もの人びとが群がっていた。民間人の群れに部隊を離脱した多くの兵士が紛れ込んでいた。……だが、ピッラウでこれだけの人数に必要な船舶を短期間で準備することは不可能であり、人びとの送出はなかなか進まなかった。(2)

乗船できたすべての難民が無事に対岸にたどり着いて、救われたわけではけっしてない。たとえば、当時としては最大級の艦船の一つで、一〇層のデッキを備えたドイツの旅客船「ヴィルヘルム・グストロフ号」事件が起こっていた。この船は、一九四五年一月三〇日に東プロイセンに隣接するダンツィヒを出航したものの、ソ連の潜水艦S‐一三から発射された魚雷で撃破され、ポーランド沿岸で沈没したのである。公式データでは船内には五三四八人がいたことになっているが、歴史家のなかには、五〇〇〇人程度の子どもを含む九〇〇〇人以上が亡くなったと考える者もいる。この船の遭難は海洋史上最大の悲劇のひとつと考えられている。[*1]

一九四五年の三月から四月だけでも、東プロイセンから海路や鉄路で疎開したドイツ人は二〇万人程度におよんだ。[3] カオスのようなこの脱出行の光景は、もうひとりの前線特派員の文章によってあますところなく描写されることになる。

図 13　東プロイセンのドイツ人難民，1945 年 3 月 2 日（エ・エヴゼルヒン撮影）

> フリシェス・ハフの海岸では恐るべき惨状があらわになっていた。荒れ狂う波間には、筏や樽、自動車から取り外したゴム製クッションやタイヤのチューブにつかまったドイツ人が漂っていた。連隊の兵士、事務員、後方部隊、予備役の人びとが泳ぎ、手足をばたつかせて水没していった。まるでフリシェス・ハフが彼らを貪り喰ったかのようだ……。[4]

戦争終結後、ポツダム会談では領土問題とならんでヨーロッパ諸国からドイツへのドイツ人住民の移送問題も審議されており、これはポーランド、チェコスロヴァキア、ハンガリーなどの諸国にも関わるものだった。ドイツに出国させる対象はおよそ一二〇〇万人ほどだった。会談のまとめである「議定書」では、移住を「組織的かつ人道的なやり方」で実行し、占領地域ごとに「これらドイツ人の公正な配分を確保する」よう指示されていた。移住に関わる作業全体の調整は、ドイツにある連合国管理理事会に委ねられていた。(5)

だが、ソ連に帰属することになった地域、すなわちケーニヒスベルクとその周辺に残ったドイツ人については会談時にも、「議定書」でも触れられなかった。スターリンは、ドイツ人は事実上残っておらず、ドイツ軍の退却とともに立ち去ったのだと言って納得させようとした。同盟者らもこの件には関心がなく、特にこだわることもなかった。こうして、ケーニヒスベルクと東プロイセンの北東部で終戦を迎えたドイツ民間人の住民は、「議定書」の効力の対象とはならず、管理理事会の権限や送還規則が適用されることもなかったし、これを背景にソヴィエト側は、ドイツ人の人数、移送時期と手続きについて情報提供する義務も含めて、連合国にたいしていっさい義務を負わなかった。これらのドイツ人の運命は完全にソ連の行政機関の手中にあり、第一義的には、クレムリンの指導部と同志スターリン個人の構想次第になったのである。

## どれだけのドイツ人がケーニヒスベルクに残留していたのか？

終戦後、東プロイセンのうちソ連編入部分のドイツ人の数は、どれほどだったのだろうか。ロシア語文献では、当地に残留した第三帝国の国民は一〇万人と語られてきた。(6)ドイツの歴史家たちは、ケーニヒスベルク司令官オットー・ラシュの回想を引いて、民間人のドイツ人住民数を一一万人と判断しており、その後二年間で七五％以上が死亡、生き残った二万ないし二万五〇〇〇人がドイツに強制移住させられたという。(7)一九九一年以降ロシアのアーカイヴが開放されたおかげで、この問いにもっと正確に答えることが可能になっている。

ケーニヒスベルクで最初の住民登録は、陥落から二週間を経た一九四五年四月二六日に行われた。この時点では二万三二四七人のドイツ人市民が登録されており、さらに四万人程度が防諜機関「スメルシュ」によるチェック対象となっていた。さらに東プロイセン内の他地区から難民が引き続き市内に押し寄せていた⑧。

五月一〇日、ケーニヒスベルク軍衛戍司令官は地域住民全体の新規登録を実施するとの布告を発し、これはパスポートのデータまたは証人一、二人の証言にもとづいて行われた。情報は地区ごとの特別住民登録簿に記載され、一四歳以上の居住者一人ひとりに居住場所を指定した証明書が交付された。登録作業には約三カ月を要し、夏の終わりにやっと完了した。「地域住民在住関連情報」によれば、一九四五年九月一日時点で東プロイセンのソヴィエト部分には一三万九六一四人が居住し、そのうちケーニヒスベルクが六万八〇一四人だった。男性が三八%、女性は六二%で、住民全体の八〇%以上がケーニヒスベルクと近隣三地区（地区数は全部で一五）であった⑨。

おそらくドイツ人の実数はもう少し多かったはずである。ケーニヒスベルクのソヴィエト軍衛戍司令部の指令や当時のその他の文書では、登録実施状況ははかばかしくないと指摘されていたからである。ドイツ人を労働力として使用する軍部隊の多くは、かれらを隠匿して算入しなかったし、ドイツ人住民も、居住場所からの退去を禁じた命令を破って、相当数が道伝いに街や村のあいだを転々としており、軍の部隊や自動車輸送の動きの妨げになるほどだった。それ以外にも、公式データに無宿者や児童保護施設の孤児が含まれていたのかどうかも不明である。

| 日　付 | 東プロイセン・ソヴィエト編入部分のドイツ人数 | ケーニヒスベルク居住者数(内数) |
| --- | --- | --- |
| 1945年９月１日 | 139,614 | 68,014 |
| 1946年５月１日 | 118,503 | 45,120 |
| ８月１日 | 108,547 | 39,739 |
| 11月15日 | 90,991 | 38,879 |

保存されているアーカイヴ資料からは、一九四五―四六年に州内にいるドイツ人民間人住民数の変化を追跡することができる。[10]

地域住民数の急減が顕著に見られる。一四、五カ月のあいだに三分の一も減少したのである。州統計局の情報資料に示されているとおり、こうしたことが起こったのは、「深刻な食糧・住宅事情に起因する死亡率の高さと関連していた」。一九四五年秋には、ドイツ人の大多数の食料配給量は一日当たりパン二〇〇グラムであり、この乏しい配給量も必ずしも維持できたわけではなかった。

高死亡率のもうひとつの原因は、稠密《ちゅうみつ》な人口や石鹸の欠乏、好ましくない生活状況の結果生じた疥癬《かいせん》、腸チフス、発疹チフスの大流行である。ロシア人移住者の回想では、ドイツ人が家々を訪ねまわっては、石鹸どころか下着の洗濯で残った石鹸水を求めていたという。一九四五年秋から一九四六年春にかけて毎月のドイツ人住民死亡数が平均して一四〇〇人であったのにたいして、一九四六年夏にはその数は四〇〇〇人にまで上昇し、八月から一一月には一カ月当たり五〇〇〇人に達した。[11]

一九四六年から四七年にかけての冬には、ドイツ人の境遇はさらに悪化した。この時、全国的にもそうだったのだが、カリーニングラード州を飢餓が襲ったのである。ソヴィエト移住者たちの話から判断すると、「ドイツ人は飢えのために浮腫《むく》んで太ったようになり、表情も生気を失っていたが、逆に、まるで枯れたように痩せこけた者もいた」。飢えにもっとも苦しめられたのは子どもたちで、身体中、潰瘍だらけだった。生き抜くには一線を越えて耐えねばならないことが多くあった。ジャガイモの屑や腐った甜菜《てんさい》、アカザで飢えを満たさねばならなかったのだ。多くのドイツ人が川に棲む貝を食用にした。川で貝を集めてきて、焚き火を熾こして焼くと炎で貝殻が割れるので、中身を食べたのだ。死んだ家畜、ヒキガエル、ネズミも食べなければならなかったし、猫も食べ尽くした。さらにひとつ、カリーニングラードのアレクサンドラ・セレズニョーヴァのこんな証言がある。

あの頃はゴミ箱なんてなかったから、ゴミの山は中庭や通りに積み上げられていたわ。ある時、ドイツ人の男の子と女の子がゴミの山を掘り出して、手にした袋に入れているのを見たことがある。食べ屑か何かを食べるためだね。この子たちにジャガイモとパンをそれぞれ一個ずつ持ってきてやったよ。一九四六年のことだった。本当、子どもだったのよ、かわいそうでね。ゴミを掘り出して食べてるんだから。家に帰ってしばらくしてもう一度外に出てみたら、この子たちはまた同じようにゴミを掘ってるのよ。⑫

このような様子は、一九四七年二月のカリーニングラード民政部長ピョートル・コーロソフの秘密報告も証言している。

最近、市内ではドイツ人住民のあいだで大量死という事実が起こっております。死亡原因は基本的には栄養失調です。ご納得いただくために、以下のデータをあげておきます。この七カ月間に市内の第六区だけで三四九三人が死亡し、一九四七年一月が一四三人、二月は一九日間で一五七人でした。市の簡易外来診療所は栄養失調の患者数が増えて溢れかえっており、市内の病院はすべて満杯状態でかれらを入院加療させることはできません。栄養失調のドイツ人は簡易外来診療所、アパート、市内の道路で死んでおり、崩れ落ちた建物の廃墟や地階から遺体が搬出されて埋葬されています。ドイツ人住民の物質生活上の状況、住宅や暖房が保障されていない状況、さらに食料不足(ドイツ人、特に子どもと高齢者がゴミの山をまわって屑を集めています)が深刻で、そのことが、街中に伝染病(腸チフス、発疹チフス、赤痢)が蔓延する原因になっているのかもしれません。ドイツ人のおかれたこうした状況のために犯罪が増加し、児童売春のような事実も起こっています。子どもを見守る者もおらず放ったらかしの状態が相当のレベルに達しています。[13]

この報告では、飢餓のもたらした政治的に好ましくない後遺症にも注意が払われていた。すなわち、ドイツへの出国を求めてイニシアティヴをとるグループをドイツ人が組織したり、インテリゲンツィア層の人びとがカリーニングラードのドイツ人の窮状についてモスクワに訴え出ようとしたりしたのである。

普通のロシア人がドイツ人に憐れみを寄せて手をさしのべなければ、悲しみの収穫[*2]がどれほどのものになったのか、だれにわかるというのだろうか。パーヴェル・ベロシャプスキーはこう回想していた。

俺たちだって飢えていたけれど、ドイツ人をなんとか助けて、餓死から救ってやったんだ。特に子どもたち。ロシア人は自宅に小さな子ども連れのドイツ人女性を呼びよせて、自分たちの乏しい配給から食料を取り分けて与えてたよ。雌牛を飼っていた奴は、ドイツ人の子どもたちにただで牛乳をあげていたね（ドイツ人には雌牛がいなかったんだ）。

これと同じようなことは、マトリョーナ・ブクレーエヴァも話してくれた。

軍の部隊の食堂で働いていた頃、一度、雌牛の乳搾りに出たんだけどね。ドイツ人が走り出てくるのよ。頼みごとをするんだよ。腹ペコなんだね。牛乳を全部あげたわ。そんなことが二度あった。隊長が私にこう言ってね。「自分は何を食べるんだい」。コンドラチェフ将軍のところで働いていた時だけど、女の子が二人ばかり歩いてきた。「パン。パンはある?」。食べさせてあげた。ドイツ人の娘たちは床洗いを手伝ってくれたからね、やっぱり食べさせてあげたわ。うちの将軍はドイツ人を辱めることはなかったわ。誰もね。ドイツ人が来て頼みごとをすると、こう言っていた。「食べさせてやれよ」って。⑭

戦後最初の数カ月にはさらに、ドイツ人を多く含む範疇がもうひとつあった。無宿で独り者の老人と浮浪児である。一九四七年初頭までに州内には一八カ所の児童収容施設が開設されて、三三〇〇人の孤児がいた。傷痍軍人や高齢者のための施設は九カ所で、定数は七〇〇人だったが、必要とするすべての人びとを収容できたわけではない。州の中心部にある各都市や村落から、当局は浮浪児、つまり孤児の問題を解決できていないという訴えが寄せられていた。それによれば子どもたちは、「盗品や施しで生きており、薄汚れて破れた服を身に着け、靴も履かずに、飢えで浮腫んでうろつき廻っていた。そのことが周囲に道徳的に乱れた作用を及ぼしている[15]」。

## ロシア人の目から見たドイツ人

東プロイセンに到着したソヴィエト移住民は、自分たちにとって恐ろしく呪わしい敵であったドイツ人との出会いを、怖れと好奇心を抱いて待ち構えていた。最初は、共用井戸の水を利用するのも怖がっていた。毒が撒かれているかもしれないと思ったのだ。夜間は特に、放火や不意打ちの襲撃を心配していた。眠るのも交代で男たちが見張り番をし、棒をもって家の周囲を見廻った。しかし初めて接触してみると、こうした予断には変化が起こった。

一四歳の少年であったセルゲイ・ダニエル＝ベクは、ドイツ人との初めての出会いを生涯忘れることはなかった。

カリーニングラードの駅に到着した。停車して、ドアが開いた。……みんな集まって列車に乗った時には、当たり前だけど、ドイツ人のことを考えないわけにはいかなかったね。相手の姿が見えないと、憎む心も大きくなるんだ。ところが来てみたら、ドイツ人のガキどもが車両を取り囲んだんだ。身なりはきちんとしていたけど、ずいぶん痩せて青ざめた顔をしていたね。やつらは施しものを欲しがったのさ。列車には、ドイツ語の少しわかる人間がいたんだ。何かおしゃべりが始まったね。……そうしたら憎む心なんて、なんとやらさ。⑯

初期の移住民の話から判断すると、地元住民側からソヴィエト当局への組織的で大規模な抵抗はみられなかった。毒殺や殺人犯の噂が当時流れていて、多くの人がこれを覚えており、みな「ナチ親衛隊員《エスエス》」と呼ばれていた。ドイツの破壊分子は、ほとんどがずる賢く身を潜ませた横柄な老人の姿をして話のなかに登場した。噂を信じて、ドイツ人と親しく接触するのを危惧する者もいた。こんな噂はくだらない作り話だと考えて、規律正しく、勝者を含めてどんな権力にも恭順なドイツ人の態度を強調して語る者もいた。

ドイツ人への恐怖心を生んだのは、「わが州内にはドイツ人住民が多数暮らしており、その大半はわれわれに怒りを抱いて破壊活動を行っている」と飽きもせずに主張する州指導部の人びとの公の場での発言である。たとえば一九四七年一二月の第一回州党会議の場で州指導部のウラジーミル・シチェルバコーフは、前年に州内で一五件のドイツ人破壊活動グループを保安機関が摘発したと報告した。彼の言葉によれば、そのようなグループの一つはソヴィエック市で策動しており、そのメンバーが「再建された建物に放火した」というのだ。そのために彼らは「市消防隊に就職して、消火せずに火を放ったのだ⑰」というわけだ。

生産の場で作業時にサボタージュや破壊行為をしたとしてドイツ人を非難する声がしばしば聞かれた。工場設備やソフホーズの農業機械の損壊、家畜への毒物投与、交通機関の破壊等々である。だが、興味深いことに、そのような犯罪が摘発されたことはほとんど一度もなかった。実際、あったのだろうか。

いずれにせよ、ドイツ人に関する事件を審理した州裁判所が有罪としたのは、刑法第五八条第一〇項の「扇動」条項によるものばかりである。たとえば一九四七年後半に州裁判所は七八人のドイツ人に関連する事件の審理を行ったが、そのうち五四人がこれを理由に有罪宣告を受けた。

ドイツ人住民のあいだの「反革命的」で「反ソヴィエト的」なプロパガンダとされたのは、基本的にはソヴィエトの現実に批判的な内容を含んだ詩や歌、さらにソ連の対外政策を侮辱する噂を広めたというものだった。たとえば一九四七年に州裁判所は二人のドイツ人に八年および一〇年の収容所拘禁を宣告して、こう述べていた。

彼らの反革命的扇動は、間もなくロシアとアメリカ・イギリスが戦争になるという噂をドイツ人住民のあいだに広めて、ロシアの敗北を予言したというものであった。しかも、この敗北はドイツ人にとって有利だとして、自分たちの働く軍事ソフホーズで作業を忌避するよう唆《そそのか》したというのである⑱。

だがドイツ人が恐怖を味わったのは、国家の懲罰機関を前にした場合だけではない。寄る辺ないかれらの境遇に一部の恥ずべきロシア人がつけ込んだのだ。ドイツ人に食料配給切符が支給されなかったり、計算をごまかされたり、因縁をつけられたりといったことが起こっていた。いつの時代も戦争につきものの略奪もみられた。

カリーニングラードにおける事件について記録した民警日報では、時折、このような記述を見かけることがあった。

一九四六年一二月二七日一二時にカール・マルクス通り第一七番で死体二体発見。同地に出動して以下を確認。破壊された建物の二階にはドイツ人女性二人が居住していた。女性一人はベッド上に横たわっており、斧で襲われて頭部損傷。もう一人は床に横たわっており、同じく斧による襲撃。犯人は不明、殺害は強盗目的。遺体は病院に搬送されて解剖。

この種の犯罪は裁判所で厳格に罰せられたが、真相解明はまれだった。他方、些細なものであれ犯罪を犯したドイツ人へのリンチ事件は、必ずしも捜査・起訴されたわけではなかった。これについては、事件簿からさらに一件を挙げることができる。

一九四六年一二月二五日、第七区レーゲンシュトラッセ通り第四〇番で夜二時、ドイツ人一人が第一一親衛隊のポルノフ大佐のアパートに侵入、盗品を包みにして、それをもって窓の外に隠れようとしたところ、その場でポルノフ大佐によってピストルで射殺されたもの。死体を検分したところ、身分証明書は発見できず。殺害されたドイツ人の姓・名・父称は不明で、年齢は一六―一七歳。遺体は安置所に搬送⑲。

エカテリーナ・モルグーノヴァは、次のような思い出を語っている。

あの人たちは私たちのことを怖がってたけれど、どれほどかは私にはわからんね。特にロシア人の農民が呑んだくれている時には、(家のなかに)身を潜めてどこにも出てこなかった。どうしても必要な時以外は、家から姿をみせようとはしなかったね。仕事から帰る時も、食堂に寄った後はすぐに家。そして出てきもしない。うちらの仲間はあの人たちを見かけると、(ドイツ語風に)こう叫ぶんだよ。「同志《カメラート》、同志《カメラート》」ってね。その後は卑猥な言葉で罵ってみたり、大声で笑ったりね。

同じようなことはユーリー・トレグブも話してくれた。

ロシア人のなかには、路面電車の停車場や市場でドイツ人を罵ったり、(あっちへ行けといわんばかりに)手を振り上げたり、「ファシストめ」と呼ばわったりする連中もいたな。みんなが見ている前で、ドイツ人が殴る蹴るされることもあった。誰も奴らのことを庇おうとしなかったし、そうするのが怖かったんだよ。だって、「テメエ、引っ込んでろ。お前もファシストだろ。やつらを庇おうってのか」って言われるからね。こんな思いもあったしな。ドイツ人はファシスト、それだけってな。ドイツ人はどいつもこいつもファシスト。ちっこいのも、でかいのも。でもな、これは当たり前だったよな。戦争でドイツ人は俺らの仲間を根絶やしにし、子どもたちを殺したんだから。だから、あの頃はドイツ人といえば、はみ出し者だったわけだ。奴らに同情したり、助けてやったりしたロシア人も多くいたがね。[20]

さらにもう一件、それなくしては戦争の真実をまっとうできないような証言を挙げてみよう。出征軍人で、戦後もケーニヒスベルクで兵士として勤務を続けたアレクサンドル・フルマノフの証言である。

軍人とドイツ人のあいだに交流はなかったね。逆に、多くの連中が奴らへの憎しみを抱いたままだった。俺は何度か、夜に武器庫で銃架の自動小銃が一、二台足りないことに気づいたことがあった。朝になって連隊の隊列にいる俺たちのところに、ドイツ人家族がまたもや夜中に銃殺されていると か、ドイツ人が殺されたといった知らせが届いた。これは、殺された兄弟や母親のための、略奪された俺たちの国土のための報復だったと自信をもって言えるよ。兵士同士のおしゃべりでは、パルチザンだった親父や首吊りにされたお袋のために復讐したと白状していたからね。だがこれはどれも兵士の大事な秘密だったんだよ。犯人や暴漢が特定されたら、軍事法廷が待っていたからね。(21)

だが、対立こそがロシア人とドイツ人との唯一のあるいはもっとも広く見られた交流のあり方だったと考えるとしたら、これは誤りだった。

## ドイツ人の家庭、職場、余暇

戦闘行動の終結後、新権力は地域住民への効果的な管理統制を確立するのに頭を悩ませていた。そのためにケーニヒスベルクでは、東プロイセン内の他地区からやってきたドイツ人を決まった街区またはアパートにまとめて居住させる努力がなされた。他の町や村落では、ドイツ人がほとんど荷物も持たずに自宅から追い立てられ、いくつかの大規模な建物にすし詰めで収容されることも稀ではなかった。このような立ち退きがなかった場合も、元々の建物所有者の「住居は狭くなった」。つまり、ドイツ人が所有していた四―五部屋ある家屋やアパートの一室だけをその家族に残したり、かれらを地下室や屋根裏部屋に移らせたりして、その住居をソヴィエト移住者が占拠したのである。ソヴィエト市民とドイツ人との接触を極力制限しようとする当局の思惑にもかかわらず、一九四八年までは住宅街の大半で民族が入り混じった構成になっていた。

モスクワからの指示により、労働能力のあるドイツ人はみな働かなければならなかった。技師や専門家、熟練労働者は工場その他の工業関連企業に引っ張り出されていた。労働の対価として賃金と食料配給切符を受け取った。公式文書では、かれらはソヴィエト市民と同じ権利を有していると強調されていた。だが実際には、ドイツ人の境遇は職場や上司の態度によってかなり違っていた。そのことは、ソヴィエト当局に協力して同胞の請願をチェックしていた三人のドイツ人共産党員による一九四六年八月の報告書が物語っている。

州内最大の第八二〇番造船工場（旧シーヒャウ造船所）におけるドイツ人労働者の境遇について、彼らは報告書にこう記載している。

そこでは四〇〇人近くが働いている。賃金の額はまちまちだが、給与は正確に支払われている。非常に高額の賞与も支払われている。給与の最高額は六〇〇〇ルーブルで、約束どおり賞与が支給されている。働きが優秀な場合には追加で食料品が渡される。食料品支給は正確かつ公正に行われている。

ロシア人のグリゴリエフ同志が所長を務めるカリーニングラード第五守備隊司令部付きの小規模作業所では様子が違っていた。

ここでは靴職人、機械組立工、仕立職人、電気機械工、指物職人が働いている。この生産現場ではごくわずかの賃金しか支払われていない。ここでは四人の指物職人が働いていて、みなすばらしい専門家なのだが、七月にかれらに支払われたのは三五ルーブルずつだった。彼らは、別職場に移ることを認めるよう要求したが、拒否された。それどころか、グリゴリエフが彼らを殴りつけてくるとも言っている。(22)

都市に居住するドイツ人の大半は、公共事業に従事していた。道路や建物の建設と修理、瓦礫の整理などである。多くの場合、彼らのおかげで瓦礫の山の片付けがうまくいった。長く一列に並んで、石や破片や割れた煉瓦を手渡しで片付けたのである。司令官の命令で一労働日は一二時間と決められており、休日はなかった。プロイセン・アイラウ(バグラティオノフスク)市でのそうした作業について、アナトーリー・ポプラフスキーはこのように書き記している。

**図14**　東プロイセン・ソヴィエト軍司令部令を読むクランツ(ゼレノグラツク)のドイツ人住民，1945年2月

　朝、ドイツ人は全員そろって司令部に出頭した。そこで作業が割り当てられたのである。道路の片付け、瓦礫の山の分別等々である。足元は木靴。三〇〇—四〇〇人がこの木靴で歩くと、「カツンカツン」という音がした。重苦しい光景だ。作業が終わると、もう一度司令部に歩いて行って、新しい任務を受け取る。しばらく働くと、腰を下ろして休息する。われわれ〔ロシア人〕の誰かが歩いているのを見かけると、一斉に立ち上がって「ヒトラー《ヒトラー》、くたばれ《カプット》」と挨拶する。(23)

ドイツ人のほぼ三分の一が農業で働いていたとはいえ、それは自家菜園や農場ではなかった。すでに触れたように、一九四六年一月に大規模な軍事ソフホーズが三〇カ所設立されて、農民のみならず、ケーニヒスベルクその他の都市から多くの住民がそこに送り込まれた。各ソフホーズでは、一〇〇〇人から一五〇〇人のドイツ人が赤軍将校の指揮下に集められた。ソヴィエト人が移住してくるまで、彼らは軍隊、都市、そして自家用の食料を供給しなければならなかったのである。

ソフホーズにおけるドイツ人の暮らしはおそらく、都市の暮らしよりも困難なものだった。この点は、先にも引用した三人のドイツ人査察官によるシャンヴィッツ〔現在のコズロヴォ〕軍事ソフホーズ訪問報告書からさらに一つ証言を挙げることができる。

ここを支配しているのは、実におぞましい状況である。一九四六年八月一八日、五人のロシア人が拳銃を手にして女性の住居に押し入り、下着まで剥ぎ取り、枕や衣服までなにもかも奪い取った。女性たちが助けを求めたにもかかわらず、中庭に立っていた当直の者は助けようとはしなかった。翌日、素裸の女性たちが仕事に出ることができずにいると、ソフホーズの農場長は解雇を通告した。(24)

ロシア人移住者の回想によると、ドイツ人は責任感が強く規律正しいすばらしい働き手だった。驚くべきことに、かれらはいつも八時ちょうどに作業を始めて、一分たりとも早かったり遅かったりしなかったし、食事も時計通りに正確にとることにしており、ネジを締めるのも途中にして残していく場合もあったほどである。いったん仕事を始めると、つまらぬことで中断することはなかった。ロシア人はタバコを吸いに行ったりしたものだが、ドイツ人の場合は万事が時刻表通りに厳格だった。四五分働いては一五分休憩を取るのである。ドイツ人は野良ではけっして喫煙しない。彼らとて一服は必要だが、作業の途中でも畑から外に出てタバコを吸い、また作業に戻るという具合なのだ。

第八二〇番工場で目にしたことをヴァシリー・ゴヂャエフはこう物語った。

俺たちの工場はトラック修理をしていた。ドイツ人も俺たちも働いていた。今も思い出すが、ある時、職長が作業場に来てあるドイツ人に「カメラード、シュネル（ドイツ語で「同志、急いで」）、ダヴァイ、ダヴァイ(ロシア語で「さあ、さあ」)」って言うんだ。ドイツ人は辛抱に辛抱を重ねたんだが、とうとう職長に近づいて、「シュネル・ニヒト・グート(急ぐのは良くない)」って言うんだ。そして、「シュネル、シュネル」「ダヴァイ、ダヴァイ」という原則で働くロシア人の同志たちの仕事の後は、連中の修理した車を運ぶのにロープで引っ張らなくちゃならないが、ドイツ人の同志たちの作業の後だと、車に乗り込んで順調に走らせることができた、と説明したわけだ㉕。

ロシア人がドイツ人と一緒に暮らして働く場所では始終、旧敵にどう接するべきか、諍いが生じていた。党やソヴィエトの幹部は公の場の発言でドイツ人を怠業者・有害分子・破壊分子と呼んで、「警戒心を弱めるな」「ドイツ人を信じるな」「彼らに断固たる態度を取れ」と呼びかけていた。こうした呼びかけは、組織の長が私的にドイツ人の無償労働を利用する妨げにはならなかった。幹部の多くは二—五人のドイツ人家事使用人を抱えていたのだ。彼らの妻は、ドイツ人裁縫師、帽子職人、美容師のサービスを喜んで利用した。

逆に普通のロシア人は非戦闘員の民間人に共感をもって接していて、「私たちはファシストのようなやり方をしてはならない」「誰であれ、ドイツ人の財産を勝手に奪い取ってはならない」「ドイツ人は、殴るよりも躾《しつ》けるほうがよい」と考えていた。このような「リベラル」な態度は、党員集会では「無用の情け」として責めたてられた。ドイツ人とロシア人が結婚した場合も厳しく批判された(もちろん違法である)。公式文書にはこんな指摘もあった。共産党員や将校でもドイツ人と同棲している者がいるが、彼らはロシア人女性よりドイツ人のほうが優れていると誉めそやすし、子どもの教育をドイツ人女性にまかせていて、子どもたちはロシア語よりドイツ語のほうがよく身についていた。このようなドイツ人女性との同棲は取り調べ対象だった。問題になっているのが軍人軍属の場合、将校名誉裁判という非正規の同志裁判所[*3]に引きずり出されて判決が下されたが、そうしたやり方はさほど効果がなかった。一部の施設や企業では、ロシア・ドイツ人の祝日という形で共同宴会を催したり、ドイツ風のフォックストロット・ダンスを踊ったりした。

ドイツ人側では、ソヴィエト社会の社会的格差を見て、党幹部や組織の長、将校らの特権的立場を指摘し、世界最初の勤労者国家で眼の当たりにした不公正を批判するだけの豪胆さを備えた者もいた。カリーニングラード第五司令長官を告発するドイツ人の集団的な訴えが残されている。長官は、同所で働く二五〇人のドイツ人のあいだで食料配給切符を恣意的に分配したというのである。ドイツ人が特に憤慨したのは、次のような場合である。

　司令官は、他の労働者の取り分を抑える一方、若い娘には必要以上渡しておられます。七月初めにはキャンディーが渡されました。一部の労働者は二〇〇グラムだったのに、五〇〇グラムもらった者もおれば、一キログラムの者もおりました。配給切符では全員が同量を受け取れるはずでした。この点では、特に司令官のもとで働いている女性たちが得をしたのであります。権力機関の側でこのような方法が採られますと、ソ連はこんな所業を許すのだと住民が結論づけてしまいます。[26]

ソヴィエト移住民の回想から明らかになるのは、直接の交流が限られている場合に地元住民への反感が起こりがちだったということである。逆に、人びとが一緒に暮らしたり働いたりしている場合には、たいへん好意あふれる態度がうまれたようだ。

たとえば、エンマ・ベジェノヴァのこんな証言がある。

うちの隣にドイツ人の家族が住んでたんだ。奥さん《フラウ》のマルタ——私たちはマルタおばさんと呼んでいたけどね——とそのお母さん、息子のハンクチュルゲン。マルタのお連れ合いは前線で亡くなったんだ。上の階にはお年寄りのドイツ人女性が二人で暮らしていたわ。この人たちとの仲はとても温かったね。マルタとお母さんは私たち姉妹のために手袋や靴下を編んでくれたり、食べ物をくれたりしたんだよ。自分たちも苦労していたのにね。仕事もないし、昔の蓄えで食べていたからね（持ち物を市場で売って食料を買っていたということ）。夕方にはうちの父親がバヤン（ロシア風のアコーディオン）を弾いてくれることがよくあってね——父は戦争に行って、軍と一緒にベルリンまで行って、ドイツのフォックストロットを少しは知ってたんだ——。そういう時は、このお年寄りのドイツ人女性や他にも近所のドイツ人がうちに来て踊ってたよ。ドイツ人の暮らしが少しはましになったのかな。ママが亡くなって、継母が時おり私たち姉妹の気に障ることをしたんだけれど、そういう時には、マルタが私たちを自分のところに連れていってとても同情してくれた。よく私とハンクチュルゲンは一緒に大きなきれいな絵本を見ていたわ。子ども向けの聖書だよ。マルタは私に挿絵の筋を説明してくれて、イエス・キリストのことを話してくれた。(27)

この種の純朴な物語はおそらく、戦争をはじめとした異常な状況下にもかかわらず、人間は人間らしい感情を魂に宿らせているという、古くからよく知られた真実をもっともよく証明してくれるものだ。一般にわが移住者たちの気に入っていたのは、ドイツ人が働き方だけではなくて休息ぶりも立派だということである。仕事から帰ってもまだ日が暮れていないと、彼らは自然のなかに休息に出かけるのだ。年長者は散歩とおしゃべり、若者は自転車に乗り、子どもたちはボール遊びをする。アグニヤ・ブセリは休日のたびに一番近くの湖に出かけていた。

ドイツ人は家族ぐるみでここに来ていました。火にかけた大鍋で魚のスープを煮ていました。歌っておしゃべり。正直に言うと私は、彼らの家族の牧歌的な暮らしが羨ましかった。私たちはそんなふうに休息を取ることはできなかったのです㉘。

## かつての敵の再教育

むろんソ連のようなイデオロギー国家では、ポツダム会談で採用された非ナチ化政策の精神によるプロパガンダ的働きかけをドイツ人が受けさせられるのは避けられなかったし、しかもその非ナチ化政策がソ連で実行される際には、固有の特徴があった。問題は、ドイツ人の意識をナチ・イデオロギーの影響から浄化するだけでなく、共産主義的世界観を植え付けることにあった。

戦後二年以上にわたってケーニヒスベルクとその周辺出身のドイツ人の運命ははなはだ不確定で、ドイツに移住させられるのか、カリーニングラード州にとどまって暮らし、リトアニア人、ラトヴィア人、エストニア人の場合のようにソヴィエトの兄弟諸民族の家族に加わるのか、だれも正確なことは言えなかった。そのような不確定な状態が維持されているあいだは、ドイツ人は、ソヴィエト国家にみられたきわめて伝統的な形のプロパガンダと政治教育に晒されることになった。

一九四六年六月一八日の政府決定で最初に決められたのは、ドイツ人児童のために州内に五〇校の学校を開設するということである。授業は同年一一月に始まった。この時までに四四校(七年制の基礎学校が八校、四年制の初等学校が三六校)の組織化に成功しており、児童五五六九人が学んでいた。これらの学校の校長はロシア人で、教師はドイツ人から募集した。もちろん彼らは教職の専門教育はまったく受けていなかったが、肝心なことは、彼らがナチ党員でなかったかどうかを調べることだった。彼らは数カ月間、特別講習会で研修を受けて、仕事に送り出された。学校の授業はドイツ語で行われ、ベルリンの標準教育課程に基づいてこの年齢の学童にとってごく普通の教科が教えられた。読み方、書き方、算数等々である。だが、違いが二点あった。教育課程から地理と歴史が除外されていることと(これら二つの科目の教育課程は全面的に見直さなければならなかった)、さらにロシア語が必修教科にされて最重要視されていたということである。(29)

ドイツ人学校はロシア人学校とは別に配置しなければならないことになっていたが、このルールはどこでも遵守できたわけではなかった。別学のための適当な建物を見つけるのが困難な小規模な居住地では、ドイツ人とロシア人の児童が一つの校舎で学んだ。このように隣り合っていると、衝突が生じることも時おりあった。元女子生徒のガリーナ・ロマンは次のように回想している。

私ら〔ロシア人〕の男の子らは、学校から帰る道すがら鞄いっぱい石を集めて、「ファシストをやっつけろ」と叫んでドイツ人の男の子に投げつけたもんだ。ドイツ人の子らは普段一人で歩くことはなくて、いつも集団だった。でも私らと違ってあの子らはけっして誰かをいじめることはなかったね。私が一人で歩いていても、かまってきたことは一度もなかったよ。脇を通っても、気にすることもなかったね。

だが、初期のロシア人移住者の多くが想起したのは、まったく平和的な「子どものインターナショナル」である。アンナ・チェルカシナはこんな話をしてくれた。

子ども同士だからすぐにわかりあえるようになったね。ロシア人の子どもたちも簡単にドイツ語を覚えて、二言語で話す子も多かったよ。家に帰って、早口でドイツ語を喋ったんだ。親たちの多くはこれが気にいらなくてね。私の父親は、家でドイツ語を喋りすぎるといって弟や妹を叱りつけていたよ。(30)

ソ連で必須と考えられたイデオロギー的プロパガンダのなかには新聞雑誌も含まれていた。当初ドイツ人のあいだでは、ソヴィエト占領当局が発行した『ソヴィエト・ドイツ』というドイツ語の新聞が無償で配布された。一九四六年八月には全連邦共産党中央委員会が、ドイツ語の『新時代《ノイエ・ツァイト》』という新聞の発行を決定した。新聞の表題下には「カリーニングラード州ドイツ人住民のための新聞」と記されていた。同紙は、A3用紙一枚で、一九四七年五月から一九四八年一〇月まで週に二回、全部で一三六号発行された。新聞編集部は一〇―一二人で、半分はドイツ人の活動家だった。『新時代』の内容はソ連の公式の新聞雑誌をモデルに編集されており、紙面のごくわずかだけ地元のテーマに触れていた。カリーニングラード州内のドイツ人の「良き生活」や「労働の成果」について語っていたのである。ここには、ソヴィエト当局の好意と配慮への謝意を述べたドイツ人市民の手紙も公開されていた。内容から判断するに、この新聞が対象とした人びとの関心を呼ぶことはまずなかっただろう[31]。

一九四六年にカリーニングラード市および同州で各戸に大規模な有線放送網が引かれた際には、ドイツ人も対象にすることが決められた。このために特別ラジオ放送編集局が編成されて、ドイツ語による定期放送(一日当たり三時間)が始まった。

ドイツ人住民のあいだでイデオロギー活動を整備してより効果的なものにするために、一九四六年二月にはカリーニングラード市で中央ドイツ人クラブが結成され、他の都市や村落でドイツ人がまとまって暮らす場所にもさらに一三のクラブが設けられ、一六二人の職員が配置された。クラブは共産主義の教養と社会主義建設におけるソ連の成功についてプロパガンダを行い、同志スターリンの指導的役割と功績を称え、さらにドイツ人のなかから当局に忠実な活動家を養成するものでなければならなかった[32]。

中央クラブにはドイツ人の芸術家集団、ジャズ・オーケストラ、反ファシストの政治学校が設けられており、趣味による美術創作サークルの発足も計画されていた。クラブでは定期的に、若者、女性、知識人の集会が行われ、コンサートが開かれ、映画の上映もあった。クラブへの出席は義務づけられており、標準的なプログラムは数項目から編成されていて、二、三時間が予定されていた。

通常、行事はベートーベンの葬送曲の演奏で始まった（組織者のユーモア精神は正当に認められるべきものだ）。続けて適切なテーマ（たとえば「ニュルンベルク裁判」「ソヴィエト人民の偉大な勝利」あるいは「性病について誰もが知っておかねばならないこと」）の講演が行われた。その後、ホールに集まった人びとはソヴィエトのいずれかの歌（「ソヴィエトの国に暮らすのはすばらしい」や「我が祖国は広大だ」）を覚えて合唱しなくてはならなかった。文化プログラムにソヴィエト作家の作品の「音読」が含まれることも少なくなく、普通はマクシム・ゴーリキーの小説『母』の数章だった。最後にドキュメンタリー映画、たとえば「ファシズムは人類の最悪の敵」といったタイトルのものが上映された。プログラム全体はドイツ人作曲家による葬送曲の演奏の繰り返しで幕を閉じ、その後、ドイツ人たちは帰宅した㉝。

だが、ドイツ人クラブでもっとも求められていた行事はダンスで、これにはロシア人もやってきた。カリーニングラードでもっとも人気のあるダンスホールは中央ドイツ人クラブだったと移住者たちは回想したし、当時頻繁に出入りしていたユーリー・トレグプはこう語っていた。

　クラブにはドイツ人の若者が集っていたよ。連中は嫌な顔もせずに私たちを友人のように迎えてくれた。俺たちもやつらに良い態度を取った。取っ組み合いの喧嘩が起こった覚えはないね。ドイツ人の若者が弾いてくれるアコーディオンの伴奏で踊ったものさ。フォックストロットとタンゴだったね。さらにドイツ人は自分たちのフォークダンスを踊ったけれど、これは俺たちには気に入らなかった。自分たちの馴染みの曲、フォックストロット、タンゴ、リンディ・ホップをやってほしいと頼んだものさ。ドイツ人の女の子たちを誘ってね。とても魅力的でいい感じだった。俺たちロシ

ア人の小僧っ子と踊るのを断ったりもしなかったし。これにもドイツ人の若者たちは平気な様子だったよ。(34)

## ともに暮らした経験

戦争終結後の三年間、旧東プロイセンでロシア人がドイツ人とともに暮らしたことは、西欧文明の担い手と触れ合うという、ある意味唯一無二のエピソードだった。もちろんそれは終わったばかりの戦争を背景としたもので、そこには勝者と敗者の両方がいた。こうした関係のなかでの緊張は、略奪行為と暴行、生活上の軋轢、文化的・イデオロギー的対立といったさまざまの現れ方をした。そのいずれの場合もロシア人は積極的で攻撃する側として登場し、ドイツ人は、反撃せずに現に起こっている軋轢を抑え込んで、不当だと思えるような態度でも我慢して甘受していた。

しかしながら、そうはいっても圧倒的に多かったのはもっと別のタイプの関係であり、それはこう定式化して言い表すこともできる。つまり、それぞれ自存する二つの並行する世界である。ドイツ人の世界はより深く傷つき寄る辺がなくて、それゆえつねに警戒心が強く内に閉じこもっていた。逆にロシア人の世界は自信満々で優越感に浸っていたが、裏表がなく開けっぴろげでもあった。これら二つの世界は、時おりたがいにじっと凝視しあうこともあったが、似ても似つかぬ別々の生活を送っていた。そしてやむを得ない場合にのみ同じ場所に居合わせて、何らかの形でおたがいに作用しあい、協力することもあった。

相互の関係の性格がそのようだったからといって、両者を隔てる氷壁が溶けて、これら並行する世界のあいだに誠実で深い人間的つながりの生じる事例の多くあったことが消し去られるわけではない。そのための土台となったのは、人間の本性に消し難く備わった特質、つまり男女の愛情だけではなくて、同年齢者のあいだの友情や年長者への尊敬、プロとしての技量への感嘆の念、相互の助け合いと支援、そして最後に、他者の苦しみにたいする憐憫の情と無関心ではいられないという気持ちである。

おたがいを隔てる障壁が乗り越えられたのは、一緒に暮らし活動するための条件が生み出された時、共通する問題を協力して解決しなければならなかった時、人びとの直接の交流が存在していた場合である。こうした接触の重要な成果の一つは、ソヴィエトの人びとのドイツ人にたいするあからさまな敵意が取り除かれていったということである。こうした敵意は、戦争が終わるまではソヴィエト人民の社会意識の重要な特性になっていたが、カリーニングラードでは、国内他地域よりもずっと早くから姿を消した。二つの民族が接近して統合過程の促される傾向は、ソヴィエト市民とドイツ人の接触を制限しようとする公的権力の政策で抑制されたが、その後、一九四七年から四八年のドイツ人の強制追放の結果、人為的に完全に中断させられた。

第5章

# ソヴィエトの移住者たち
## ――カリーニングラード州への大規模移住

旧東プロイセン領のうちソ連に併合された地域への移住は、この国の戦後史における重要なできごとの一つである。この時、ごく短期間に地域全体の住民入れ替えが実行され、ロシア共和国のこの新たな州の住民となったのは、国内のほぼ全域からやって来た移住者たちだったのだ。

図15　ドイツ軍による捕囚から帰国するソヴィエトの人びと，東プロイセン，1945年

ソヴィエトの人びとがこの地に到着し始めたのは、一九四五年春に行われた東プロイセン作戦の成功直後だった（毎月三〇〇〇―四〇〇〇人）。州づくりの始まった時点では州内に三万五〇〇〇人が住んでいたが、一九四六年八月一日までにすでに八万五〇〇〇人のソ連市民（軍人を除く）が移住してきた。約五分の一はドイツで強制労働をさせられた人びとや、ファシストの強制収容所から祖国に帰還した民間人と戦争捕虜であった。一部は、保安機関による「濾過《フィルター》」と呼ばれる身元調査の後に州に定住した。[*1] 一九四六年秋までに州の民間

人住民となったのは、主に東プロイセン領内で終戦を迎え動員を解かれた軍人であった。この頃、ソヴィエト人は地元のドイツ人住民と比較して少数派だった。

## 募集

カリーニングラード州への大規模移住は、一九四六年七月九日付でヨシフ・スターリンが署名した決定で始まったが、この決定は年末までにロシアと白ロシア〔現在のベラルーシ〕から一万二〇〇〇家族のコルホーズ農民が自発的に移住することを見込んでいた。移住の組織化は、国内全土に置かれた移住局という特別機関が担当した。

移住者には次のような特典が提供されることになっていた。すなわち、旅費や手荷物運送費は無償、家長は一〇〇〇ルーブル、それ以外は各三〇〇ルーブルの返還不要の現金扶助、各家族にアパートないし庭・家庭菜園用地〇・五ヘクタール付きの家屋を私有財産として賦与、住居の建設・修繕と家畜購入のための優先貸付の割当てである。移住者の各家族には、パン（穀物）と以下の商品を国定価格（つまり低価格）で販売することも決まっていた。つまり、「コート一着、木綿布三〇メートル、灯油一〇リットル、塩一〇キログラム、マッチ四〇箱」である。また「各家族の成員一人当たりでは靴一足、被り物一点（スカーフや帽子）、短い靴下と長靴下二足、糸巻二つ分の糸と洗濯石鹸一キログラム」である。さらに、コルホーズ農民は過去の租税債務を全額抹消され、移住後三年間は税金を全額免除された(1)。

応募者探しは、人びとのあいだで「募兵係《リクルーター》」と呼ばれた移住局の査察官が行った。彼らは、説得工作のためにさまざまの手段を利用した。新聞に移住希望者募集の広告を掲載し、新たな土地に来るよう呼びかけるカリーニングラードの人びとの手紙をラジオで読み上げ、企業やコルホーズでカリーニングラード州の生活状況に関する講演を行い、『移住者の手引き』というビラを配布し、農村クラブや文化会館にプロパガンダ・ポスターを貼るといった具合である。もちろん、これらは州の様子をこのうえなく魅力的に描いていた。「気候は穏やかで冬は短く、厳寒は訪れない」、移住者用の家屋はよく整備されて広々としており、建築物は「全面石造り」で、「家畜小屋には電気がひかれており」「給水は機械化されれ」「コルホーズは最新技術を備えている」とさえいうのである。

この美辞麗句をすべての人が信じたわけではなく、第一陣の移住者であるセルゲイ・ダニエリ＝ベクはこのように回想していた。

募兵係は宣伝《アジテーション》する際に、嘘を交えることが少なくなかったよ。たとえば、市内で空き家の豪邸やアパートを見つけてそこに落ち着くことができると言ったりね。ところが俺らは、戦時中にしょっちゅう騙されることに慣れてしまっていたから、たいして期待していなかったし、がっかりもしなかったね。大事なのは何のために俺たちがここに来たのかってことで、家族全員に第三種軍人用食料配給〔生きるのに基本となる食料が必要量保障される〕が約束されていたからさ。たしかに、四カ月はそれをもらったね。②

募兵係の仕事にとってずいぶん邪魔だったのが非公式の対抗アジテーション、つまり、東プロイセンで過ごしたことのある人びとの広めたありとあらゆる不吉な噂である。たとえば「あっちは何もかも破壊されていて、半地下の小屋で暮らさなくちゃならない」とか、「あの州は飢餓状態だ」「あっちに行くのは危険だし、悪党が列車を転覆させるから、たどり着けないかもしれん」「あっちでは毎日一〇人ずつロシア人が殺されている」と言うのだ。「あそこには国境があって、今にもまたもや戦争が始まりそうだ。私たちは家族と一緒に軍事行動の行われている地域にいる」というものもあった[3]。

移住者たちの主な動機はどんなものだったのだろうか。その典型は、ライサ・エシコヴァが語る自身の家族が移住した理由である。

私たちは戦争で飢えていました。娘を一人亡くしました。せめて残った子どもたちを救いたかったのです。夫の稼ぎは悪くはなかったです。戦前は月に二〇〇〇ルーブル貰っていたのですからね。家財を手に入れて、ソファーや小さな箪笥《たんす》を買いました。でも戦時中は物を売らなくちゃなりませんでした。食べ物に替えてもらったんですよ。カーテンを窓から外して市場に持って行ったほどです。食料配給切符ではお腹は満たされないでしょう。出て行く決心をしたって、親類の誰にも言いませんでした。移住証明書を受け取ってからようやく伝えたんです。私たちを見送りに来てはくれませんでした。ドイツ人の土地に行くのかと私たちはひどく責められました。どうやってドイツ人と一緒に暮らすんだいと言うんですよ。ドイツ人は人間ではないって言うんでしょうかね。私たちと同じですよ。ほんとにまあ。こうして市の執行委員会で書類を整えて、出発しました。

このことは、白ロシアから移住したタチャーナ・イヴァノーヴァも語っている。

一九四四年にファシストを追い払って、コルホーズで働き始めたんだ。腹ペコだったよ。コンバインもないし、機械類はこれっぽっちもなかった。畑は戦車や車で荒らされていたしね。だから自分たちの手で犂《すき》を引いて畑を耕したもんだ。馬が一頭残っていたんだけれど、腹ペコなんで、殺してみんなで分けて食べてしまったよ④。

たしかに多くの人びとにとって、東プロイセン行きと政府の与えてくれるささやかな特典が、飢え死にからの救いのように思われた。

移住の際にかなり広く見られた動機の第二は、新たな土地で住居が手に入るかもしれないということだ。移住者のなかには戦火で焼け出されて家と財産を失った者や、棲《す》み処《か》のない者が多かった。このことはなんと言っても、戦時中にヒトラーの占領地になったロシアの各州やウクライナ、白ロシアの住民にあてはまる。焼き払われた村と破壊された都市の住民や、大黒柱を失って新築する力も資金も持たない家族にとっては、住居やアパートを無償で提供するという募兵係の約束は、移住する気にさせるための撒き餌みたいなもので、移住時の重要な理由になった。

移住の動機として、経歴を白紙に戻してゼロから始めたいという願いもかなり多くみられた。新たに移住してきた者のなかには、みずからがスターリン体制によって弾圧されて収容所《グラーグ》送りになった人びとや、「人民の敵の家族」という烙印を押された者が多くいたのだ＊2。カリーニングラードという周囲に知り合いのいない新しい土地では、他人の注意をひかずにひっそりと暮らして、もっとましな人生を送れるチャンスがあった。

移住者自身の言葉によれば、新たな州には「暗い」過去を持つ者も押し寄せた。ケーニヒスベルクはとても豊かな都市で、「ドル箱」があるという噂が国中に広まっていた。こうして種々雑多な山師のような人びとや一山当てようとする者、楽して金儲けするのを好む人びとがそこに向かったのである。いわゆる「プロ」の移住者についても触れないわけにはいくまい。この連中は、現金扶助や特典割引価格による食糧や商品の備蓄を手に入れるのを狙って、何度も移住手続きをしており、住居の新築や雌牛を購入するための優先貸付を騙し取る者もいた。全額使いきってしまうと姿をくらまし、しばらくすると別の街や地区に現れて、新たに到着した移住者のふりをしたというわけだ。

移住者のなかには、これとはまったく違う特徴の者も少なくなかった。コムソモール[*3]の青年たちである。エネルギッシュで知識欲に富んだ彼らは、見知らぬ魅力溢れる地域を一刻も早く甦らせたいという情熱と意欲を本気で抱いていたのだ。

移住希望者は「調査・申告書」という特別用紙に記入したが、これには職場からの人物評定書を添付する必要があった。その後数日間で候補者審査が行われたが、民警と国家保安機関の個人カード資料に基づく〔思想的・政治的な〕信頼度が中心だった。各州ではこの審査の結果、旧東プロイセンに移ることを希望する者のうち三%から一二%が篩《ふる》いおとされた。最終的には家長に、家族全員の氏名の記載された移住証明書が交付され、鉄道の列車に乗る場所と時間が伝えられた。

正式には、移住は法にのっとって自発的に行われることになっていたが、ソ連政府は、市民に居住地や働く場所を変更するよう無理強いする手段を少なからず持っていた。たとえば、大学や職業技術学校の卒業生を仕事に送り込む強制システムが存在した。共産党員は党の規律に従わねばならなかったので、彼らは「党中央委員会派遣証明書」により東プロイセンに向かわせられた。そして一般の労働者やコルホーズ農民もいつも、移住強制を目的とした行政圧力にさらされかねなかったのだ。

## 移　動

募集された移住者たちは、家畜や全財産を抱えて車や馬車で居住地から最寄りの鉄道駅まで連れていかれて、そこで貨車に詰めこまれた。貨車が至近の大きな鉄道接続駅に着くと、列車の編成が行われた。

図 16　モスクワ州からカリーニングラードへ向かう移住者の集団を乗せた列車，1946 年 9 月(『アガニョーク』誌より)

移住者用列車は五〇—八〇両で編成され、各車両に二五—三〇人が乗り込んだ。家畜、干し草、家財の輸送用にそれぞれ別車両もしつらえられた。列車には列車運行主任と医師、獣医師が同行した。移住者を乗せた列車は時刻表には記載されずに特別ルートで運行し、途中さまざまな場所で移住者の集団を拾い集めていった。平均走行距離は一四〇五キロメートルで、旅程は四・八日、平均移動速度は一昼夜で二九七キロメートル(時速一二・四キロメートル)だった⑤。

乗客たちは順番に、車両内にじか置きの暖房用薪ストーブ(これがあるので「暖房貨車」という俗称がつけられた)で食べ物を調理し、お茶を入れ、ジャガイモを焼いた。停車場では連れてきた牛の搾乳をしたので、牛乳はみなに十分行きわたった。集落から遠く離れた停車場で数時間もの長い時間停車する際には、車両の近くで火をおこして食事を作る余裕があったし、茶を入れる湯沸かし器《サモワール》にも火をいれた。時折、列車が予告なしに動きだすことがあり、そういう場合は、生煮えの料理をつかんで車両に乗せなければならなかった。たびたび起こる遅延のために、カリーニングラード州への旅は二週間かそれ以上かかることもあった。

三五七号という番号をふられた最初の列車がブリャンスク州からグンビンネン市(現在のグーセフ)に着いたのは一九四六年八月二三日で、この時、一〇八家族が同市に到着した。その際、運行中に列車の編成がふたつに切れてしまったので、後部車両に乗車していた四八家族は、四日後にようやく目的地に到着した。到着すると列車運行主任は名簿と照合しながら、乗客と家畜その他の家財をカリーニングラード移住局代表に引き渡し、そのことを記載した特別調書が作成された。

道中、移住者たちはロシアや白ロシアの破壊された都市と村を目の当たりにしてきた。だが、東プロイセンで彼らの眼前にひらけた光景は、前線で戦って戻ってきた兵士にさえ衝撃を与えるものだった。地獄がそこから始まり、とぎれることなく続くかのようだったのだ。列車が進むと、何もかも破壊し尽くされていて、家屋もこなごな、鉄道線路上には大破した列車が止まっていた。まわりには対戦車防禦物、恒久型トーチカ、簡易型トーチカ、うち捨てられた戦車や大砲があった。空気中には何かが焼け焦げたような臭いが立ち込めており、多くの人がその臭いを生涯記憶することになった。

そうはいっても、戦争の生み出した恐ろしい結果が、移住者の自然な好奇心を拭い去ることはできなかった。列車から見た光景はなじみがなく、驚かされるものばかりだったが、同時に魅力的でもあった。赤い瓦葺《かわらぶき》屋根の美しい家、アスファルトや敷石で舗装され両側に木の植わった道路、いたる所にたくさんの花と緑。アンナ・コプィロヴァはこのように回想する。

列車の窓から廃墟が見えたんだけど、それだけでも、ここはもうロシアじゃなくて西ヨーロッパなんだって、すぐにわかったよ。心臓が普通にドクドク動くというんじゃなくて、ドッキンドッキン激しく打ったんだ。まわりは何もかも面白くて知らないことばかりで、好奇心をそそられたね。⑥

移住者の出迎えと割振りに従事したのは特別委員会である。農村部では、同郷原則にしたがって新規住民の割振りが行われた。つまり、同じ州から来た住民は一緒にまとめて居住させるよう考慮されたのである。たとえばクロイツブルク地区（現在のバグラティオノフスク地区）にはヤロスラヴリ州から来た住民、フリートラント地区（現在のプラヴヂンスク地区）にはカルーガ州から出てきた人びとといったぐあいである。だが実際は、新たな移住者を乗せた列車が毎日到着するようになると計画は修正を迫られ、列車の運行中に移住先が変更されるようになった。そのような変更は人びとの不満をかった。一九四七年、当局は、タンボフ州とリャザン州からの移住者を乗せた列車を二編成、オジョールスク地区に向かわせるつもりだったのだが、乗客は下車するのを拒否、同郷人がすでに腰を落ち着かせていたバグラティオノフスク地区へ行くよう要求したのである。それでも、同郷原則は基本的に実現していった。

農村地域への入植と並行して、工業関連企業のための労働者がカリーニングラードに派遣されるようになった。当初、かれらは長期出張に派遣されたものとみなされており、一部の明らかに民生分野の専門家にも将校の階級が付与され、軍人用配給食糧が支給される場合もあった。その後、政府決定により各省庁は、国内各地区で熟練労働者、技師、技術者、医師、教師などの勤労者を募集することを認められた。カリーニングラードの大企業は募兵係を全国各地に送り込んで、みずから熟練要員を探すようになった。さらに高等教育機関や技術専門学校の卒業生が大勢、集団で送り込まれるようになったし、ソヴィエトや共産党、コムソモールの専門職員が何百人もカリーニングラードに派遣された。

移住は計画的・組織的な性格をしていて、民警と国家保安機関の統制下で進められた。移住者は立入許可証か移住証明書を持参しなければならず、道中では何度かこれらの文書のチェックが行われた。しかし実際には、奔流のような人の移動には自然発生的なところも多く、「スターリン期には秩序があった」という広く流布された思い込みは、カリーニングラードの移住行動にみられる事実からは証明できない。特別体制と立入許可制度という形の印象深い厳しい障壁にもかかわらず、「未組織」移住者が多数抜け道を見つけだしていた。深刻な労働力不足を味わっている地元当局や企業・公共機関の幹部たちは、正規かどうかには目をつぶらざるをえず、立入許可証や移住許可なしでもとにかく仕事の請負を認めていた。移住者のあいだでは、ロシア共和国内の三つの州（モスクワ、レニングラード、スモレンスク）の出身者が最多だったにもかかわらず、これら諸州では中央で決められた募集がまったく行われなかったという矛盾した事実は、まさにこのような事情で説明できる。

## 移住者の社会的肖像

ロシア最西端の新たな州の住民の主だった部分は、どのような人びとだったのだろうか。新住民の絶対多数はソ連最大の三つのスラヴ系共和国からやって来た人びとで、ロシアが七〇%、白ロシアが一一%、ウクライナが七%を占め、その他の共和国が一二%だった。州の民族構成がはじめて調査されたのは、一九五九年の国勢調査時のことである。この調査からは、カリーニングラード住民中のロシア人比率はもっと大きいことが判明した。ロシア人はロシア共和国だけでなく、ソ連邦内のその他の共和国からも来ていたからである。ロシア人は七八%、白ロシア人九%、ウクライナ人六%、リトアニア人三%、その他民族四%だった。(7) このように、カリーニングラード州はロシア人からなる典型的な地域として形成されたのである。二〇一〇年の最新の国勢調査では、ロシア人は住民の八六%を占めている。

初期の移住者のなかでは、女性の比重が男性比率の一・五倍以上にのぼっていた。このような男女間の不均衡は全国的にも住民構成の特徴になっており、終わったばかりの戦争のもたらした結果だった(一九四六年には、二〇―四九歳の男性一〇〇〇人にたいして女性は一六〇〇人であった)。そのため移住者の典型はおよそ男性ではなく、女性つまり寡婦や、父親を戦争で亡くした一人ないし数人の子連れの母親であった。

移住者の年齢構成は、子どもや高齢者がはるかに少ないという点で国内他地域と異なっていた。対照的に、働き盛りの年齢層(一八―三九歳)の割合は六一%に達していて、ソ連邦全体の二倍だった。

戦後初期には、都市部と農村部から来た移住者の割合はほぼおなじだった。とはいっても、都市住民がすべて都市に移住したわけではないし、全農民が農村部に移り住んだわけでもなかった。移住者の多くは労働の性格や生活様式を一変させた。その結果、カリーニングラード州の各都市は住民の四〇%を元農民が占めていて、「農民化された」のである。これは、多かれ少なかれ、農村から都市への移動の増大という全般的傾向に一致していた。ところがカリーニングラードの農村は、全国規模でみるとユニークな現象を示していた。農業を知らない元都市住民の三分の一以上が農村住民として入っており、このことが特別の困難と問題を引き起こして、長期にわたってカリーニングラードの農業に影響したのである。

カリーニングラード州のさらにもう一つの特徴は、最初から都市人口が農村人口を上回っていたことである。すでに一九四七年時点でその割合は五七対四三であった。これに対して、ソ連全体でいわゆる「都市化への移行」が起こる(都市住民の割合が五〇%を超える)のは、ようやく一九六一年のことである。

人口学的展開については、カリーニングラード地方の特徴をさらに一点指摘しなければならない。きわめて高い出生率がそれであり、戦後最初の一〇年間は、ロシア共和国全体の水準の二倍にのぼったのである。これは、移住者たちの特異な年齢構成(生殖年齢層の多さ)と婚姻活動の活発さの結果であった。さらに、州内には約一〇万人の軍人がおり、彼らは民間人統計には含まれないものの、(出生などの)人口学的過程に積極的に関与し、住民中の民間人男性の不足を補っていた。カリーニングラードの子どもたちの出生記録で、三分の一に父親の記載がないのは偶然ではない。

移住は、通常は家族単位で行われることになっており、その際に特典を一揃いすべて受給するには、各家族に少なくとも二人の労働可能な者がいなければならなかった。実際にはいわゆる不完全家族(子どもとひとり親)が非常に広く見られたし、「便宜的にくっついた」家族、つまり偽《いつわ》りの家族も多かった。さらに、未成年者や高齢者、障がいを持つ者が労働可能として登録されることもまれではなかった。

政府決定では旧東プロイセンに送られるべきなのは、熟練度のもっとも高い専門家、先進的な労働者、経営状態の良い農場出身のすぐれたコルホーズ農民のはずだった。しかし、戦争で荒廃した国内に、経営状態の良いところなどありえただろうか。だからこそ、実際の移住者は、プロパガンダ・ポスターに描かれる陽気で身なりもよく、適度に肉付きの良い姿とは似ても似つかなかった。アレクセイ・トランボヴィツキーはこう回想する。

一九四六年に、スモレンスク州から来た移住列車を見たのを覚えてるよ。みんなぼろで破れた服を着て車両を降りてきて、腹を空かせた子どもたちを連れていた。わずかな家財と痩せこけた雌牛も一緒だったね……。(8)

図17　ドイツ製の馬車に乗るソ連の移住者たち，1940年代後半

しかも移住者の技能レベルは、もっとましなのはいないのか、と思わずにいられないようなものだった。カリーニングラード最大の造船所(旧シーヒャウ造船工場)では、二五〇〇人の労働者のうち九五％が造船業で働いたことがなかった。一体彼らがどのような船を作れたというのだろうか。同じような光景は、カリーニングラードで二番目に重要な産業である車両組立工場でも見られたが、そこでは応募者のうち仕事上

の専門技能を持っていたのは一〇％にとどまり、残りは一度も工場で働いたことがなかった。四カ所あるパルプ製紙工場に応募した五〇〇〇人の労働者も圧倒的多数が非熟練労働力だったし、そのうえ病人や障がい者も多く、その結果、これらの工場で稼働できた設備は三〇％以下にとどまり、停止することもよくあったから、カリーニングラードのパルプ原価はソ連全体の三倍であった。逓信省は専門家を一六〇人派遣したものの、かれらは「郵便配達員にしか使えない」ことがカリーニングラードでたちまち判明した[9]。

経験の乏しい若者や専門技能をもたない労働者が熟練労働者を装って送られてくると各企業の幹部はたえずこぼしていた。漁業にやって来た漁師は実際は漁師ではなかったし、農村には「希望者は誰でも」やって来たが、「コルホーズ農民だけは来なかった」。移住局の一九五一年の報告には次のように述べられている。すなわち、募集でやって来たコルホーズ農民のなかには「製靴工が六四一人、電気技術者が三二五人、旋盤工が二三〇人、教師が二〇三人、料理人が二〇一人、裁縫師が一九八人、パン職人が一七五人、鉄道労働者が二三三人、貿易従事者が一一五人、医療従事者が七三人、ジャーナリスト・新聞記者が二二人であり、さらに理容師、画家、計画経済専門家、鉱山労働者、写真家、時計職人、音楽家、アーティストがいずれも数人、その他[10]」がいたというのである。

アーカイヴの文書史料にあるもう一件印象的な事例は、移住者の出迎えに関する報告書である。木材買付けに従事する企業「ネマン川木材」の幹部たちは、一九四七年に鉄道駅で、募集に応じてやって来た林業労働者を出迎えた。列車が到着してドアが開くや、彼らが目にしたのはいったいどんなものだったのだろうか。車両からはまず大勢の子どもたち、続いて松葉杖の障がい者、さらに乳飲み子を腕に抱いた母親たち、そして最後に、報告の言うところでは、「臨月の女性たち」が降りてくるのだ。この「林業労働者」の集団には男性は一四人しかおらず、彼らとともに四一人の女性と七三人の子どもが到着したのである。(11)

さらにひどかったのは幹部職員の能力である。まず、当局や企業の幹部中にはきわめて高い割合で元赤軍将校が含まれたが、かれらの専門家としての資質は戦時下に形成されたもので、平時の管理運営には精通していなかった。党機関の決定でロシアの他地域から派遣された幹部たちも、十分な訓練を受けていなかった。戦争で破壊された東プロイセンに行くことを希望する者は多くなかったから、当局は早期昇任を約束して、候補者をその気にさせるしかなかった。それまでよりも一段階ないし二、三段階上の職位を提供するのである。ひらの計算係がここではすぐに会計主任職を得たし、技師は職長に、職長は工場長になるといったぐあいなのだ。責任を問われる幹部の地位に未経験の若者が就任することもしばしばみられた。こうして、カリーニングラードの抱える問題の規模と複雑さは、ロシアの他地域と比べものにならないほど大きかったのに、幹部職員の質はきわめて低いという事態が生じてしまった。

労働資源を特徴づける際に、戦後最初の二年間にこの地域の労働力の基礎となったのがドイツ人の戦争捕虜や民間人、さらに収容所《グラーグ》に拘禁された人びとだったことを忘れてはならない。多くの大企業には戦争捕虜収容所や、有罪判決を受けたソ連市民を収容する矯正労働コロニーが開設されていたのである。これらの無償労働力を利用できたことが、企業幹部を堕落させてしまった。かれらはドイツへのドイツ人強制移住に激しく反対したが、それは、ドイツ人が自分たちにとってより好都合な労働者だったからである。一九四七—四八年のドイツ人強制追放と並んで地方経済に一撃を加えたのが、一九五三年のスターリンの死後、収容所送りの人びとに大規模な恩赦が与えられたことだった。

移住過程を特徴づけるには、新たな土地への新規住民の定着率の問題にも触れなければならない。故郷に舞い戻った者の比率にかんする統計は、戦後のカリーニングラード州への入植の歴史のなかで長く重要機密とされてきた。これは驚くべきことではない。ソヴィエト国家の住民移動政策全体の評価基準や、新規住民の環境整備をめぐる地方管理機関の活動の効率性に関わる問題だったからである。共産主義が破綻した後、アーカイヴの統計文書資料が公開されたおかげで、ようやく実際の数字が明らかになった。最初の一〇年間（一九四六―五六年）にカリーニングラード州には約一一三万六〇〇〇人の移住者が来たが、同じ時期に約六五万九〇〇〇人、つまり五八％が州を後にした。つまり、一〇年以上にわたって州内には、住民として定着した者が実際はいなかったということである。住民はたえず入れ替わっていた。やって来ては数カ月か一年ないし二年暮らして、その後去って行く人びとがいた。代わりに別の人びとがやって来た。なかには二度ないしそれ以上、来ては去る者もいた。言わば、この間に州の住民は三度入れ替わったことになる。このような入れ替えが独特の心理状態を生みだしたのは言うまでもない。その土台にあったのは、この土地に滞在するのは一時的だという感覚であり、これはある程度カリーニングラードの人びとのメンタリティのなかに固定化させられた。

カリーニングラードの新規住民の独自性を語る際には、移住者の地理的分布にも注意を払わなくてはならないし、旧東プロイセンへの入植がバルト海沿岸地域で境界を接し、生活様式・生業《なりわい》・文化的伝統の点である程度共通した各地の住民を犠牲にして実行されたわけではないということも強調しておかねばならないだろう。カリーニングラード州の住民が構成される際に主たる供給源となったのは、ロシア内地の僻地だったのだ。ロシア中央部の各州や白ロシアから移住してきた人びとにとって、東プロイセン世界という新たな居住環境は、そのすべてが異郷のかなり縁遠いものであり、文化衝突の土壌を生み出すこととなった。将来の隣国との関係もそこには含まれる。

それにもかかわらず、カリーニングラードの新規住民にはある種の積極的な特徴が備わっており、そのおかげでかれらは、いい意味で同胞たちと違っていた。かれらのほうが身のこなしが軽く、知識欲に富み、進取の気風にあふれ、進んで危険を冒す覚悟があり、そして最後に、自由だったのだ。

# 第6章
# スターリンのカリーニングラード州建設計画

ソ連に編入された旧東プロイセンの発展方向と展望を定めるために、一九四七年夏に国家権力最高機関の採択した一連の決定は、プロパガンダ的な配慮から「スターリンのカリーニングラード州建設計画」と命名されることになった。この「計画」の誕生に先立っていくつかの劇的な、悲劇的とも言えるような事件が起こっていた。一九四七年初頭、戦争終結時から軍が独占する世襲領地のような扱いになっていたこの州で、党の指導部が任命された。指導部を率いたのは、レニングラードから派遣された四〇歳のピョートル・イヴァノーフである。彼は工学の高等教育を受け、豊かな経験を備えた党の専従活動家であり、戦時中はレニングラードの指導部の一員であった。

図18　ピョートル・イヴァノーフ(1906–1947)，カリーニングラード州初の共産党指導者(1947年1–6月)

イヴァノーフがカリーニングラードに初めて足を踏み入れたのちに遭遇したことは、戦慄のレニングラード封鎖(八七二日にもおよんだ)を生き抜き、ファシストとの戦いで鍛え抜かれた戦士であった彼をして、まごうことなき衝撃に陥れた。毎日彼に届けられる情報と、みずから目撃したところから得られた印象は、終末を描いた黙示録のような光景を呈していた。

## カリーニングラードの黙示録

イヴァノーフが最初に目にしたのは、一年半が経過しても戦争による破壊のあとかたづけが始まりもしていなかったということである。一九四七年のある報告に彼は、皮肉を込めて、「再建作業は規模こそ壮大ではあるが、成果はわずかしか実感できない」と書いた。イヴァノーフに衝撃を与えたのは、建物を一部だけ再建するという地元建築家が盛んに採用した方法であり、半壊して屋根のない建物の場合は下部の数階だけ、場合によっては個々の部屋だけが修復されていた。市内最初の映画館「夜明け《ザリャー》」では、ロビーの上に上階の梁が垂れ下がって倒壊の危険があったし、中央食料品店では、壊れた建物の上階から崩れ落ちてきた煉瓦が、食品陳列棚の上で山をなしているのを見かけることも稀ではなかった。軍当局は、州の領域内では地雷除去が完全にすんだと報告したが、地雷や不発の爆弾・砲弾が州全域で爆発を続けていた(1)。

州経済は疲弊しきっていた。工業は計画された課題をまったく完遂できず、工場の設備は二五―三〇%しか稼働していなかった。州内各所では元ドイツ人自作農の農場やユンカーの領地毎に三五〇のコルホーズとソフホーズが建設されたばかりだったのだが、そこには何の機械設備もなく、軍から移管された家畜のほぼすべてが病気にかかっており、「衰弱、結核感染、外傷により」不適合扱いになった。このようなコルホーズは、自分たちの農民さえ養うことができなかった。労働力はあらゆる場所で不足していた。企業や組織のポストの充足率は三分の二に過ぎず、半分という場合もあった。労働者の流動性は緊迫したレベルに達していた。一九四七年にはカリーニングラードの工業関連企業で六二六九人が労働者として採用されたが、五七〇八人が解雇された[2]。全国の仲間たちとは異なり、カリーニングラードの農民は国境州に暮らすためにパスポートを与えられていたので、コルホーズを勝手に離脱して都市へ向かう「出稼ぎ」も大量に発生していた。つまり彼らは、行政的にコルホーズに緊縛されたわけではなく、ある程度自由に国内を移動することができたのである。

イヴァノーフには幹部らの仕事ぶりがまったく満足いかなかった。彼の指示で州内各党組織の活動について大規模調査が実施された。調査官はいたるところで同じような光景を目撃した。ろくでもない指導、決定の不実行、飲酒である。一九四七年三月の州党会議では、彼の助手の一人がこのように公然と告発した。州内の国家機関内部には「詐欺師にろくでなしや山師が立てこもっているが、彼らは懲罰機関(国家保安機関のこと)が注意を払うのに値する。カリーニングラードで九カ月間仕事をしてきたが、浪費や横領、詐欺分子に冒されていない組織を私はどれひとつとして知らない[3]」。いうまでもなく、もっとも汚職がはびこっていたのは商業部門と配給システムであった。商業省によって派遣された三一七人の幹部職員のうち、国庫金横領と道徳的退廃を理由として一四一人(四四%)が解雇された。州の執行委員会では設立時から詐欺師の徒党が活動しており、それを率いたのは執行委員会書記だった。彼らは虚偽文書と偽の労働契約を利用して、約五〇万ルーブルを着服した。

きわめて危険視されたのは、いわゆる「季節労働者的な気分」や、カリーニングラードは「ドイツに返還されるだろう」という予想が広くいきわたっていたことである。州党委員会に定期的に届く勤労者の政治意識に関する報告によれば、一九四七年にもっとも広まっていた噂は、「もうすぐ新たな世界戦争が始まる」とか、「われわれはおそらくここから生きて出られないだろう」というものだった。噂がずいぶん具体的な形をとる場合もあった。「トルコが英米とともにソ連に宣戦布告した。現在わが国では動員が進んでいるが、つい最近も、ミンスクが爆撃された」「わが国の飛行機がすでに一五機撃墜された」「戦争が始まっているというのに、俺たちはコルホーズに腰をおろしていて、何も知らされていない」④。

一九四七年を通じて党中央委員会や政府、さらに同志スターリン個人にも、カリーニングラードへの移住者から次のような訴えが押し寄せていた。暮らしが不安定だ、食糧が不足だ、まともな住居がない、約束されたはずの織物が届かない、徒党による強盗行為が広まっている、井戸に毒が投げ込まれた、畑には地雷が埋まっている、上司が専横だ、と。ブリャンスク州からの移住者は、「私たちは食べるものも、履くものも着るものもありません。まるで破滅する運命にあるかのようです」と書いている。ヤロスラヴリ州から入植してきた者も、同じような訴えを繰り返し述べていた。

私たちは原始人のような生活をしています。マッチがないので、暖炉の火を四六時中絶やさないようにしています。灯油がないので、仕事後は松明《たいまつ》の下に座り、石鹸がないので、定期的に体を洗うことができません。しかし上司は、私たちの働きぶりがドイツ人にも劣ると叱りつけるのです⑤。

州内に一〇万人以上いるドイツ市民も、イヴァノーフをひどく悩ませた。ドイツ人の法的地位はどっちつかずで、モスクワは、急いで彼らをドイツに移住させようとはしていなかった。ドイツ人はみな、ソヴィエトの人びとに悪影響を及ぼす敵と考えられていた。一九四七年には国家保安機関が反ソヴィエト的でいささか破壊分子的なグループを一五集団摘発した。火災や生産の場での事故、家畜の死その他の災厄が、ほとんどどれもドイツ人のせいだと考えられた。

新たな党指導者にとって焦眉の難問は、軍人との関係だった。彼らとはどういうわけか最初からうまくいかなかった。イヴァノーフは自分の任務を、秩序をもたらすだけでなく旧プロイセンの地にソヴィエト権力を確立することだと考えており、不可避的に駐留将校団と対立せざるをえなかったのだ。指揮官や衛戍《えいじゅ》司令官は、いずれかの施設を民生当局に引き渡すよう命じた政府決定をあっさりと無視した。イヴァノーフはこのような状況を一変させるのに懸命で、州執行委員会議長のヴァシリー・ボリーソフのように、完全服従の屈辱的状況に耐えるつもりはなかった。ボリーソフの置かれた状況は、つぎのような象徴的な事実ひとつとってでも証明されている。一九四七年を迎える大晦日、ボリーソフは軍部隊内の酒保の店長に「ソヴィエト・党幹部軽食堂用に、マンダリンとオレンジを六箱供出してほしい」と懇願していたのだ⑥。

イヴァノーフはそもそも人間のできが違っており、彼はお願いするばかりか、軍司令官や軍管区にたいして決定された全事項の無条件履行を要求し、モスクワにも繰り返し訴えたのだが、そのために将軍たちを激怒させてしまった。彼らはイヴァノーフのことを、自分たちが「血で贖《あがな》って手に入れた」権利と特権を奪おうとする世間知らずで無鉄砲な若造だと見なしたのだ。文書による確認はできないが、戦争英雄である〔クジマ・ニキトヴィチ・〕ガリツキー将軍がモスクワへ行って、スターリン本人にイヴァノーフについて苦情を述べたという逸話が残されているほどだ。イヴァノーフは、カリーニングラードの民生部門と軍部との軋轢は党中央委員会でも調査されるべきものだという事実を認めて、軍人と対立していることを公然と表明した。

おそらくこの党州委員会書記は、軍人との諍いを耐えぬくことも、そのなかで遭遇する他のあらゆる困難を克服することもできただろう。しかし、もう一つの問題が起こってしまい、それは彼にとって精神的に耐え難いものだった。一九四七年にこの州を襲った痛ましい飢餓である。

党州委員会のイヴァノーフのもとにはほぼ毎日のように、気がかりな秘密報告が各地から届いていた。グヴァルヂェイスク地区からは、同地区では「食糧に関して例を見ないほど深刻な事態が生じ」ており、移住者家族の多くが「おぞましいほどの状態で暮らしており、なかには栄養失調のために浮腫《むく》んだ者もいる」と書いてよこしていた。スラフスク地区からは、コルホーズ農民の四〇％は「食糧がまったくなく、四八家族二五七人に浮腫が起こり始め」ており、関連して「コルホーズの規律が日に日に悪化」して、「パニック的な雰囲気」が広まっていると伝えてきた。チェルニャホフスク地区では、「食糧がないことを理由に、コルホーズ農民が盗みに行っており、自分たちはプロイセンに連れていかれて餓死するのだと話している」し、公然と「俺たちゃ武装保安部隊なんて怖くない、生きたいんだ、飢え死にはどんな死に方よりひどい」と言ってのける者もいる。農民たちは、手元にいる家禽や小型畜獣を潰してしまって、いたるところで、コルホーズの家畜も含めて牛馬を屠殺し始めていた。家畜の屠殺は許さないと役人たちが説教すると、農民からは口を揃えて「飢えて死ぬ前に、雌牛を食っちまうんだよ」という答えが返ってきた。大規模な栄養失調は、最終的には人びとの衰弱死をもたらし、飢えによる自殺や食人事件さえ広まっている。(7)

大量飢餓《ゴロドモール》は、ソヴィエトの行政的指令的システムの非効率性を原因とする典型的なできごとであった。一九四六年八月末に始まった大量移住の結果、住民数は毎月まさに等比数列的に増え続けたが、中央によって与えられる食糧供給割当量ははるかに小さめの陳腐化したデータで決められていた。同年秋に州に到着した約二〇万人の移住者は、農家付属地に頼ることさえできなかった。到着が農作業期の終わりで、自家用の収穫物を育てられなかったからである。*1

イヴァノーフは、モスクワに援助を求める死に物狂いの手紙を何通も送り、これには政府内で同州担当のアレクセイ・コスイギン宛のものも含まれた。彼は「却下」という定型の決裁印をおした。イヴァノーフは食糧を借款で入手しようと試みて、比較的恵まれた状態にあったリトアニアの党幹部に支援を求めた。結果は無惨なものだった。手遅れながらもささやかな援助がようやく届いたのは、一九四七年五月末のことで、お決まりのプロパガンダ的な大騒ぎや大勢が参加した集会、そして感謝の手紙とともに、首領のくださった慈悲深い高価な贈り物が発表された。カリーニングラードのコルホーズ農民に「スターリンの配給」、すなわち一人当たり二プード〔三三―三三キログラム〕の穀物が配分されたのである。*2

この長い何カ月のあいだずっと、イヴァノーフはかつて包囲されたレニングラードで体験した時と同じことを感じざるをえなかったに違いない。とはいえ、戦争はすでに遠い過去だったし、カリーニングラードをファシストの大軍が包囲していたわけでもない。おそらくイヴァノーフは、首領の気遣いを称える集会の一つから戻るなり、椅子に座ってスターリンへの手紙を書き始めたことだろう。

図19　スターリンの肖像を掲載した『カリーニングラード・プラウダ』創刊号，1946年12月9日

## 首領への手紙とクレムリンでの面会

一九四七年五月二八日付でカリーニングラードの共産党指導者イヴァノーフがスターリンに書き送った、タイプ打ち六枚で「極秘」印の押された書簡は、半世紀以上にわたって最重要機密として扱われており、二〇〇二年にようやく公開・刊行された⑧。

イヴァノーフが書いたのは、旧東プロイセンの地にはソヴィエトの民生管理機関が一年以上存在してこなかったために財産の記帳や保護がなされておらず、「価値あるものがつぎつぎと盗みだされ、公的保有住宅や生産関連の建物は破壊されていた」ということであり、「軍や各省庁は東プロイセンを占領地と見なしていて、設備を解体して貴重な資源を持ち出した」ということであった。「集団強盗行為や強奪が組織的に行われる事例」も多く、「それには軍人が関与していた」とも述べられていた。犯罪増加と近視眼的な政策の責任を、この地方とそこにあるすべてがソヴィエト政府の資産であることを人びとに説明してこなかった軍の諸機関に負わせたのである。

「必要な調査と監督ぬき」で行われた移住者選考の質の悪さを嘆いたこの手紙の主は、少なくない数のごろつきや安易な儲け話を好む人びとが州内に侵入していることも指摘した。さらに、さほど信頼できないドイツからの帰還者やドイツ人が多数いることも付け加えねばならなかった。彼らは「ひどく憤っていて、破壊や治安の悪化、州経済の開発と発展の妨害のために何でもすると腹を括った人びと」だというのだ。

さらにイヴァノーフは飾ることなく正直に、再建作業が成果をあげられずにいること、経済活動の破綻、幹部の頻繁な交代、飢餓、不安な政治環境について語った。彼の意見では、こうした一切が住民の間に「新たな領土で自分のおかれた境遇が確実なものかどうか自信を持てない状態」を生み、「敵のスパイ活動」にとって好都合な状況を作り出している。

書簡の後半で州党委員会書記は、カリーニングラード州が戦後の五カ年計画（一九四六―五〇年）に含まれておらず、そのため州の問題を無視する理由を党中央に与えていることに注意を促した。結果的に「私たちは、統一された計画もなく、要するに明確な展望もないまま暮らし働いている」というのである。ここでイヴァノーフは自らの行動綱領をこと細かに叙述しているが、それを実行するのは「共和国と連邦の各省庁の真剣な援助」があってはじめて可能だと彼は考えていた。結論部分でイヴァノーフは首領に、「特別委員会を任命し、われわれも参加したこの委員会に、カリーニングラード州復興・発展計画を策定しソ連邦閣僚会議の審議に供するよう委ねること」を要請した。

慎重な言い回しやイデオロギー的な決まり文句、これみよがしの忠誠心の表明にもかかわらず、この手紙は実際には絶望の叫びであり、同時に戦いを挑むものでもあった。高慢な将軍たちと近視眼的なモスクワの官僚主義、そしてとどのつまりはスターリンその人への挑戦である。この書簡を無視することはありえず、イヴァノーフはすぐにモスクワに召喚されることになった。

六月九日の政治局会議は、いつもどおり夜遅くにクレムリンで始まった。二二時五〇分にスターリンの個人秘書であるポスクレブィシェフが、イヴァノーフおよび彼に同行したステパン・ブローフキンとヴァシリー・ボリーソフの二人を招き入れた。彼らは二三時四五分までスターリンの執務室にとどまった。会議では、スターリン本人が手を入れて署名した短い決定が採択され、これにより副首相アレクセイ・コスイギンを長とする一五人からなる委員会が設置された。委員会には、三週間のうちに「地方の状況を調査し、カリーニングラード州に経済援助を提供するための施策案を作成すること」が委任された(9)。

イヴァノーフと彼の同志が、クレムリンにあるスターリンの執務室をどのような思いで後にしたのかは推測するしかない。著者は長年、カリーニングラード住民にとって将来の運命を決するこの政治局会議で何が起こったのかを示してくれる、せめて何かの証拠がないかとアーカイヴで探ってきた(長年の伝統に従って速記録は作成されなかった)。やっとのことで、一九四七年一〇月に開催されたある地区の党会議の議事録にその種の証拠を見つけることに成功した。その場ではブローフキンが、スターリンとの忘れがたい面会の印象を伝えていた。

私は、わがカリーニングラード州の困窮問題が審議される全連邦共産党中央委員会政治局の会議に出席するという幸運に恵まれました。わが党の政治局員全員とスターリン同志が二時間にわたってご審議(実際は五五分――引用者)私たちの話に耳を傾け、わがカリーニングラード州の窮状についてくださいました。スターリン同志は、「もっと頻繁に、もっと詳しい手紙を書いてください」と仰いました。その後、委員会が設置されたのです。

この短い引用は、われわれに多くのことを伝えてくれる。辞去する際にスターリンが口にしたのは、「部内限定」で裏表のある決まり文句だが、これを、字義どおり手紙を書くよう促したものと受け取ることができたのは、無邪気なブローフキンだけだったのかもしれない。その場に居あわせた大多数には、独裁者のこのことばは不吉に感じられた。首領が、訴願してきたりパニックを煽ったりする者に我慢ならないことは、周知だったのだ。要するに、いちかばちかの手紙をスターリンに書いたイヴァノーフの運命は、このときすでに決まっていた。

## コスイギン委員会

政治局会議の二日後、「コスイギン委員会」が、特別列車でカリーニングラードに到着し、まるまる一週間滞在することになっていた。コスイギンとともに訪れたのは、ロシア共和国閣僚会議議長ミハイル・ロジオーノフ、ソ連邦内務大臣セルゲイ・クルグロフとその他の大臣、中央官庁の長、党中央委員会の幹部職員である。地元の指導部からは、イヴァノーフとボリーソフが委員会に加わった。

コスイギンがホテル住まいを断って、警備を強化した鉄道退避線に止められた特別列車の車両に随員とともに泊まることが判明すると、たちまち委員会の性格の異例さが明らかになった。モスクワの役人と専門家は、到着するとすぐに工業関連企業や住宅、輸送機関、農業などを調査し始めた。コスイギンも、毎日朝から深夜まで州全域を走り回った。彼は、多くの労働者やコルホーズ農民、漁民、教師らと会った。

首都から来た査察官一行の到着は、地元の役人の間に上を下への大騒ぎを引き起こした。職員は全員すぐさま休暇から呼び戻され、非番も取り消され、あらゆる組織で朝から深夜までてんやわんやで作業が進められた。委員会メンバーは新たな資料や報告書、提案書と計画を矢継ぎ早に要求した。

このとき、クルグロフ内相とその随員はパルムニケン〔現在のヤンタルヌィ〕集落を訪問したが、そこには琥珀《こはく》産地と名高いケーニヒスベルク琥珀加工会社の工場があった。大臣は即座に琥珀産業の可能性を高く評価し、「琥珀産業を内務省による経営下に置こう」と述べた。こうして世界最大の琥珀採取・加工企業が「第九コンビナート」という名称で矯正収容所管理本部傘下に置かれ、琥珀産地の近辺では六〇〇〇人を拘禁する収容所の建設が始まり、被収容者が琥珀採取労働者になることとされた。

コスイギンがカリーニングラードで開催した大規模な会議では一〇の作業部会が設置され、州の社会経済発展の基本方針をめぐる決議案を作成することになった。この過程でコスイギンは多くの問題を解決したが、特にケーニヒスベルク駅にあった名高いプラットフォームを解体してミンスクに移送する計画を取り消した。幹部職員の解職・任命・配置転換が連日続いた。しかし、肝心の人事案件が解決したのは、ようやく委員会のカリーニングラード滞在の終わりのことであり、事前に描いたシナリオに沿うものではまったくなかった。

モスクワを発つ際にコスイギンがすでに、イヴァノーフは免職というスターリンの決定を知っていたことには疑う余地がない。委員会の作業中、イヴァノーフは事実上孤立させられていて、ずっと深刻な抑鬱状態にあった。おのれの運命を悟っていたからである。六月一八日の未明、委員会の総括会議を前にしてイヴァノーフは、私用のブローニング銃で自殺した。本件に関する緊急捜査資料は一部だけ作成され、これは即座にモスクワに送られた。

午前中に召集された会議でコスイギンは、まるで何事もなかったかのように、それまでリトアニアで勤務していたウラジーミル・シチェルバコーフを新たな州党委員会第一書記に任命し、それ以外にも新任の州指導部メンバーを多数提案した。少し後にスターリンがこの決定を承認した。こうした状況のなか、カリーニングラードの指導部の更迭という事実自体が隠されたために、その後一カ月以上も、イヴァノーフ宛の郵便物がモスクワからカリーニングラードに配達されていた。カリーニングラードの新聞やラジオ番組では、コスイギン委員会の到着も、初代州指導者の死についても一言も報道されなかった。

その一方で、カリーニングラード州に関するさらなる決定の策定はソ連邦閣僚会議に委ねられて、基本作業は同じくコスイギンの指導のもとで進められた。彼はこの任務にたいへんまじめに取り組み、あらゆる文書の草案にみずから手を入れて正確を期したり補足を行ったりして、ごく細部までじっくりと考えていた。その結果、数週間でカリーニングラード州に関する一連の政府決定が準備された。七月二一日にはスターリンによる署名がなされて、法として発効した。

## スターリンのカリーニングラード州建設計画

モスクワで採択された決定についてカリーニングラードの住民は、その一カ月後、新任の党州委員会第一書記シチェルバコーフが八月二三・二四日の州党会議で行い、『カリーニングラード・プラウダ』紙に掲載された報告で知った。公の場で初めて閣僚会議の決定を「スターリンの偉大なカリーニングラード州復興計画」と呼んだのは、まさにこのシチェルバコーフである。実は、党中央委員会で彼は厳しくたしなめられた。ファシスト的な東プロイセンの再生を論ずるように聞こえるから、「復興」という概念の使用は認められないと判断されたのである。この語はすぐに「建設」に置き換えられ、州検閲委員会は、どんな場合も「復興」といういかがわしい用語を出版物で用いることを禁止した。

「スターリンの計画」は一九四七年七月二一日付の一〇件のソ連邦閣僚会議決定からなり、総分量はタイプ打ちで約一五〇枚[10]、一九四七—四八年のカリーニングラード州の発展計画を定めていたが、さらに期間延長した箇所もいくつかあった。これは、一年半遅れで、国民経済五カ年計画に同州を含めるということだった。

一〇件の決定のうち七件は、州経済の主力部門を扱っていた。造船、パルプ製紙、琥珀、漁業、エネルギー、輸送、農業の各部門である。計画されたのは、一七八の工業関連企業を立ち上げ、ドイツから引き継いだ鉄道網を「ソ連型」の広軌に「敷設し直し」、土地改良システムを再建し、漁業船団を結成し、州に熟練労働力を確保することである。軍事省は、二万五〇〇〇頭の家畜や馬、さらに三〇カ所の軍事ソフホーズを含む補助経営すべてをコルホーズとソフホーズに引き渡さなくてはならなかった。以上七件とは別に、「都市経済支援方法に関する件」という決定では、新旧の住宅や公的インフラ、橋、道路の建設と修理、各都市・集落のガス設備の敷設、路面電車を含む公共交通機関の整備、電話架設とラジオの設置、教育・文化施設の創設などのための大規模な活動が計画された。さらにもう一件の決定では、三年間でさらに二万家族を農業活動のために同州に移住させることを指示していた。直近一年半の投資総額は七億ルーブルという巨額で、この額に対応する規模の物資も割り当てられた。

最後に、もっとも重要だったのは一〇番目の政府決定「カリーニングラード州勤労者の配給改善に関する件」である。これは、カリーニングラード住民の食糧配給カテゴリー（ソ連では、すべての共和国と州、住民・社会集団がそれぞれ独自の消費基準を定められていた）を一段階引き上げて、労働者には「特別品目基準」（防衛産業労働者用と同レベルで、より良質の食糧が一揃えになっていた）が適用され、事務職員は「産業労働者基準」といったぐあいであった。さらにカリーニングラードの勤労者一人当たり追加で毎月二キログラムずつの穀物の販売、二五店舗の開設、消費協同組合の創設が計画された。この決定でもっとも長かったのは「秘密」の第七項で、これは幹部職員用の追加的食料配給割当や昼食その他の特典に触れていた。

「コスイギン委員会」が用意した草案のうちただ一件、首領によって一時退けられたものがあった。「ドイツのソヴィエト占領地区へのドイツ人の移住に関する件」である。スターリンがようやくこれに署名したのは一九四七年一〇月一一日、つまり農村で収穫の取り入れが完了した後のことであった。

シチェルバコーフ同志は、ローマのトリブヌス〔弁論達者な護民官〕のような精神で「スターリンの計画」を賛美して報告を締めくくった。

スターリン同志が予見されているのは、近い将来、ドイツの物質文化・精神文化の廃墟や屍《しかばね》となった場所に、いかにして戦勝国たるソヴィエト国家の栄えある州が建設されるのか、ということであります。スターリン同志が予見されているのは、ドイツの都市と工業関連企業の遺物のある場所で、いかにして新たな社会主義的工業が発展して、来たるべき社会主義ヨーロッパのモデルになるのか、ということであります。スターリン同志が予見されているのは、ドイツ人の野獣のごときイデオロギーと人間憎悪を培う温床のあった場所で、いかにして新たな共産主義のイデオロギー、つまり諸民族の友好と団結のイデオロギーが永遠に確立することになるのか、ということなのであります。[11]

スターリン同志が唯一予見できなかったのは、自分の作ったシステムがその「偉大な計画」を具体化するには無力だったということである。とはいえ当初は、待ちに待った中央の恩恵がようやくカリーニングラードにどっと押し寄せてきたかのように思われたようだ。古老たちの回想によれば、スターリンの一〇件の決定が採択されるとたちまち、カリーニングラードの鉄道の線路はどこもかしこも、モスクワからやって来たコンバインやトラクターや機械を積んだ列車で埋めつくされたという。

しかし、最西端の州への関心の高まりは、急速に低下し始めた。一九四七年の総括文書によれば、州内企業に専門家と熟練労働者を確保する計画は完全に失敗した。それどころか労働力の状況は悪化したほどである。一九四七—四八年に一〇万人以上のドイツ人がドイツに強制追放されたためである。新任の州党委員会第一書記シチェルバコーフはモスクワにたいして、各省による政府決定の不実行、資源の未分配、設備不足、工業関連企業の操業中断について書き送っていた。[12]

一年が経ち、「スターリンの計画」に定められた指標を近いうちに達成するのは無理だということが完全に明らかになると、計画が想起されることはますます少なくなり、プロパガンダ的言い回しのなかの「計画」という観念以外は、まもなく密かに忘れ去られてしまった。

一九四七年夏の一連の出来事と「スターリンの計画」の登場、そしてさほど一貫性もなく首尾よくいかなかったとはいえ、計画の実行は、若きカリーニングラード州の歴史が急転したことを意味していた。

それはより良い生活へと向かう曲がり角であった。つまり飢餓と貧困からソヴィエト人にとって多かれ少なかれ標準的な社会保障水準にむかう曲がり角。遺産として伝えられた財貨の無分別な破壊や横領と、軍人による専制や非常事態的なあり方から、「ソヴィエト権力」という人びとの慣れ親しんできたシステムの建設や相対的な秩序、そしてより合理的な管理運営への曲がり角。不安定さとこの地への滞在は一時的だという感覚から、予測可能性と明日という日々への多大の確信への曲がり角、である。

そして、カリーニングラードの人びとはこれらの転換のすべてを、ピョートル・イヴァノーフというひとりの人間の努力のおかげで手にすることができたのだということを認めておかなければならない。かれは誠実な共産党員、怯むことのない人間、才能豊かな指導者で、地域とそこに生きる人びとのことにいつも心を痛めていた。彼らのために、イヴァノーフはわが身を犠牲にしたのだ。

イヴァノーフのスターリンへの訴えとそれによって引き起こされた一連の出来事は、もう一つの結果をもたらした。地元幹部にとって忘れられない教訓となったのである。その後、カリーニングラードの政治・経済エリートは、ごく少数の例外を除いてごく慎重に行動し、総じて中央にはなんの権利要求もせず、何も質問しないことを選ぶようになったし、まさにそれゆえに州内の実情に沈黙して、地域が発展する展望を狭めてしまったのである。

# 第III部

# スターリニズム末期のカリーニングラード

# 第7章

# 新たな都市　新たな生活

## ——移住者たちの日常生活

ドイツで東プロイセンは農業州と見なされていたが、ソヴィエト連邦と比べると発達した都市システムを持っていた。戦前には人口の六〇％以上が都市に暮らしていた。新政権の前に持ち上がったのは、何世紀もかけてできあがってきた行政組織と人口分布のあり方を、ソヴィエト的基準に適応させるという課題だった。

当初から当局は、都市や村落といった居住地点の全体数を激減させる方向に踏み出した。戦後最初の一〇年間(一九四五―五五年)にその数は二分の一に減少し、二一世紀の初めにはほぼ四分の一(四二〇〇カ所から一〇八〇カ所)まで減少した。居住地点が「消滅」したのは、集団農場という新たな仕組みが、それほどの数の小規模な村や集落を必要としなかったからである。この仕組みを作るには、独立農戸や小規模集落を特徴とするこれまでの私的土地所有の構造は、根絶されねばならなかった。

そのうえソヴィエト的な都市建設のあり方からみると、もとはドイツであった州の都市数はむやみに多すぎた。戦後、旧東プロイセンでロシア共和国に編入された部分にある二五都市のうち九都市が市の地位を失った。主な理由は、ソ連とドイツでは「市」という概念の理解のしかたが異なったことである。「社会主義的都市」の理論によれば、少なくとも一万二〇〇〇人以上の住民数を擁する大規模な工業型居住地点だけが「市」とみなされた。西欧はどこでもそうだが、ドイツでは歴史的伝統が重要な役割を担っており、ドイツの都市の多くは中世にその地位を獲得して自治権や独自の特権を持ち、生活様式も様々だった。住民数(三〇〇〇―五〇〇〇人)や様子からは村と呼ぶほうがふさわしい場合でさえ、住民は都市としての権利を主張し、これを大切にした。もちろんこのような歴史的伝統は、ソヴィエト当局や新たな住民には何の意味もなかった。

同時に、ドイツでは村であったところが市になるという逆向きの動きも進んだ(全部で七カ所)。基本的にこれは、農業主体の地区の行政中心地になった移住地や、当局が保養都市に作り変えることを構想した海岸沿いの漁村だった。

ソヴィエトの建築家たちは、このような小規模社会主義都市の標準設計図を策定していた。首領(スターリンかレーニン)の記念像と演壇のある中央広場、ここではパレードやデモンストレーションが行われる。広場へと続く一本ないし複数の広い通り。市中心部の建物には、ネオクラシック様式による細かな装飾が施された。これはスターリン時代に特に好まれた美的趣味のひとつである。

## 第一印象と脅威

移住者たちはみな口を揃えて、ケーニヒスベルクは戦火でひどく傷を負って徹底的に破壊されており、住民はずっと以前にこの街を見捨てたような印象だった、と感想を述べていた。一九四五年にマネフア・シェフチェンコは、戦後も残留した婚約者のアレクサンドルに呼び寄せられてここにやって来た。列車の乗車券を購入できるあてはまったくなかったが、そのかわりに思いがけず飛行機に乗ることができた。彼女はこんな物語を話してくれた。

飛行機で到着すると、サーシャ（アレクサンドルの愛称）が車で迎えに来てくれていたわ。空港からケーニヒスベルクに向かいました。ずっと車に乗っているのに辛抱できなくなって、「ねえ、いったいいつになったら街に着くの」と言うと、サーシャは振り向いてこう言ったのよ。「もう一〇分は市内を走ってるよ」ってね。なんてこと。街なんてなかった。廃墟だけ。どこかで煙が渦巻いて立ち上っていたわ。ドイツ人ね。あの人たちはこんな廃墟のなかに住んでいたのよ。水道や電気なんてただの夢。路面電車の線路は壊れているし。「どうやってここに住めるわけ」って思ったわ。[1]

図 20　廃墟を清掃する教育大学の学生，カリーニングラード，1949 年．

一六歳だったアレクサンドル・メルンガルフは、到着した時の記憶をこう蘇らせている。

母さんと一緒にケーニヒスベルクに到着したのは、どんよりとした雨の日だった。一九四七年一月一七日のことだ。木造バラックが二棟あって、そこに荷物を降ろしたよ。「待合室」になっていたんだ。バラックのなかは人が大勢群れていて、あちこち動き回っていた。なんとかベンチをひとつ「ぶんどる」ことができた。二、三日はずっとそこに座っていたが、どこに行くのかさっぱりわからんかった。いちばんぞっとしたのは、あたり一面の南京虫だよ。天井からじかに落ちてきたんだ。どんなふうに噛まれたか、今でも覚えてるよ。……しばらくして外に出てみた。右と左は湿地、前は廃墟。無事残った橋のほうに出てみた。鉄道線路の左側にはドイツの蒸気機関車が何百台。橋から街の方を見ると、煙ひとつあがっていないし、車も人もいない。廃墟と静けさだけ。なんていう虚しさだろうね。ずいぶん憂鬱になっちまってね。戻って、母さんにこう言うんだ。「ねえ、まだ遅くないよ、帰ろうよ」。母さんはこう答えるんだよ。「もうお金をもらっちゃったからね。呼ばれて来たんだから」。どうにか俺をなだめたってわけだ。②

破壊された街のこの気味の悪い光景に加えて、こんなこともあった。ネズミの大群が通りを走り回り、夜になって昼間の喧騒が鎮まると、もともとは建物だった骨組みの錆びた鉄骨が風に吹かれて鳴り響いた。破壊された家屋では、水道管から水が漏れ出る音が聞こえた。通りには光がなかった。街を復元するなど、人間の能力を超えているということだろう。

しかし、しだいに廃墟にも目が慣れていったし、そうすると、いたるところ傷だらけでも美しい街の風景に入植者たちは気づき始めた。春から秋にかけて、街には文字通り花と緑があふれかえっていた。マルガリータ・ゾロタリョーヴァは中央市場近くの運河のことをこう回想している。

まわりはどこもデイジーとスミレに覆われていました。一面、花のカーペットみたい。運河の岸辺にはしだれ柳が飾りのように植えられていました。大木で、枝が水面まで垂れ下がっていて、まるでテントみたいでした。びっくりするくらい静かで、初めてここに来た子どもの頃、たまたまどり着いたんだけれど、うっとりして足を止めたんです。まるでおとぎ話の王国みたい(3)。

市内にいくつかある湖の堰堤と岸辺、美しい螺旋型をした鉄製の格子垣とベンチ、花壇や彫刻の豪華さは人びとに感動を与えるものだった。住居用建物の内庭は美しく飾られていた。一戸建ての家にはどれも、舗装された小道が引かれていた。珍しかったのは赤瓦の屋根である。太陽の下で鮮やかな色あいをたたえ、陽光が染め上げているかのように見えることもあった。家屋は、たとえ廃墟になっていても、刈り込まれた装飾用の灌木や花壇に囲まれており、建物の壁は蔦《つた》や野ブドウで覆われていた。ドイツ人は混乱のなかでも世話を続けていたのである。ドイツ風の道路が感嘆を呼び、ロシアの僻地から来た移住者のなかには、アスファルトの舗装を手で触って調べる者もいた。それまで、こんなものは見たことがなかったのである。市内の道路には自転車や小さな荷馬車の専用通行帯があり、さらにそれとは別に歩道もあって、複雑な形の色つきの舗石が敷き詰められていた。かつて人が住んでいて、彼らが自然と美と快適さを大切にしていたことが明らかだった。さらにもう一つ印象深いのは、プレゴリャ川という澄んだ川である。当時この川では、キュウリウオやカワカマス、ブリーム〔コイ科の魚〕、ウナギといった、澄んだ水にしか生息しない魚が釣れたのだ。

若い世代、特に男子の好奇心を惹きつけたのは、州全体のあちこちにある中世のチュートン騎士団の城であり、カリーニングラード市内の場合は、有名なケーニヒスベルク要塞である。後者は、一九世紀に赤煉瓦で築造された堅牢な防衛施設用の建築物で、多くの地下室や地下道を備えていた。地下要塞や塔、掩蔽《えんぺい》や防空壕では、財宝探しが行われていた。レニングラード郊外のツァルスコエ・セローからドイツ人の手で搬出されてケーニヒスベルクの王城に保管された、かの有名な琥珀の間を発見することをだれもが夢見ていた。その足取りは一九四五年に、まさにこの地で消えたのである。琥珀の間も別の宝物も見つからなかったが、そのかわり武器はうなるほどあった。子どもたちは大人の真似をして、当時もっとも人気の戦争ごっこをして遊んでいた。ブローニング、シュマイザー、モーゼル、パラベルム、ワルサー……。子どもの手にわたった武器を数え上げていくときりがない。民警は時折、学童も含めて抜き打ち検査を実施して武器を没収したが、それでも一九四〇年代末までずっと、人びとの手元にあまりに多くの武器のあることが深刻な問題になっていた。

多くの人びとにとってお気に入りの日課は地元の墓地を訪れることだった。ロシアの墓地とは違って、むしろ美しい並木道や花壇のある公園のように思えたのだ。アレクサンドル・シュトゥーチヌィが最初に抱いたもっとも鮮やかな印象のひとつは、カリーニングラードに古くからある墓地のもので、現在、ここには休息やレクリエーション向け市立公園が置かれている。

戦争は竜巻みたいに過ぎていったけれど、ここには多くの美しい記念物や家族の墓地があったし、独特な感じのする木や灌木が生えていた。この墓地には一風変わった形のものや建物、言い表せないような何か独特な感じがあって、ずいぶん感動されられたし、一生、記憶に残りました。(4)

しかし移住者の多くにとっては、街の中心に墓地があるのは不自然に思われたし、ロシア人の伝統にそぐわなかった。新たな市当局も、ドイツ人の墓所を撤去する方針をとることにした。墓の撤去には兵士と若者が駆り出された。墓碑や墓につけた銘板は経済上必要なところに転用され、市道の一部で舗装用に使われたこともあった。これが死者への侮辱や神への冒瀆にあたるとは考えもしなかった。なにしろドイツ人は幾百幾千万ものロシア人を殺害したわけだし、移住者たちが望んだのは、ここにドイツ的なものが何も残らぬようにして、できるだけ早く新たなソヴィエト的都市を建設することだったのだ。

現在ではカリーニングラードの人びとは、違った風に考えている。子ども時代の印象についてガリーナ・ロマンが語ってくれたのは、このようなことだ。

あの頃、わたしたちはドイツ人のお墓に乱暴な態度をとっていましたね。ドブリノ集落で仲間のロシア人をドイツ人と並べて葬ったことがあったんです。まるでドイツ人墓地の続きみたいにね。でも、そのせいでまるで自分たちが穢されているみたいな気持ちがしたのよ。ドイツ人は敵だったから。敵だったら、復讐しなくちゃね。ドイツ人は死んでもファシストってわけよね。一九六一年に初めてチストゥイエ・プルドゥイ集落（第一次世界大戦時のロシア兵の墓地が残されていたカリーニングラード州の集落）を訪ねた時に、古いロシア人の墓地を見たんだけど、以前はドイツ人が親切に世話してくれていたっていうのよ。馬鹿げたことに思えたわ。ドイツ人がロシア人の墓の手入れをしてくれるなんて、いったいどういうことなんだろう。私にはわからなかったんだけれど……。(5)

墓地以外で入植者の目に焼きついたのが聖堂である。故郷では、教会の大半が革命後に解体されており、政府は市民を教育して無神論者にしたてあげていた。ドイツの聖堂は正教会のそれとは似ておらず、厳粛、もっと言うと峻厳で怖気づくほどだった。内部は見慣れぬ装飾が施されていて、聖像画《イコン》のかわりに彫像やオルガン、ベンチがあった。*1

残された聖堂のなかには、経営その他の実用目的に利用されたものもあった。礼拝用建物の「転用」を主導したのは当局という例がごく普通だったが、「下から」のイニシアティヴもあった。たとえばカリーニングラード市では、パルプ製紙コンビナートの青年労働者たちの要求によりドイツのルター派教会が体育館に改装されたのだ。

こうしたやり方は、年配の移住者には支持されなかった。もちろん腹をくくって公然と抗議したわけではないが、仲間内では不信心者たちを非難していた。ニーナ・ヴァヴィーロヴァがこんな回想を残している。

車両製造工場付設の文化会館が置かれた教会には鐘が二つあってね。若者を二人見つけてきて、鐘を取り外して十字架ものこぎりで切り落とすのを引き受けてもらったの。お金をたっぷり払うと約束してね。実際、やってくれたわ。うちらのお婆さんたちが大泣きして、この若い衆は長生きできないって言ってたわ。その通りになって、一人は列車に轢《ひ》かれたし、もう一人もおなじように死んじまった。お金は手に入らなかったってわけ。鐘を溶かした奴も死んでしまったよ。今度もお金は手に入らなかった。ドイツの教会を破壊した時に、うちらのお婆さんたちは大泣きした。でもね、ドイツ人は十字を切っただけ。

とはいえ、体育館や文化会館、倉庫、野菜倉庫への転用は、礼拝用建物の運命としては最悪だったわけではない。アナトーリー・ヤールツェフの話がこのことを裏付ける。

俺たちの暮らすドブリノ集落にはドイツの教会があったんだが、それを次々に壊していったんだ。最初は床を引き剝がし、オルガンをぶっ壊してバラしてしまった。円天井の下、高いところにイエス様の像があったんだけど、そこまで登っていって、投げ落としてやった。もう教会が使われることは二度となかったし、俺たち男の子はなかでサッカーをして遊んだものさ。結局、教会がブルドーザーで潰されたのは、ようやく一九七〇年のことだったよ。⑥

## 住居と日常生活

最初期の移住者は住むのに適した住居の不足を体験することはなく、示されたいくつかの選択肢から選んで、設《しつら》えや保存状態の良いアパートや住宅に落ち着くことができたし、家具や食器類が無事に残って備わっている住居もけっこうあった。

以前の所有者が立ち去ったばかりの家屋は「暖かい」家と呼ばれていたが、そうしたところに住みついた者もいた。移住者に割り当てられた住宅は空き屋ばかりだったわけではない。教師をしていたマネファ・シェフチェンコはこのように回想する。

一九四七年に学校で働き始めた時、職場までたどりつくのに一苦労でした。だって、まだ路面電車が走っていなかったのだから。当時、地元の執行委員会が私と夫に、学区内のどの家でも選んでよいと許可をくださったの。夫と一緒に時間をかけて選んで、最終的に一軒、お気に入りの小さな家にしたわ。ドイツ人が四人住んでいたんだけれどね。住宅管理局の係の人は、二四時間で立ち退くよう命じたんですよ。それにね、あのね、自分の物を持ち出すことも許可しなかったのよ。正確に言うと、こういう場合は二キログラム以下の小さな包みしか持っていくことが許されなかったの。たとえば子沢山の家族だったら、七キロまで荷物を持ち出すことが許されることもあったけれど、そうした例は少なかったわね。(7)

破壊を免れたアパートや、頑丈な石造りの別荘に移り住んだ人びとは、建物内部の不慣れな配置や珍しい内装に面食らうことになった。室内には色つきの壁紙、台所や風呂場の壁はタイル張り、美しい明かり窓やシャンデリアの光。彼らは桁外れに快適な住居と、ヨーロッパ風の日常生活の一端を知ったのである。

いったい何のためのものなのか、どのように扱ったらよいのか、移住者たちが理解できないようなものもあった。たとえば、一部の家屋には電気洗濯機があったが、彼らはこの機械を何に使うのかわからず、飲料水を溜めたり、キュウリの塩漬け用に使ったりしていた。美しい彫刻家具や楽器、大きな振り子時計が残されているところもあった。アナトーリー・カランチェーエフは語る。

ロシアでは木造住宅に住んでたんだが、ここに来て、まるでおとぎ話の国に入り込んだみたいだ。寄せ木細工の床、タイル張りの暖炉、彩色された壁。当時はペンキは珍しかったからね。ロシアではそれまで見たことがなかったなあ。(8)

図21　カリーニングラードの若い家族とその住居，1950年代

しかし、住むのに適した住居はたちまち底をついた。軍事行動が進むなかで、住居や農場の建物のかなりがとても住めなくなっていた。必要な建築資材が不足していたので、短期間で修理することもできなかった。移住者は、砲撃で屋根が抜け、窓やドアもない家屋に住み込んで、後で政府から無利子貸付をもらって、自力で修理しなければならないことも少なくなかった。ヴァシリー・ゴヂャエフは、一九四八年にもらった住居について次のように回想している。

ドイツ人が追い出された後、うちの家族には船舶修理工場から一部屋与えられてね。俺たちの部屋は一階で、二階は砲弾の穴があいていた。長い間、台所で暮らしたよ。隣の広い部屋へのドアは塞いでおかなくちゃならなかったんだ。二階から壊れた屋根をつたって雨水が流れ込んでいたからね。時間をかけてもう一つ、小部屋を修理したよ。ある日家に帰ってみると、だれかがドアを外して持ち去ってたんだ。隣の家に走って、おんなじようにドアを外してきたよ。

移住者のほとんどは故郷に住居をいっさい持たなかったから、このような慎ましい住居でも嬉しかった。ナジェージダ・キレーエヴァは、相部屋に詰め込まれて数カ月過ごした後、一九四八年に個室をもらったときの自分の心の動きを次のように回想している。

ああ、嬉しかった。自分の部屋。窓からは公園が見える。私にはこれ以上の楽しみは必要なかったわ。私はこの部屋を満喫していたわ。一番の喜びだったのよ。(9)

廃墟に囲まれ、戦争で傷んだ住居での生活は、戦後さらに数年間続いた。廃墟は人びとの生活にとって少なからぬ危険を潜ませていた。戦闘行為終結から三年が経過しても、カリーニングラードには倒壊の恐れのある建物がおよそ五〇〇棟残っていた。戦後の混乱した危機的状況のなかでまず必要だったのは、瓦礫《がれき》の撤去だった。この作業に取り組んだのは軍人、残留ドイツ人、そしてもちろん移住者たちだった。新参住民は、それぞれ一トン以上の石や鉄、壊れた煉瓦を手で運んだ。企業や施設、教育機関ごとに一定数の通りや街区があてがわれて、そこで作業をしなければならなかったのだ。もちろん、作業はすべて退勤後や週末に行われた。撤去作業が行われているあいだは毎年、瓦礫のなかから遺体が発見された。カリーニングラードの全住民が、都市整備のために年間四五〇時間、無償で働かなければならなかった。公式にはこの作業はボランティアとみなされたが、市役所が全住民に特別手帳を交付して、それには誰がいつ何時間働いたかが記録されていた。しかし、誰も異議を唱えたりしなかった。「必要なら、やるしかない」というわけだ。

公式イデオロギーが宣言した平等、あるいは均等化といってもよいのだが、これは実際にはソヴィエト社会の厳格なヒエラルヒー構造を覆い隠しており、おそらくそのことをもっともよく示したのが、まさにこの住居の分配だった。カリーニングラード市内では、快適な邸宅や豪華なアパートのある保存状態の良い地区は高級将校や党職員のものとされ、工場に近くて安価な集合住宅のある街区や、空爆の被害の激しかった地区は一般労働者や知識人が住むことになったのである。マリア・サモイリュクは一九四七年の地方ソヴィエトの選挙時に政治工作員をしていて、一軒一軒、多くの家を訪問しなければならなかった。そのどれもがほとんど代わり映えしなかった。慎ましく、みすぼらしいと言ってよいほどの戦後の日常生活。そしてある日、彼女はある邸宅を訪問して、その豊かさに驚かされた。

いったい何に驚いたのか、言うこともできないわね。たぶ

図 22　日曜日に街の整備に従事するカリーニングラードの人びと，1950 年

ん、家具、カーペット……。でもとくに深く記憶に刻まれているのは、部屋の隅に置かれていたいくつもの彫像。そんな贅沢品、一度も見たことがなかったから。たぶん、軍人のお宅だったのね。民間人はそんな贅沢な暮らしはできなかったから。こんな住宅は、たぶん一つだけではなかったはずよ。この通りは以前、ナチの親衛隊員だけが住んでいたと言われていたわ。要するに私は茫然としてしまって、応対してくれた娘さんに、知らない人にドアを開けてはだめと言うしかできなかったの⑩。

当時八歳の少女であったガリーナ・ロマンはこのように物語る。

カリーニングラードには、「バグラミャンの別荘」(イヴァン・バグラミャンは一九四五年の東プロイセン作戦を指揮した名将で、後に元帥)と呼ばれている大邸宅があるの。そのお宅を訪問したのは、一九四七年のこと。こんな経緯《いきさつ》でそうなったわけ。お隣に住んでいて、うちの家の窓がこの別荘の中庭に面してたのね。将校さんと若い奥さんが住んでおられたわ。将校さん本人には一度もお目にかかったことがなかったけれど、奥さんは窓からよく見かけたものね。あの頃はとても珍しかったズボン姿で外に出られて、毎日犬の訓練をされてたわ。二匹。大型の牧羊犬ね。姪御さんが私と同じ学校で勉強していて、友達になったの。ある日、その子が誕生日に私と弟を招待してくれたのね。お客に招かれたのは私たちだけ。出かける前に丁寧に体を洗って、着替えさせられたのを覚えているわ。そしてやっとそのお宅へ。まるでおとぎ話の中にいるみたいな気分。上の階に続く美しい階段、色付きガラスの窓――ステンドグラスね。案内された客間には大きく重たそうな丸テーブルと、高い背もたれのついたおなじ作りの椅子があった。椅子に座ると足が床に届かなくて宙ぶらりん。テーブルの下には犬がいたわ。こっちが少しでも動きだすと、憎々しげに低い声で唸りはじめるのよ。怖くて体を動かせなかったほどよ。食事はたぶんとてもおいしかったんだけど、味はわからなかった。パーティーのあいだじゅう、とても緊張していたからね。とっても苦痛で、お誕生日会がおひらきになるのが待ちきれなかった。その後このお宅に伺ったことはありません。今でもこの誕生日会を思い出すと辛くなります。実際、どなたがその家に住んでおられたのかはわかりません。バグラミャンだったのかもしれないし、誰か別の人かもしれませんね。(11)

ドイツ人がロシア人と会話するなかで、以前は共産主義のもとでのソヴィエトの人びとの暮らしについてもっと違ったイメージを持っていたと言うことがよくあった。ソ連人はみな同じような暮らしを送っていると思っていたというのである。しかし、将校たちの暮らしぶりは見るからに、まったく違っていたのだ。

**食物と貿易**

これ以上に複雑で階層格差的だったのは、食料品や工業製品を供給(ないし配給)する国家システムである。これは、スターリン型社会主義の下で通常の商品取引に代わって存在したものである。配給は、当局指定の店舗で専用配給切符によって実施されており(民間人が配給切符を物資に交換できたのは、登録した居住地にある店だけだった)、価格は人為的に低く抑えられて全国一律だった。配給切符は職場や居住地で交付されて、職種や居住地域が違うと、食料品の組み合わせも異なっていた(全体では、およそ一五〇種類の配給切符が印刷された)。すべての都市が特級・第一級・第二級・第三級という四つのカテゴリーに分類され、「特級」に含まれたのはモスクワとレニングラードだけだった。第一級に数えられたのは、大規模な工業中心地(百万都市)、バルト地域の三つの諸共和国(リトアニア、ラトヴィア、エストニア)と大規模リゾート都市である。これら二つのカテゴリーの住民には、パン・穀粉・挽割穀物・肉・魚・油・砂糖・茶・卵・菓子と、さらに衣類や靴、布地、石鹸も「優先的に」より多く供給された。これら特級・第一級の消費者は都市人口全体の四〇%にすぎなかったが、国家供給中の「獅子の分け前」[*2]、つまりその大部分を受け取っていて、配給店舗に届く食料品や商品の八〇%に達した。カリーニングラード市は第二級扱いで、州内の小都市は全体として、配給基準がもっとも低い第三級に属していた。一点、付け加えておかねばならないのは、配給切符制は農民には適用されなかった、ということである。可能な限り自力でやりくりしなければならなかったのである。

カリーニングラードの人びとにとって特に腹立たしかったのは、隣国リトアニアなどのバルト諸国と比較した場合、食糧供給では後者がはるかに恵まれていたという点である。配給切符制度が廃止された後も、一九九一年のソヴィエト連邦の解体までの長い間、カリーニングラード州の住民は近隣の各共和国に「観光用」の列車やバスで出かけたが、実際は、不足している食料品(食肉製品、チーズ、油など)を買うのが目的だった。

戦時中と終戦直後に住民の大部分が実際に受け取ったのは、主食であるパンの配給切符だけだった。

アーカイヴに保管された一九四六―四七年の記録によると、カリーニングラードでは八種類のパン用配給切符が発行されていた（具体的な分量はしばしば変更され、通知された量よりも少ない場合がほとんどだった）。

一　特別加算基準――八〇〇グラム
二　加算基準――七〇〇グラム
三　特別リスト専門職基準――六〇〇グラム
四　第一種企業（国防産業）労働者――六〇〇グラム
五　その他工業関連企業労働者――五〇〇グラム
六　公務員（教師、医師など）――四〇〇グラム
七　被扶養者――三〇〇グラム
八　児童――三〇〇グラム

これに加えて、ソヴィエト機関と党の幹部《ノーメンクラトゥーラ》には追加の特権的な配給切符が定められており、そのおかげでこの種の人びとは、飢饉の時期にも毎日自分で食料を探さずにすんでいた。これらの「特別」食糧には次のような種類があった。

一　一九四二年九月二七日付政府決定が定める指導的職員用特別食
二　一九四三年一一月二七日付政府決定が定める指導的職員用昼食（タイプA・B・C）
三　ソヴィエト・党活動家用昼食（同様にA・B・Cの三種類）
四　温かい主菜
五　夕食用配給切符

六　乾燥食品配給（不足している食料品のセット）
七　栄養強化食品
八　結核患者用
九　危険生産労働従事者用特別食品

州内では指導的職員用の特権的配給食糧の総数は二七一八種であり、従事している職務の重要性に応じて三等級に分類されていた[12]。

さらに、官庁の多くは独自の供給経路を持っていて、特にこれは治安国防関連、つまり軍隊や民警、保安機関、検察などの国家機関諸部門に見られるものだった。カリーニングラードのこの種の特別店舗の一つで販売員として働いていたのが、マリア・トカレヴァである。

あの頃はなにもかも配給切符次第。特権的なお店で働いていたのよ。出入り口には守衛さんがいた。この店のサービスを利用できた人はごくわずか。党地区委員会書記や州執行委員会の職員ね。配給切符の基準量が大きかったの。追加の配給切符もあったしね。この人たちは店で肉も、油も、練乳も、チョコレートも手に入れていた。ところが私が作っていたスープはこんなの、ニンジンをおろしてお湯に入れるだけ、これでスープの出来上がりってわけ。……うちの店の近くには将校用のお店もあったわ。そこでは上級指揮官たちが配給を受けとっていたのよ[13]。

食糧をめぐる極度に困難な状況のために当局は、例外的な措置を取らざるをえなくなった。まず、カリーニングラードでは商業店舗が一〇店、開店を許可され、非常に高価格とはいえ、パンその他の食料品を配給切符なしで販売することになった。食料品の入荷はそれほど頻繁ではなく、入荷した際には大勢の人びとが集まった。整理にあたる警察官が時折ドアを開けて、二〇人ずつ数えては店内に入れた。一人当たり一キログラムのパンが売られて、別のドアから店を出ることになっていた。このような店でパンを買うには、丈夫な体と意志の強さ、陽気な気性が必要だった。

商業店舗に加えて、中古品を扱う店も開いており、家具や衣服、食器類などを売っていたが、基本的にどれもドイツ製だった。実際に見た人の証言によると、当時、このような中古品店では、アンティークや本物の芸術作品その他の稀覯《きこう》品を手に入れることができたということだ。しかし実際に取引が多く行われたのは、店舗ではなくて市場《バザール》だった。市場には、大きいものも小さいものも、臨時のものも常設のものもあったが、市場は人通りの多い場所に自然と生まれてきた。ドイツ人もロシア人もともにここで取引をしていた。初めのうちはドイツ人が多かったが、やがて、しだいに比率は変化した。ドイツ人が家財を売ってパンと交換する市場に行くと、まるで博物館のようだったと回想する移住者もいる。カーペットや古時計、燭台、陶磁器、クリスタルガラス、琥珀の装飾品など多くの珍しい品物を見ることができたのだ。

一九四六年には、飢餓を避けるためにカリーニングラードのロシア人とドイツ人の住民すべてに〇・一五ヘクタールの自由耕作地で播種を行うことが義務づけられた。その際、ロシア人にはジャガイモ・キャベツ・ニンジン・キュウリ、ドイツ人にはカブラ・コールラビ・ビートの栽培が推奨された。翌年には、カリーニングラードの住民に家畜の保有が許可された。市内で業務用に使われているなどの建物も、ありとあらゆる動物や鳥類で溢れかえっていた。住宅街の中庭からは、牛や豚、鶏の鳴き声が聞こえた。牛は街じゅうに「訪問のおしるし」を残しており、まるで調教されたみたいに、階段を登ることさえ学んでいた。朝夕は群れをなして通りを歩きまわり、公園や広場、河畔で放牧され、夜は車庫や穴蔵、屋根裏に追い込まれていた。

一九四七年一二月にソ連では通貨改革が行われ、配給切符制が廃止された。アレクセイ・ソロヴィヨフは興奮気味にこう語ってくれた。

その日のことは一生、忘れたことはないよ。お袋がパンを一斤まるまるテーブルのうえに置いて、「お食べ」と言うんだ。一切れちぎって取ったら、「全部食べなさい」と言うんだよな。パンをまるごと食べたのも初めてなら、満腹だと感じたのも初めてだったし、お袋は突然激しく泣き出したんだ。⑭

配給切符の廃止が、住民への安定した食糧供給の問題を解決したわけではなかった。普通の人たちの給料は少なかったので、店舗に食料品があった場合でも、長い間食事は質素なままだった。ようやく改善され始めるのは、終戦から一〇年を経た一九五〇年代後半のことである。

# 第8章 戦後カリーニングラード州農村の日常生活

## 最初の数歩

街中を覆い尽くした破壊の跡が、ケーニヒスベルク市に到着した人びとに衝撃を与えたのにたいして、農村地域では多くの家屋が全壊または部分的に破壊されていた。もちろん、戦闘の行われた地域の土地は、塹壕や種々の堡塁《ほうるい》、つまり恒久型トーチカと簡易型トーチカ、さらに壊れた戦車や武器で荒らされていたし、いたるところ爆発物だらけだった。コルホーズ農民は、地雷を識別するための特別訓練さえ受けていた。しかし移住者たちの見立てでは、畑と牧草地は理想的な状態にあり、土壌は非常に肥沃で、長年にわたって丁寧に手入れされていたことが明らかだった。

移住者たちの気に入ったのは、各農家やそれぞれの農場につながるしっかりした道であり、厩舎の清潔さと整頓ぶりだった。家畜小屋には丸石が敷きつめられ、排水設備も設置されていて、雨が降っても直ちに排水され、すぐに乾燥するようになっている。乳牛飼育専用の建物と搾乳場所が設けられていて、厩肥を溜める特別容器もある。

だれもが口を揃えて大喜びしたのは、東プロイセンの森林である。通行不可能なロシアのタイガとは違って、むしろ公園のようだった。枯れ木は取り除かれ、枯れ枝は打って束ねられていたし、切株は取り除いて若木が植えられている。森林全体に杭打ちして四角く区分けされ、森を貫いて玉石を敷き詰めた道がとおっており、川や水路、湖などの水場はコンクリート・ブロックで固められて、清潔で整った状態になっていた。森には多くの野生動物が棲んでいた。イノシシやヘラジカが暮らせるように作られた、垣で囲まれた広い区域もみることができた。移住者の多くは、こんなふうな驚くべき光景を覚えていた。すなわち、時おりドイツ人女性が作業着に着替えて、大きなかごや小さなノコギリを持って森に行った。枯れ枝を落として粗朶《そだ》を家に持ち帰り、燃料に使うのだ。彼女らも助かるし、森も綺麗になるというわけだ。

ドイツ人の農業のやり方の特徴には、ロシア人に知られていないもの、理解されていないものもあった。たとえば、放牧地はほとんどどれも正方形に区分けされ、ワイヤーや金属製の網で囲まれていて、それぞれに動物に水を与えるための井戸が掘ってあった。家畜は数日間ある一つの区画に放牧され、つぎは別区画に移し、さらに三つ目の区画という具合で、その間に以前の場所では草が成長する。このような針金で囲った「正方形」を目にした移住者たちは、これが牧場システムの一部であることに気づかなかった。戦後だったので、これを対歩兵用の障害物か何かその種のものと考えても自然だった。網とワイヤーが取り外されて金属屑にされてしまった。退役軍人のコルホーズ農民も、畑を歩き回って杭を掘り出し、二年間はそれをくべて暖炉を焚くのに使ったと回想している。

土地を耕そうとすると、さらに思いがけないことになってしまった。さまざまの口径の土管のようなものを、地中から鋤で掘り起こしてしまったのだ。コルホーズ農民はこれらの土管を集めて近くの井戸に投げ捨てたが、そのため畑の水がすべて流れ込む井戸が塞がれてしまった。これが土地改良の複雑な仕組みに関係していることも、排水設備を台無しにしないようにするにはどうすべきなのかも、農民たちは知らなかったし、専門家たちも彼らにうまく説明できなかった。村に住むドイツ人農民であれば伝えられたかもしれないが、彼らは別のところに収容されていて、接触も制限されていた。それに言葉の壁が邪魔をした。肝心なのは、ドイツの場合、基本の肥沃な土壌層が地表にあったのにたいして、ソヴィエト農学は、もっと深く二五―三〇センチメートルほど耕す必要があると考えていた、ということである。その結果、多くの土地で排水設備が壊され、その後雑草すら生えなくなってしまったのだ。

移住農民が直面した困難は、多くの場合、創設中のコルホーズの資財不足によるものだった。土地や住居、農場の建物の問題は、以前の所有者が放置ないし没収された遺産で解決できたにしても、家畜や運搬用動力（馬・自動車・トラクター）、農具、種子、当座の支払資金については、新参の村民たちは国家支援しか頼るものがなかった。実際、まもなく赤軍の譲渡した家畜がコルホーズに入ってくるようになった。しかし、軍の後方部隊から譲られる動物はほとんど病気で、ひどくやせ細っていた。獣医や薬が不足しており、治療は事実上不可能だった。飼料もなかった。一九四六年の移住は秋になされており、十分な量の干し草その他の飼料を準備できなかったのだ。

当時の移住者のコルホーズの文書には、苦情が繰り返し現れている。「コルホーズの金庫には一コペイカもない」「家畜はどれも疥癬にかかっている」「飼料の状況は非常に緊迫している」「干し草の質が悪く、馬や牛が食べないので体重を減らしている」「パンが底を尽いた」「国家から受け取った種芋が腐っている」「灯《あかり》がなくて、暗くなるとすぐに人びとは家に閉じ込もってしまう(1)」といった具合である。

最終的には国家から機械や家畜、飼料を貰えるはずだと望みをかける代わりに、戦利品収集を当てにする人が多くいた。コルホーズ農民は野良仕事に代えて、農具(シャベル・熊手・草刈り機、脱穀機その他の道具)や機械などの「無主物」の資財を収集する任務を与えられて正規の探索隊を組織し、近隣の村や農場で干し草や食糧倉庫や建材を探しまわったのだ。

戦利品収集をめぐっては、農民と軍の部隊のあいだで紛争が発生した。司令官たちは、自分たちこそが、奪取した東プロイセンの土地にあるすべての所有者だと考えていたし、コルホーズ農民同士も互いに戦利品を盗み合っていた。この任務はたいへん魅力的で、なかには「プロの戦利品探し屋」になって、コルホーズの仕事をすっかり投げ出す者もいた。すぐに売り飛ばす目的で戦利品を手にいれる場合もよくあり(買い手はリトアニアがもっとも多く、ドイツの資財が高く評価されていた)、そのためコルホーズ指導部は次第に農民を無理矢理、通常の労働に戻らせて、「戦利品探索隊」や「戦利品売買の広がり」を禁じるようになった。

新たな土地に到着して最初の数日ないし数週間は、もっと別の種類のもめごとも起こっていた。「下《した》っ端《ぱ》」(普通のコルホーズ農民)が上司にものを言い始めたのだ。不満の原因は、住居と付属農地、資財の配分が不公平だと多くの人が考えていたことにあった。もちろん、より良い土地屋敷(農戸と庭と農場)は、コルホーズ幹部と共産党員の手に入るようになっていた。移住者に与えられるはずの特典を受け取っていないという不満も上がった。特に乏しかったのは、農民への工業製品の配分である。たとえば、ブジョンヌィ記念コルホーズで九八人に割り当てられた女性用コートは二着、帽子は一三個、ストッキング・靴下は五〇足だけであり、靴は一足もなかった。総会の場でのこれらの配分をめぐる言い争いはたいへん激しく、上級の地区当局を代表して総会に参加した査察官ヴァンドロフスカヤが、農民に諄々《じゅんじゅん》と説いて聞かせねばならぬほどだった。「コルホーズ農民が不満を持っていると耳にしていましたが、それは正しくありません。党と政府が、何も提供できていないのです」。そしてみずからの政治的責任とこの瞬間の重要性を皆が理解するよう、まるで諭すかのように「私たちは模範的なコルホーズ農民になるためにここに来たのでしょう。リトアニア人にコルホーズの模範を示すためですよね②」と付け加えた。さらに、労働義務の配分についても紛争は生じた。コルホーズの幹部とその友人や親戚は管理運営の業務に就き、馬を手に入れ、自宅の付属農地で耕作するようになったのだが、女性を含む普通の農民はコルホーズの耕作地に送り込まれて、鋤で耕していたのだ。興味深いことに、移住者たちは、故郷であるロシアの他地域にいる仲間のコルホーズ農民と違って、このような不公正を我慢する気持ちはさらさらなく、抗議をしたり、各段階の党委員会に上訴したりして、しばしば幹部を交代させるのに成功したのである。

## コルホーズの組織化

政府が旧東プロイセンの農村地域の入植計画を作成した時、農業生産を組織化する形態の問題は議論にすらならず、ここにはコルホーズが作られるのが自明の理だと考えられていた。しかし移住者のあいだでは、ここでは私的な個人農経営が許可されるだろうなどという、ただごとならぬ噂が広まっていた③。自由な自作農民《ファーマー》になることを夢見てそれを移住の主目的とした人びとには、すぐに失望が訪れた。多くの場合、コルホーズ「建設」はすでに道中の列車内で始まっており、車両ごとに移住者の家族をまとめ

図23　カリーニングラード州のある村落の農村集会，1949年

てコルホーズを結成する手続きが進んだのである。道中にコルホーズを組織できなかった場合でも、到着して二、三日後にはすでに結成集会が開かれていた。

カリーニングラード州のコルホーズは全国統一のひな型に即して作られたが、いくつか違いもあった。一九四〇年代には、一コルホーズ当たり平均で四三戸一九二人の農戸《ドゥヴォール》が所属し、そのうち労働能力のある者は一〇二人だった。一農戸(この概念は基本的に農民一家族に一致する)は、平均して四・二人であった。ソヴィエトのコルホーズ全体と比較すると、人数はおよそ三分の一少なかった。コルホーズの土地は、一農戸当たり約二〇ヘクタールが無償・無期限で分与された。これはソヴィエト連邦中の一般的な基準だった。一九四九年には一コルホーズ当たりの総家畜数(私有家畜は除く)は、牛八七頭、馬三二頭、豚四〇頭、羊二四頭だった。コルホーズの機械類の整備状況は貧弱だった。政府から与えられたのはトラック一台ずつで、トラクターを持っていたコルホーズは僅かだった。

農民労働の生産性指標は、伝統的に農作物の収穫量と牛乳の搾乳量で評価されている。この点でカリーニングラードのコルホーズは東プロイセンのドイツ人に後れを取っており、しかもかなりひどい負けっぷりだった。

| | 1938年 | 1947-53年の平均 |
|---|---|---|
| 1ヘクタール当たりの穀物の生産量(ツェントネル) | 19.4 | 6.5 |
| 1ヘクタール当たりのジャガイモの収穫量(ツェントネル) | 125 | 41 |
| 乳牛1頭当たりの搾乳量(キログラム) | 3096 | 1644 |

＊ツェントネルは重さの単位．1ツェントネルは100キログラムに相当

カリーニングラードのコルホーズは、明確に区切られた境界線と独自の地理のある特別な世界だった。コルホーズを構成したのは、隣接するいくつかの小規模な村であった。これに応じて、コルホーズは二つか三つの「班」に分割された。仮にコルホーズを国家のようなものだと想像してみると、首都にあたるのが「事務所」で、議長の住居も兼ねており、もっとも人口稠密な場所にある元領主館などの広々とした保存状態の良い建物に置かれていた。ここではコルホーズ管理部の会議も開かれたし、会計係の執務室もあってコルホーズの全文書が保存され、共産党員の集う「党の部屋」もあった。

事務所が首都だとしたら、農民たち自身の言葉を借りるならば、「コルホーズの中心」は「鍛冶場」だった。そこでは馬(主たる運搬用動力)に装蹄したり、各種の農作業用や日常生活に必要なごく簡単な道具を製造しただけではなく、トラクターや自動車にいたるもっと複雑な機械を修理する工房の役割も果たしていた。それ以外の経営施設で特に重要だったのは、自前の「製粉所」だった(一九五〇年には、五つのコルホーズに一カ所の割合で設置されていた)。

コルホーズの家畜は、いくつかの村落と数多くの小屋(「サライ」と呼ばれていた)に分散して飼われていた。ただしそれは、ドイツ人から手に入れた遺産次第だったし、一部の動物は屋根のある場所が足りなくて露天で飼育しなければならなかった。お調子者の「募兵係《リクルーター》」は、「文化的なドイツ」では働く必要は

なくボタンを押すだけだと請け合っていたが、楽な生活を求める移住者の願いは叶えられなかった。実際、畜産のインフラは戦闘でひどく損壊していたし、管理のまずさがそれに輪をかけていた。その結果コルホーズ農民は、ひどく役に立たなくなった資財の処理をせざるをえなかったのだ。このことは、コルホーズの農場の数多くの記述に証言がある。「屋根の一部が壊れているか、雨漏りする」「窓とドアが壊れている」「家畜が隙間風にさらされている」「床が抜け落ちている」「壁に大きな穴がいくつもある」「給餌器がない」などである。一九五一年には、農場まで水道管が引かれているコルホーズは四分の一にすぎず、機械化農場（給餌用機械式コンベアを装備）のあるコルホーズはわずか二％だった。(4) これは根本的な後退だった。東プロイセンでは、水道と電気が畜産農場に一〇〇％供給されていたからである。

コルホーズの地図を描く際に欠かしてはならないものに「農村クラブ」があった。これは、中核村落にある事務所から近くの教会や納屋、厩舎に開設されていた。クラブは、集会やコンサート、映画上映、ダンス・パーティーを開催することになっていた。だが、活動は不定期で時おりしか開かれなかった。ソヴィエトの勤労者の主な娯楽であった映画でさえ、村ではごく稀だった。クラブには自前の上映設備がないため、移動映画館（上映設備を備えた自動車）がやって来る順番を待たねばならず、一カ月に一回以下だったのだ。クラブ付属で図書館が開設される場合もあった。

ほぼどのコルホーズにも自前の学校が設置されており、基本的には四年制の初等学校だったが、場所によっては七年制もあった。これらは、生徒数が数十人のいわゆる小規模学校だった。異年齢や異なる学年の児童が一つの教室で一緒に勉強することも多く、一人か二人の教師が全教科の授業を担当した。医療は当初は軍の病院で提供されていた。その後次第に村々に小規模な応急施療所*2が開設されて、ごく初歩的な処置を受けられるようになったが、検査や治療のためには患者は街に送られていた。

コルホーズからみた外の世界は、ごく狭く限られたものだった。事実上、農民は生まれ育った村のなかで生涯を過ごし、コルホーズの畑や農場、最寄りの川や森より向こうにいくことはなかった。年に数回、地区の中心部を訪れることがあったが、ふつうその際の唯一の目的は、街の市場に行って付属農地で採れたものを売ることだった。州外への旅行は言うまでもなく、農民が乗り物を使って州の中心部に行ったという記録も二、三件しかない。誰一人バルト海を見たことがなかったが、これは、沿岸地域が国境の立入禁止地帯に指定されていたためである。農民に関係のあるソヴィエト権力の唯一の代表者は地区全権代表で、彼らはときおり村を訪ねては、コルホーズ農民に、彼らがどれほど国家の恩恵を受けているのかを思い出させ、怠惰と過失を叱責するのだった。コルホーズという小世界の境界線の向こう側にあるのは、進歩した社会を建設中の巨大で偉大な国などではなく、農民にとってまったく無縁で、敵意に満ちていると言ってもよいような環境だった。社会主義の理念、共産主義の偉大な建設、国際舞台におけるソヴィエト国家の「平和攻勢」――このようなイデオロギー的スローガンはどれもこれも、彼らにとっては完全な抽象概念であり、現実生活に適用されることはまったくなかった。

## コルホーズでの労働

コルホーズ農民の労働の組織化は、原始的とは言わぬにしても、たいへん単純な計画で実施されていた。どの方面の仕事をするのかは、毎日、議長が決めた。朝、事務所に班長を集めて、「指令」を与えたのだ。さらに班長たちがコルホーズ農民に任務を伝えた。この仕事はかなり難しいものだった。ある班長は自分の仕事について、こんなふうに感想を語ってくれた。

家を出てその日の仕事をしてもらうには、農家を一軒一軒何度も訪ねなくちゃならなかった。……朝、班長がやって来る前に目を覚ましているやつなんて、うちのコルホーズには一人もいないね。いつも行っては目覚まし役をするんだが、農民たちは、班長は犬みたいに獰猛《どうもう》になったって言うんだよな。⑤

ここで「目覚まし役をする」というのは婉曲表現で、実際には悪態をついたり、後頭部をぴしゃりとやるという意味で、こうやってはじめて、労働集団[*3]の一部を仕事に出させることができたのだった。

仕事時間はコルホーズ総会で承認されることになっていた。平均すると、公式には夏季は九―一〇時間、冬季は二―三時間以下だった。実際は、一労働日当たりの時間ははるかに短かった。このことは、「勝利」という名前のコルホーズの議長だったマヌイーロフが次のように話してくれた。

コルホーズ農民は一一時に仕事に出かけてお昼の一二時まで働き、その後、昼食休憩を夕方五時まで取って、夜七時にはいつも仕事が終わります。つまり、仕事をするのは一日に三―四時間なんですよ。⑥

状況は他のコルホーズでもそれほど違わなかった。遅刻や早退をなんとか根絶するために、街で工場がやるのと同じく、音(ベルや鐘の音、木にくくり付けた金属レールを叩く音)を合図に必ず仕事に出ることにしようという決定が採択された。しかしこの目論見はうまくいかなかった。合図用設備はどれもこれもすぐに農民が壊してしまったからである。

コルホーズ総会の議事録には、農民の怠惰や働きぶりの悪さを非難する声が満載である。「朝九時、みんなやっとその気になって野良仕事に出かけるが、そこで座り込んでしまって、寝てしまうこともあった」「収穫時には、昼食が運ばれてくるのを待っているだけで、食べ終わると、庭をあちこち走りまわるだけだ」「ひたすらサボタージュをしているだけ」。こんな具合なのだ(7)。

各レベルの指導者たちは、どうやって農民に働く動機を与えるのか、頭を悩ませていた。メーデーと十月革命記念日という二つのもっとも大切な祝日には賞与が与えられることになっていたが、それはきわめて慎ましいものだった。現金一五―四〇ルーブル、小麦一〇―二〇キログラム、衣服と靴のいずれか(運動靴、スポーツ用ズボンまたはシャツ)である。奨励策としてこれより効果的だったのは、コルホーズの馬を付属農地で使用する許可を与えることだった。農民は私的な財産として役畜を持つ権利を持たなかったが、自分の畑で馬なしで済ませることはありえなかったのだ。農民を働かせるもっとも効果的な方法は、働けば収穫の一部を与えるというものである。たとえばある議長は、収穫が失敗しないようにするために、採ったジャガイモの一〇%を与えるからコルホーズの畑で掘り出すよう農民に提案した。このような条件だと農民は、休日もなしに夜明けから日没まで働いた。しかし、このような行為はソヴィエト法違反と考えられており、検察がしつこく捜査することになっていた。自家用の収穫に先立って、まずは国家の調達計画を達成しなければならなかったからである。計画はどれもほぼ達成されることが

図 24　ルィバチィ集落での建設用煉瓦の運搬，1948 年(アマチュアによる撮影．撮影者は不明)

なかったから、現物による動機づけを利用しようとすると、いずれにせよおのずと違法とみなされたのだ。

コルホーズ農民に働きかける行政措置のリストは、奨励策よりもはるかに幅があった。怠惰な農民には罰金を科し、付属農地を削減し、馬の使用権を取り上げることなどが可能であった。さらにソヴィエト連邦では、戦前から義務的な労働日の最低基準が定められていた。カリーニングラード州の場合、コルホーズ農民はみな一年に最低一二〇日は働かねばならなかった。この基準を実行しなければ、コルホーズを脱退したものとみなされて、付属農地を剝奪され、民警による監視の下で最長六カ月は矯正労働としてコルホーズで働かなければならなかった。しかし、この手段はそれほど効果的ではなかった。農民の多くは、最低限だけ働くと、コルホーズで働くのをやめてしまったからである。

ことのほか過酷だったのは、コルホーズの女性たちの運命である。男性はうまく管理的職務に就ける場合も多く、街で稼ぐために何カ月もコルホーズを離れることも稀ではなかったのにたいして、女性は畑作や畜産などのもっとも困難な仕事をしなければならなかったのだ。さらに女性の肩には、世帯のやりくりや付属農地、飼っている家畜に気を配るという、多大の負担がかかっていた。コルホーズの仕事が終わった後、片時も手を休めずに家で働かねばならなかったのだ。

農場で搾乳や家畜の飼育をしている女性の仕事が特に身体にこたえたのは冬場である。干し草を運んで家畜に飼料を与え、牛の乳搾りをし、敷きわらを替え、堆肥用に糞の片付けをしなければならなかったのだ。女性たちが非人間的な状況で働くことを拒んで、ストライキの決心をすることも何度かあった。女性にとってなにより重荷だったのは、水をたくさん運んで、数十頭の動物に飲ませることである。あるコルホーズの総会でもう農場では働きませんと宣言した際に、ストライキ参加者の女性たちは、堪忍袋の緒が切れたギリギリ最後の理由を、「私たちはもう働きません。だって雄牛は一頭で一度にバケツ六杯も水を飲むんですよ[8]」と説明した。

図 25　牧場での牛乳の検査用サンプルの採取，カリーニングラード州，1951 年 8 月 28 日（タス通信の記者 A. ディトレフによる展示用の撮影）

コルホーズでの作業に加えて、農民には、さまざまの国家的な義務が負わされており、これは主に晩秋から春にかけて無償ないし少額の報酬で行われていた。拒否すると厳しい罰金が科され、忌避を繰り返した場合には捜査機関に回されて、刑法上の責任を問われて一年以上の拘禁刑が科されたのだが、この事実がすでに、この種の作業の「自発性」がどの程度のものだったのかを物語っている。しかも作業の報酬支払いはうわべだけだった。というのも、お金はコルホーズの会計に振り込まれており、いつものことながら農民は、労働日として数えてもらうだけでよしとするしかなかったのだ。労働義務のなかでももっとも負担が重かったのは木材調達で、続いて土地改良作業や道路の建設と補修だった。これに加えてコルホーズ農民は、金属屑集めに駆り出されたり、赤軍用に干し草を準備したりしており、時にはカリーニングラード市の廃墟の取り壊しと整備に派遣されることもあった。

## コルホーズ農民の生存戦略

生きる条件の厳しさ、とても重荷で意にそまない労働、ソヴィエト連邦内の他の住民集団と比べても権利が制限されていたこと、こうしたことを余儀なくされた移住農民たちは、現状に適応する方法を見つけだし、最低限であれ、家族が生き抜くことができるように行動の仕方や戦略を編み出していた。

カリーニングラードの農民にとってもっとも抜本的でかつなにより効果的な戦略は、「コルホーズを離れること」だった。形式上、農民はコルホーズからの脱退を申請することができたが、そのような願い出はいつも拒否された。そのため、もっと頻繁に見られたのは、勝手に抜け出してしまうというものである。しかも、スターリン時代の行政システムは非常に厳格だったと広く信じられているにもかかわらず、実際は、「脱走者」には何の対策も取られなかった。出て行った者の全体からすると州外に向かったのは少数にとどまり、それ以外は都市部に移って定住し、林業や土地改良事業、または軍隊で働くことになった。

コルホーズと完全に縁を絶つ決心ができない者は、「出稼ぎ」という生存戦略をとることが少なくなかったが、その場合は、秋から冬にかけて三、四カ月、家族のうち労働可能な者を一人、都市に送って稼がせるのである。他の親族も、何の許可も得ることなく彼についていくのがごく普通のことだった。

出稼ぎは、もっとも積極的で勤勉な働き手をコルホーズから奪うことになった。それ以上に、出稼ぎ自体が、農村を完全に抜け出して都市に移住するという次のステップへの踏み台になった。脱退は、コルホーズの生活との断絶と社会的地位の取り替えを意味した。そのような決定的な一歩を踏み出すことを望まず、あるいはその能力がなくてコルホーズに残って、消極的な行動の仕方を選んだ農民は、どのようにして生き抜いたのだろうか。

彼らが生きていく際の戦略は、なによりも私的経営を支えに組み立てられていた。コルホーズ総会では、上の人びとが絶えず農民を非難していた。「コルホーズの仕事中に唾を吐いた」だの、「自分の畑でしか働かない」だの、「自分の家の仕事しかしない」だのというのである。「レーニンの道」というコルホーズの班長の訴えが典型的である。

こんなことがあって、それも一回だけじゃない。人と馬を仕事に配置して、やつらが働いてるもんだと思ってる。ところが畑に行ってみると、馬がいない。どいつもこいつも自分ちの付属地を耕してるんだよな。⑨

農民は、個人経営で働く権利を、コルホーズ制度との厳しい闘いのなかで守り抜かなくてはならなかった。それは〇・五ヘクタールと決められた「付属農地」の大きさをめぐる争いから始まった。農民は手練手管を尽くして自分の付属農地の面積を広げようとしており、〇・一から〇・二ヘクタールという基準を超過して勝手に土地を付け足し、時には一ヘクタールに達することもあった。国家は、定期的に測量して、農民付属農地を切り取って減らすために多大な労力を費やした。

さらに検事局も、私的経営の家畜数を注意深く監視した。法律では、一家族当たり牛一頭と仔牛二頭、豚一頭、羊とヤギ一〇頭、ミツバチの巣箱二〇箱を持つことができ、ニワトリの数には制限がなかった。査察ではいたるところで、いわゆる「牛二頭」が摘発された。違反者は、三日以内に一頭を食肉用に屠殺しなければならず、従わない場合は、家畜は没収された。干し草の違法備蓄のために追及されたコルホーズ農民もいた。まずコルホーズの家畜用の干し草を刈り、自家用はその後でなければならなかったのだ。しかし実際は、順序が逆だった。

図26　典型的なコルホーズ「勝利」の養鶏場で給餌する鶏舎係．1950年代（Φ. A. イヴァノーフ撮影）

もう一点、コルホーズ財産の着服にかかわるデリケートなテーマにも言及しておかねばならない。普通のコルホーズ員は、できる限りのものをコルホーズから盗み出していた。厩舎係は生まれたばかりの家畜の仔を、鶏舎係は卵を、搾乳係は牛乳を、養蜂係はハチミツを、そして全員が干し草と配合飼料を盗むといった具合である。公的財産の窃取《せっしゅ》を防ぐことを目的に、多くのコルホーズで終夜ないし二四時間の警備を組織することが決まったが、これもさほど役には立たなかった。

コルホーズ農民の怠惰やズボラさ、不精ぶりを根気強く総会の場で暴露した地区幹部の代表者もいる。

ときには幹部が「うっかり口を滑らせて」しまって、問題はロシア人農民の天性の不品行ではないと、遠回しに認めることもあった。地区当局の代表ラザレフは、「ネフスキー」というコルホーズの集会で、「ロディリは、コルホーズでの働きぶりは良くないのに、いつも人より暮らしぶりが良く、家は整頓されていて、干し草もたくさん刈り取りました」と言ってしまったのだ。実のところこの発言は、コルホーズ農民が生き抜く際の重要な仕組みを明るみにだしているとも言えよう。[10]

問題は、農民が仕事の見返りに受け取った収入が乏しすぎるというところにある。コルホーズで生産された食糧は事実上ほとんどすべてが、産業や都市の必要のために国家によって没収されたからである。カリーニングラードのコルホーズ農民は、いったいどの程度の稼ぎがあったのだろうか。一九四七―五三年の一人当たりの平均年収は、穀物一五七キログラム、ジャガイモと野菜五五キログラム、牛乳三・五六キログラム、肉〇・一四キログラムであった。コルホーズの各家族が一人当たり平均して受け取っていたのは、一日当たりで穀物四三一グラム、ジャガイモ九〇グラム、野菜三四グラム、牛乳一〇グラム、肉一グラム未満であった。現金の平均月収は、ソヴィエト連邦全体では六二一ルーブルであったのにたいして、一四・六ルーブルだった。

コルホーズ農民の年収総額を、基本栄養食料消費量の合理的基準（ソヴィエト連邦保健省が定めたもの）と比較すると、一年間に稼いだ現金および農産品現物収入によって農民家族が生理学的に適切な形で生存保障できるのは、一月半から二カ月に満たないことになる。コルホーズの稼ぎでは生きるのに必要なものがどうしても手に入らないと確信した農民たちは、私的経営にばかり関心を集中させた。私的目的のために、コルホーズ共有の資源をくすねることも稀ではなかったのだ。

近年の文献では、スターリン期の農村の状況を帝政期の農奴制になぞらえるのがお決まりのようになっている。しかし、おそらくコルホーズの体制のほうがより巨大な悪だった。働く者の動機づけを欠いたおそろしく効率の悪い労働組織のシステムのために、コルホーズの生産はほんのわずかの成果しかあげられず、しかもそれは、「労働者と農民」の国家によってほぼ完全に没収された。このような状況では、コルホーズ農民の生活は物理的に生き抜くための不断の闘争であったし、そこでは生活上の関心はごく初歩的な、原始的ともいえるような要求に規定されることになった。そのようなもとで、いくぶん活動的で生きる能力のある人びとは、農村を捨てて都市に出た。残された人びとは、やれることはすべてやって、共通の集団的生産への参加を最小化するという生存戦略を立てた。自身の経営する付属農地用に労力を節約するためである。まさに私的経営こそが、ソヴィエト権力のもとでつねに農民家族が生きるための資源を保障したのであり、生き抜く可能性を与えてくれたのだ。

もう一点観察された悲しい事実として、「農民の世界」内部の関係がある。悲しいかな彼らは、これまで農村生活を描く散文作品でお決まりの善良な像からは程遠かった。コルホーズ集会の議事録からは、団結や助け合いの事例はごくわずかしか見つからず、そのかわりにしょっちゅう見られたのは、「誰もが孤独に生き抜く」際の疎外感と悪意、妬みや絶縁であり、あるいは憎しみであった。これはおそらく、コルホーズという制度が支配的になって、いつも称えられてきたロシアの農民共同体の集団主義原則を根本まで破壊したことの主たる結果だったのである。

旧東プロイセンの地に建設されたカリーニングラード州は、ソヴィエト連邦で最初の「無神論者」の州となった。ここではペレストロイカまでずっと宗教団体の活動が完全に禁止され続けたのである。この時代に似た状況にあったのは、おそらく南サハリンだけである。(11) しかし、教会の活動が禁止されたとはいっても、移住者のあいだに信者がいなかったというわけではない。

公式用語で「宗教の残滓」と呼ばれた信仰の伝統は、なんといっても農民のあいだで維持されていた。ただ信者たちは教会ではなく、ひそかに個人の家に集まって祈りを捧げねばならなかった。ほとんどの家にも聖像画《イコン》があって、党細胞や農村宣伝工作員＊4によるこれとの闘いは、徒労に終わった。そして、公式には「聖像画は人間の心理に不道徳な影響を与える」と考えられていたが、聖像画の所持者に本気で処罰が行われたことは一度もなかった。伝統的に村では宗教上の祝日、特に復活祭《パスハ》が祝われたが、もちろん十字架を掲げた行列のような公衆の場での儀式はなかった。

信仰への願いを満たすもう一つの方法は、隣接するリトアニアを頻繁に訪れることだった。リトアニアには、団体登録されたロシア正教会の信徒コミュニティや、活動を続けている聖堂がいくつか存在したのだ。他方で、リトアニアから司祭たちが訪れて、コルホーズ農民の家で宗教儀式、特に洗礼を行うという慣習も広まっていた。

初期の移住者の回想では、正教徒がドイツ人の教会やカトリック寺院を訪問したという言及もある。州内には二二三の礼拝施設があり、そのうち一二四は完全に無傷だった。勝者のロシア人と違って敗者であるドイツ人には、信徒コミュニティの団体登録や礼拝施設の使用、宗教儀式の挙行が認められていた。一九四七年に州内で合法的に活動していた信徒コミュニティは、ルター派が六つ、カトリックが五つ、バプティストが一つだった。ドイツ人のうち三八人の聖職者も宗教活動を許可されており、彼らには、ソ連の国家公務員と同じ基準で食料配給切符が与えられたほどである。移住者たちも、神の言葉を求めてしばしば彼らのもとにおもむいた。アナトリー・ムドロフは、一九四七年にルター派の教会でこのような光景を見かけたという。

そこにいるのは婆さんたち。わしらの婆さんたちとドイツ人の婆さんたちが一緒に祈っているというわけだ。これこそ「インターナショナル」じゃないか。平和だよ。おたがいに何の敵意もないってわけさ。⑫

移住者の信仰への願いを満たすもっとも素朴でかつ合理的な問題解決の方法は、正教徒コミュニティの登録だったようである。それどころか、戦時中に正教会はスターリンからより多くの自由を与えられ、多くの聖堂が開かれたほどなのだ。カリーニングラードからは政府や総主教アレクシィ、さらに直接スターリンに宛てて、教会開設を求める請願が奔流のように送られ、そのそれぞれに数十人、数百人の信者が署名していた。人びとが教会開設を願い出たのは、次のような理由によるものだった。

いちばん近い教会はリトアニアのヴィリニュスなのですよ。
誰だって洗礼をしなくちゃならないし、死者の葬儀をしなくちゃならないでしょう。
みんな寂しい思いをしています。

休みの日に若者はクラブに行きますが、年寄りはどこも行くところがありません。もしもカリーニングラードに教会があったら、みんなここにしっかり住み着くことになることでしょうね。⑬

異郷での「愛郷教育」の必要性というこの最後の議論は、おそらく一番多く見られたものだが、これも効き目はなかった。これらの請願はどれも、返答のないまま放置されるか、「十分な根拠なし」として却下通知が呼びかけ人に送られるかだった。

上で記したような、前世紀四〇年代から五〇年代にかけて形作られた良心の自由をめぐる状況は、わずかな変化を伴いながらも四〇年間維持された。「模範的な無神論者の州」で初めて正教徒のコミュニティが登録されたのは、ようやく一九八五年のことなのである。もちろん、国内他地域でも教会の役割を過大評価することはできないし、いわんや何か独立した反体制的な組織だとみなすことなどできない。それでもなおカリーニングラードの住民は、ロシアの他の地域とは異なり、ソヴィエトの公式イデオロギーと道徳に代わるこのような控えめなオルタナティヴすら奪われていたのだ。

旧東プロイセンに到来したソヴィエト農民の最初の数年間の生活には、矛盾やさらに紛争さえ刻まれていた。一方では、敗北した敵の土地という特異な状況でなされた移住者によるコルホーズの組織化は、ソヴィエトのコルホーズ体制の根深い病弊のすべてを極端なまでにむき出しにした。他方で、新しい土地に移住して地域づくりに従事したことは、ある程度、農民大衆を眠りから目覚めさせた。慣れ親しんだ生活の場から引き離され、完全に新たな環境に置かれたことで彼らは、多少は自由に判断して行動するようになり、少しは上から独立し、もっときっぱりと自分の権利を主張し、不公正と妥協したくないという思いをより徹底して抱くようになったのである。

# 第9章　ドイツ人のドイツへの強制移住

## 強制追放の延期

もともとドイツのひとつの州であった地域とその住民にたいするモスクワの指導部の方針はどのようなものだったのだろうか。長期にわたってそのようなものはおおむね存在しなかった、というのが印象だ。新たに編入された地域をソヴィエト的システムに統合する際の動きを追跡してみると、それは、併合領土のソヴィエト化をめぐってソ連邦で採用されてきた「標準的手法」とかけ離れており、これに合致するものではなかった。実際、この州は軍による統治に委ねられていて、二年以上にわたって当地に適用されたのは臨時特別統治計画であり、党の機構が稼働したのは一九四七年春以降、憲法が定める国制上の諸権力機関（勤労者代表ソヴィエト）が設けられたのは、一九四七年一二月の選挙の結果によってであった。ドイツ人住民の地位と彼らの今後の展望はまったく不明瞭なまま放置されていた。

こうした立ち遅れは、電光石火でこの種の問題を解決してきたそれまでの経験では見られなかったものである（ウクライナ西部や白ロシア西部、バルト諸国ではきわめて迅速に事が進められたことを想起しておくので十分だろう）。おそらくこうした立ち遅れは、「ドイツ問題」が未確定で、講和会議の場でポーランドとソ連への引き渡しを確認することになっていた東プロイセンの地位が、ある意味定まっていなかったことと関連していた。一方で、ドイツ全土で「人民民主主義」体制(つまり、性格上ソヴィエト体制に似た社会主義体制)が勝利して、その後ドイツはソヴィエト・ブロックに加わるだろうとの幻想が、スターリンには残っていた。他方で、ケーニヒスベルクをめぐる事件が注目されることで、反ヒトラー連合の元同盟国との関係を損なうことを望んではいなかった(大量強制追放を開始すると西側の注目を集めたはずだが、その際に考慮されたのは、ケーニヒスベルクと周辺地域にはドイツ人は残っていないというスターリンの言葉である)。そして、ようやく一九四七年にドイツ東西分裂の見通しが確定し、「冷戦」の幕あけとともに西側との決裂が完全にはっきりしてくると、この問題での慎重で丁寧な態度はまったく意味がなくなった。

もちろん、勝利の多幸感《ユーフォリア》に浸り、みずから世界の運命を決しうるかのように感じていて、空前の拡大を遂げた自身の帝国のしつらえをめぐって日々押し寄せる諸問題に忙殺されていたスターリンは、ケーニヒスベルクと隣接諸地区のような「些事」にまで単に手がまわらなかっただけという判断も無視できない。この領土は、「社会主義陣営」に加わる運命がすでに決まっていた東欧諸国の面積の一%以下だった。くわえて、ソ連のような極度に中央集権化された国家では、スターリン以外にはだれであれそのような重要な決定を下すことはできなかった。

ドイツ人の強制追放は、そもそもソヴィエト指導部の方針に含まれていなかったという印象さえ抱かされる。この問題の決定が二年も遅れたのは、はなはだ実際的な判断からも説明可能だ。ソヴィエト当局は、ロシアその他のソヴィエト共和国からカリーニングラード州に移住者が到着するまでは、地元住民の労働力を活用するのが妥当だと考えていたのである。一九四七年に最初のドイツ人強制移住計画が浮上した際に、州の諸当局はそのテンポが急すぎることに危惧を表明し始めた。州民政局長のヴァシリー・ボリーソフは、ソ連邦閣僚会議副議長であるヴャチェスラフ・モロトフ宛の一九四七年三月七日付書簡のなかで、ドイツ人はソフホーズや工業関連企業で働く者の四八％を占めているし、彼によれば多くの部門で九〇％を上回っていることを理由に、ドイツ人強制移住の時期を遅らせる必要があると提案したのだ(1)。

とはいえ、ドイツ人自身はその多くがかつての故郷を離れて、ドイツ中央部に移住することを志していた。形式上はそうする可能性は存在していた。家族の再統合プログラムが有効だったのだ。しかし実行はまったく容易ではなかった。各地区や都市の民政部には、戦争で生き別れになりソ連国外に居住している親族・近親者を探すための小規模な部門が設けられていた。この部門にはロシア語を解するドイツ人も加わっていた。ドイツ人はそこで、ドイツやその他諸国で自分の親族を探してもらうように求めることができた。必要な情報が得られると関連文書が作成されて、出国許可が出された。

だが、一九四七年まではおおむね、出国許可を得られたのは希望者中ごくわずかだった。認められたのは、基本的には反ファシズム運動参加者とドイツ共産党員である。普通の市民が許可を得るのは容易ではなく、あれこれ手をつくさねばならなかった。ミハイル・メシャルキンがこんなことを語ってくれた。

あるドイツ人がドイツに行きたがっていて、役所の長に証明書交付を求めたことがありました。……許可を得るために彼は、隠してあった宝物を見せたのです。森のなかの退避壕に埋めてあった自転車とバイクの二台です。[2]

絶望したドイツ人のなかには、腹をくくって非合法的に国境を越えた者もいた。州の裁判所は、一九四七年前半の六カ月だけでも一一七人のドイツ人に、非合法で国境を越えようとしたとして、期間はまちまちだが、内務省収容所への拘禁の判決を下した。彼らは、凍った湾の氷上を歩いて渡ろうとしたり、鉄道貨車に身を潜ませたりして、まずポーランドに入り、そこからドイツに向かおうとしたのだ。[3]

一九四七年春には出国規制が緩和された。「ドイツのソ連占領地区への出国についてドイツ人に交付した証明書の簿冊」によれば、同年四月から六月にかけて許可を得たのは三三九〇人であった。[4]

## 強制移住の決定

ロシア連邦モスクワ国立文書館にはモロトフ閣僚会議副議長「特別ファイル」(こう呼ばれるのは最高度の機密文書である)という資料が所蔵されているが、このなかには、カリーニングラード州におけるドイツ人民間人の構成と境遇に関する一九四七年のソヴィエト連邦内務大臣クルグロフの報告メモが何点か保存されていた。特に興味深いのは五月三〇日付極秘報告で、そこからは、ドイツへのドイツ人強制追放の発議は内務省からなされたか、あるいは少なくとも省内で熱心に支持されていたことがわかる。

報告冒頭で語られているのは、「現在、経済的な生活上の理由などにより、家族・親族と一緒に暮らすためにドイツへの出国を認めるよう求めるドイツ人の申請が多数殺到している」ということである。ドイツ人の住民構成を特徴づけたうえで、クルグロフはこう続けた。

州内に暮らすドイツ人全体のうち、社会的有用労働に従事している者は全部で三万六六〇〇人であり、主として州内にあるソ連国防省の軍事ソフホーズ、食肉酪農製品加工トラストのソフホーズ、その他の工業関連企業や経営施設で働いている。ドイツ人住民のかなりは働いておらず、(児童養護施設や老人ホームで扶養されている障がい者や児童を除いて)食料配給を受けていないため衰弱状態にある。最近、ドイツ人住民中では刑法犯罪がかなり増大しているが、これは主として食料品窃盗や掠奪によるものである。州内にドイツ人住民がいることは、民間人の住民であれ軍勤務者であれ、動揺分子に退廃的に作用し、好ましくないつきあいを助長して、ソヴィエトの新しい州の開拓に否定的影響を与えている。こうした事情を勘案してソ連邦内務省は、カリーニングラード州に居住するドイツ人を組織的に、ドイツのソヴィエト占領地区に移住させるのが妥当だと考える。⑤

ソヴィエトの新しい州の地位が未確定な状況は、一九四七年夏のコスイギン委員会の作業と関連して終止符が打たれたが、この時もドイツ人の運命に関する問題は数カ月にわたって棚上げされた。ようやくカリーニングラード州への移住が急テンポで始まった後、同年一〇月一一日になってスターリンは、ソ連邦閣僚会議秘密決定三五四七-一一六九c号「ロシア・ソヴィエト連邦社会主義共和国カリーニングラード州からドイツのソヴィエト占領地区へのドイツ人の移住に関する件」に署名した。ソ連邦内相クルグロフは一〇月一四日に、移住手続きについての布告〇〇一〇六七号を発布した。

これらの文書により、一九四七年中にドイツ人三万人を移住させる計画が進められ、そのうち一〇月が一万人、一一月が二万人であった。まず最初に移住対象にされたのは「バルティスク市とバルト海沿岸各地区に居住する者であり、それ以外の州内諸地区からは労働能力を持たない家族、社会的有用労働に従事していない者、さらに児童養護施設にいるドイツ人児童と障がい者施設で扶養されている高齢のドイツ人」であった。移住者には私物（一家族当たり三〇〇キログラムまで）を携行することが認められていた。道中の衛生管理と医療サービスも保障されていた。居住地から鉄道乗車駅まで人と持ち物を送り届けるために自動車輸送が提供された。移住を組織的に指揮したのは、内務省と国家保安省それぞれの地区支部長と地区執行委員会議長をメンバーとして各地区に設置される三人組の作戦実施グループ（「トロイカ」）だった。[6]

強制移住は手当たり次第に行われており、同意を求められることはなかった。初期のソヴィエト移住者のインタヴューでは、ドイツ人の多くは移住を望んでいなかったことが指摘されている。典型的な話をいくつか挙げてみよう。

あの人たちは出発したくなかったの。包みを抱えて停車場に立ち、自動車を待ちながら泣いていたわ。ここはあの人たちの故郷だったし、身近な人たちが葬られていたのもここだったからね。必ず戻ってくる、離れるのは少しの間だけという人たちもいたわよ。（ガリーナ・ロマン）

強制移住が始まった時、せめて自分の街に残れるならと何でもしてたよな。一番つらい仕事で働くのに同意した人もいたね。知り合いのドイツ人でパルプ製紙工場の労働者だった人は、出発を命じられた時に、泣いてこう尋ねてたんだ。「私たちはいったい何か邪魔だてしましたか」ってね。でもモスクワからの命令があったから、「重苦しい空気をふりはらう」ためになんでも行われたよ。
（イヴァン・ヤロスラフツェフ）

私たちの第八号ソフホーズからのドイツ人の強制移住はすばやかったね。だいたいは女性と子どもたちね。自動車が一〇台やってきて、乗せてったの。女の人の多くは泣いて、行きたがらなかったんだけど、兵隊がみんな連れて行ってしまった。一四歳の男の子が一人いて、私たちのところで郵便配達人をしてくれていたので、その子は残してほしいと頼んだんだけどね。お父さんとお母さんは亡くなっていて、ドイツに親戚もいなかったし。でも行かされちゃった。（エカテリーナ・コヴァリョーヴァ）(7)

Neue Zeit
Zeitung für die deutsche Bevölkerung des Kaliningrader Gebietes
Erscheint zweimal wöchentlich
Eine hohe und ehrenvolle Verpflichtung
Im Ministerrat der UdSSR
ERRICHTUNG EINES DENKMALS FÜR JURIJ DOLGORUKIJ IN MOSKAU
Der Anteil der deutschen Arbeiter am Erfolg der Sowjetwirtschaft Nr. 48
Sie überflügelten die Männerbrigade

図27　カリーニングラード州のドイツ人住民のための新聞『新時代』の1947年8月24日付

ドイツ人は規律に従順だったけれども、なかには自分の運命に甘んずることを望まない人びともいた。「ドイツ人の強制移住が始まると、あの人たちは身を隠し始めました。でも探し出されて貨車に乗せられ、連れ去られてしまいました」とアントニーナ・ニコラーエヴァは回想している。移住者のあいだでは、故郷を離れることを嫌ったドイツ人の自殺事件が話題になっていた。強制追放を逃れる方法が一つあった。リトアニアに逃げ込んで、そこでリトアニア人出自であるかのような証明書を受け取り、リトアニア人〔原語は男性形名詞のリトヴェツ〕として戻ってくるというものである。ただし、正確にはこれはリトアニア人女性〔同女性形名詞リトフカ〕である。この種の事例が見られたのは女性だけだったからである。ドイツ人の男性はきわめて念入りに身元確認をされていたのだ。だが、強制移住されられたドイツ人の間にはもっと別の気分もみられたし、嬉しさを隠しもせずに、ロシア人と一緒に暮らすなんてまっぴらごめんだという者もいた。

無理やり放り出されたドイツ人が非合法的に戻ろうとすることもあった。州裁判所の典型的刑法事件について記した書類にはこんな例がある。

エリーザ・トーマ、一九二二年生のドイツ人女性は、カリーニングラード市に居住していた。一九四七年一一月に他のドイツ人とともにソヴィエト当局によってドイツに送出された。エリーザ・トーマは、ソ連に密かに戻る目的で二度にわたって非合法で国境を越え、そのために二度、ポーランド司法機関で裁かれて、禁固刑に処せられた。刑期を終えるとトーマは再び非合法でソ連とポーランドとの国境を越え、ヘルダウエンの鉄道駅構内でソヴィエトの国境警備隊によって身柄を拘束された⑧。

カリーニングラードでエリーザ・トーマは当初、矯正労働収容所への拘禁一年を宣告されたが、その後、当初の判決は軽すぎるとして刑期が延長された。

## 強制移住はどのようにして進んだのか

ドイツ人の強制追放は民警に委ねられていた。各地区に移住特別委員会が設けられて、ドイツ人の名簿を作成・確認し、彼らの間で説明活動を進めた。ドイツ人の移住は、通常、数日前に予告が行われた。カリーニングラードではドイツ人は出発前に駅で風呂場に連れて行かれた。だが、いつもそうだったわけではなくて、突然夜中に送り出されることもあった。自動車の到着を待って、自宅前で黙ってトランクや包みの上に腰かけていることもあった。どの人も目には生気がなく、どうでもいいやというような様子をしていた。

鉄道駅までの輸送は沿バルト軍管区の手で行われていて、軍が自動車一六〇台を供出し、州内の経営組織も一九六台を提供した。鉄道駅には特別区画が設けられて、税関検査、医療上の処置、ドイツ人への道中の食料品や工業製品の販売が行われた。その際、手持ち資金のない者には少額の補助金が与えられたが、ここでも、ドイツ人を駅まで自動車で運んだ代金を徴収するのだという理由で、警官や軍の運転手が違法にお金を巻き上げることもあった。もちろん全員を運ぶには自動車は不足で、市内の通りを徒歩で行列して駅まで向かった者も多かった。この悲しい光景は、カリーニングラードの人びとの多くに記憶として残されていた。

強制追放が迫っていることを知った地元住民たちは、持っていけない高価なものを隠したり（いつか戻ってこられると期待していたのだ）、売ったりしようとした。二束三文で売り払ったり、食料と交換することもあった。通り沿いには、ありとあらゆる家具が並べられていた。ミシン、クリスタルガラスの花瓶、陶磁器や琥珀製の装飾品を安価で購入することができた。

すでに触れたように、ソヴィエト政府の決定によりドイツ人は、一家族当たり三〇〇キログラムまでの私有財産を持っていく権利があった。このことは、聞き取りをしたソヴィエトの移住者のだれひとり耳にしたことがなく、おそらくドイツ人もこの基準については知らなかったのだろう。決定は秘密だったのだ。一般的な規則は、一人当たりの割当はトランク、包み、リュックサックまたは袋一つというものだった。実際のところ、弱った老人や女性、子どもたちに多くのものを持ち出すことができただろうか。

ドイツ人を見送る際の様子はまちまちだった。ロシア人の大半はこうした行動には無関心だったが、感動的な瞬間もあった。職場の管理部やロシア人の同僚たちが送別会を催したり、舞踏会を開いてくれることもあったのだ。たとえば、ソヴィエト移住民がドイツ人と一緒に働いた軍事ソフホーズや工業関連企業でそうした事例が見られた。

個人レベルでも、暖かな気持ちでお別れする場面がけっこう頻繁にみられた。このことについては、アレクサンドル・クズネツォフがこう語ってくれた。


俺たちのところで守衛をしてくれていたドイツ人の老人がいたんだ。バウアーという名前でね。名字なのか、ただそう呼んでいただけなのかはわからんね。年取った奥さんと暮らしていたよ。もしも俺がいなけりゃ、奴は死んでいたかもしれないね。ジャガイモやら、少しばかりの小麦粉やらをやったんだ。奴と奥さんはなんとか生き延びたってわけさ。バウアー爺さんは出て行きたくなくて、泣いてたよ。出発させられる時、俺のところにやって来てこう言うんだ。「あんたに何か贈りたいのだが」。「何もいらないよ」と答えたよ。それでも奴は、脚台やベニヤ板製のトランク、双眼鏡を持ってきてくれたよ。手元に残っていた金目のものを全部持ってきてくれたってわけさ。まだ売れるかもしれないからと言って、双眼鏡は受け取らなかったけどね。脚台とトランクは記念に取ってあるよ。(9)

旅立つドイツ人がソヴィエトの知り合いに贈り物をする事例はたいへん多かった。強制的に移住させられたドイツ人も、多くの場合、近所で暮らし一緒に働いた普通の人びとには悪意を抱いていなかったのだ。出発した後、ドイツからカリーニングラードにあてて、強制移住させられたドイツ人から手紙が届くようになったし、一部では手紙をやり取りするようなつきあいもあったのだが、これはたちまち当局の手で止めさせられた。

時おり、それとは異なる場面に出くわすこともあった。ザリヴノエ集落では、多くの住民が赤毛のドイツ人女性のことを覚えていた。彼女は、さあ出発という直前に隣近所のロシア人の眼の前で、洗練された陶磁器の食器を叩き割って、「何もかもかち割っておくほうがいいわ。ロシア人の手には何も渡らないように……」と言ってのけたのである。また、プリモルスク集落のエカテリーナ・コジェヴニコーヴァはこのような光景について書き記していた。

連中が出ていった時、何もかもぶっ潰していったわね。なかには多くのものを残していってくれた人もいたというけれど。この街で何かを残していったなんて、まさかね、知らないわ。何もかもぶっ壊したのよ……。ほら、連中が通りに出てきたとするだろ。一度ね。羽毛ふとんを切り裂いて、羽毛を風に吹かせたんだよ。まるで雪みたいに羽毛が飛び散った。海風が強くて、ふとんも毛布もすべて吹き飛ばしたのさ。食器は叩き壊したし。連中は食器をたくさん持っていて、とてもきれいだったよ。働き者で文化的な人たちだったけど……。じかに石にむけて、ガシャーン⑩。

強制追放にはさらにもう一つ痛ましい側面があった。数年間一緒に暮らすなかで人びとは知りあい、仲良くなり始めていたし、互いに愛しあって家族をもち、子どもを授かった場合もあった。公権力はロシア人とドイツ人のあいだの民族をまたいだ結婚(族外婚)を奨励しておらず、これを違法視して、絆を断ち切らせようとソヴィエト市民にあれこれ手を尽くして働きかけていた。だがそうした努力にもかかわらず、一緒に暮らす経験(家族、結婚登録抜きの同棲)がかなり広がっていた。このような非公式の家族が、多くの場合、ロシア人男性の軍人とドイツ人女性からなっていたのは自然なことだ。そのような結婚で生まれた子どもはドイツ人と考えられた。ドイツ人男性がロシア人女性と公然と同棲していた事例は一つとして知られていない。ドイツ人の強制移住が始まると、族外婚に終焉が訪れた。

引き裂かれた家族や不幸な恋愛についての物語を特に多く語ってくれたのは女性たちだ。アグニヤ・ブセリはマルタという名のドイツ人女性と知り合いだった。

ソヴィエトの軍人のひとりが彼女に恋したの。二人には子どもが生まれたわ。マルタと子どもが残れるようにと、彼はあちこちに手紙を書いたり、モスクワで相談したりしていたわ。でも、残してはもらえなかった。その後、彼はロシア人の女性と結婚したんだけれど、ずいぶんひどく気落ちしていたわ。新しい家族は幸せではなかったのね。それで、気持ちが塞いでしまって、マルタが強制移住させられて間もなく、亡くなってしまったのよ。

イリーナ・ポボルツェヴァの話してくれた物語はこうだ。

若い中尉がドイツ人の娘さんに言い寄ってたの。二人は結婚していた、と言ってもいい。三年間に子どもを三人産んだの。でも、一九四九年に彼女はカリーニングラードを立ち去るよう命令された。駅で子どもたちの涙を見、泣き声を聞くのがどれほど痛ましく辛いことか、わかるでしょう。「パパ、私たちといっしょに行くよね」って言うのよ。ロシア人の子どもをドイツに連れ去ったのよ。家族はつぶれちゃったわ。子どもも母親も、残してやることはできたろうにね。天性の冷酷さってやつなんだろうかね。結果はどうなったかって。運命はこなごな。祖国から、父親から遠く引き離されて、子どもたちは何を感じるのだろうね。ちなみに、この若者は自殺したって……。(11)

どうやらこの種の物語は、冷酷さがくっきり浮かび上がり、そもそも人間の理不尽さが一日瞭然になるために、人びとの記憶にしっかりと刻み込まれたようである。

強制追放の決定は厳格なものだったのだが、それにもかかわらず一部のドイツ人地元住民は居残ることを許された。どのような人びとだったのだろうか。第一に、ドイツ共産党員と反ファシズム・レジスタンスの参加者でソヴィエト市民権を取得した者は例外扱いされた。第二に、彼らなしでは一部の工業関連企業がたちゆかなくなることから、専門家たちは一時的に残留した。たとえば、大規模なビール醸造工場のあるジェレズノダロジュヌィ集落ではビール醸造職人が留まった。パルプ製紙コンビナートでも一部の技師や職人たちが残って働いていた。これら専門家の大半は遅れて、一九五〇年代初頭に強制追放になった。ずっと残留した者も一部にはいた。文字通りわずかの人びとで、偶然的な原因や事情によるものである。

## 強制追放の総決算

カリーニングラード州内務管理局アーカイヴには、主としてドイツに出発したドイツ人市民の列車毎の名簿を収めた、三三三件のかなり大部なファイル(手書きと一部タイプライター書きのテクスト)が保存されている[12]。これらの名簿には姓名・誕生年・居住地(市または地区)が記載されており、各列車について、乗車した者の割り振りとあわせて車両毎(一編成当たり四〇—五〇両)の通し番号がつけられている。これらの名簿は当時から保存されてきた唯一の一次資料であり、そのおかげでこの時まで留まっていたドイツ人の数を比較的正確に確定できる。この点で、公式報告書に見られる他のドイツ人人口統計と違って有益である。他の統計は断片的で齟齬をきたしており、具体的な登録資料(たとえば人口調査票、アンケート、住民登録カード目録)による裏付けがない。

カリーニングラードから出発したドイツ人の総数を算定する際に著者が考慮したのは、最終段階で名簿に加えられた補正である。一部の姓が消去されたのにたいして、手書きで書き加えられたものもあり、一部は「死亡」、「抹消」(乗車の取消)、「国家保安省」(同省による検挙または逮捕)等の注記がついている。多くの場合、駅での点呼の結果から推定で得られた総人数のデータが名簿の末尾に記入されている。

著者の行った算定によれば、一九四七年一〇―一一月にカリーニングラード州からドイツのソヴィエト占領地区に送り出された列車は一四編成、総人数では三万一一三人のドイツ人が送り出された。

一九四八年二月一五日には、ソ連邦閣僚会議の二つ目の秘密決定第三三三一―一二二c号が採択されたが、これは、州内に居住する残留ドイツ人全員を二段階で移住させるよう命じたものである。三月から四月にかけて二万五〇〇〇人、八月から一〇月にかけてその他全員(三万七三〇〇人)とされている[13]。

同年には三月から一〇月にかけて州内から合計六万七九一四人のドイツ人が送還された(列車は春に一三編成、八―一〇月に二〇編成)。それ以外に一一月から一二月にかけて、さらに一二七人のドイツ人が追加的に移送された。多くの場合、カリーニングラード州発の列車にはリトアニアからドイツ人を乗せてきた車両が連結されていた(一九四八年にその数は一二九〇人に及んだ)。州内に留まったのは、一時的に強制移住名簿から除外された少数の高度の熟練を備えた専門家だけであった。彼らがドイツ民主共和国(一九四九年にソヴィエト占領地区をもとに建国)に送還されたのはようやく一九四九年一一月のことであった。通算四九編成目の列車には一四〇九人が乗り込み、うち六五二人はリトアニアからの出国者であった。一九三人からなる最後のグループは、一九五一年五月にドイツ民主共和国に向けて送り出された。

このように、一九四七年から五一年にかけてカリーニングラード州域内から歴史的故郷にむけて一〇万二四九四人のドイツ人市民が出国し、そのうち、追放時にカリーニングラード市に暮らしていた者は二万九〇〇〇人以上であった。

著者が列車乗客名簿について行った算定は全体として、スターリンの「特別ファイル」内の文書に記載されたドイツ人被追放者数と一致している。内務大臣のクルグロフは、一九四八年一一月三〇日付のスターリン、モロトフ、ベリヤ宛報告書のなかでドイツ人強制追放の総括を行っている。そこで伝えられているのは、一九四七年一〇月から一九四八年一〇月までに、ドイツのソヴィエト占領地区に一〇万二一二五人のドイツ人が移住させられ、そのうち男性は一万七五二一人、女性五万九八二人、子ども三万三六二二人であった。強制追放の全過程を通じて四八人が死亡、うち二六人は栄養失調によるものだった。結論で大臣が伝えたのは、出発前にドイツ人たちは内務省州管理局代表にたいして二八四通の書簡を託したが、それらは、「示された配慮とみごとに組織化された移住に関して、ソヴィエト政府に感謝申し上げる」というものである。

東プロイセンのドイツ人は、戦後ポツダム会議の決定によりドイツへの移住を強いられた、東ヨーロッパの他の諸国の同胞一一〇〇―一二〇〇万人と運命をともにしていた。しかしながら、ケーニヒスベルクから歴史的故郷への道のりは、より長く困難なものだったのだ。

# 第10章 戦後スターリン期における「プロイセン的精神の追放」のための闘い

この地の新たな主人《あるじ》となった人びとは、戦利品として獲得した土地を「わがものとする」過程で、確固たる「歴史政策」を策定する必要に直面させられた。「歴史政策」あるいは「記憶の政治」とは、じっくりと考え抜かれた、あるいは多かれ少なかれ自然発生的に形成された、過去についての権力の基本方針の総体として理解されるものである。この政策は、国家の管理のもとにある諸制度、つまりプロパガンダ、教育システム、地名、記念碑、歴史的記念物と象徴などを通じて実行されてきた。戦後、ロシアに編入されたカリーニングラード州の記憶政治の地域的特色をなし、またその核心部分になったのは、東プロイセンの歴史文化遺産にたいする態度だった。この地域にはまだ、それ以外の過去がなかったのだ。かつて主人であった人びとから残されたこれらの遺産は、戦前の物質文化と精神文化にかかわる諸事物の総体であり、それには人工の風景や建物、建設物、公共のインフラストラクチャー、歴史文化記念物、アーカイヴ・図書館・博物館のコレクション、日常生活上の諸事物が含まれていた。戦後数十年間、これらの遺産への態度はどのようなものだったのだろうか。地域の過去は、カリーニングラードの人びとの意識にどのように組み込まれたのだろうか。その途上にはどんな障壁があり、どうやって克服されたのだろうか。

ソヴィエト権力が必要とした歴史政策とは、実行された領土獲得の合法性を示す根拠を提供し、ドイツ人から手に入れた遺産にどんな態度を取るべきなのか説いてきかせて、新たな住民にとっては見知らぬ、しばしば縁もゆかりもない歴史的・文化的環境に心理的に適応できるようにしてくれるものだった。もちろん、ソヴィエト権力にとって、この領土を所有する権利について適切な説明を見つけだすのはたいへん難しかった。

## 「古代のスラヴ人の土地」か、それとも「ファシストの野獣の巣窟」か

チャーチルとの会談でスターリンは、東プロイセンは古来スラヴ人の土地だったのだとさらりと言及したが、この発言はその後長年にわたって公式見解となるとともに、学者や専門家はこのテーゼを「学術的」に根拠づけなければならなくなった。一九四六年以降カリーニングラード州では、モスクワから派遣されたソ連科学アカデミーの「スラヴ考古学探検隊」が活動した。州の新聞や雑誌に掲載された報告によれば、ソヴィエトの考古学者たちによる数々の発見が「ドイツ人学者による歴史の歪曲を暴きだし、古代に東プロイセン領内に居住したのはスラヴ人ではなくゴート民族であるかのようにいう似非《エセ》科学的主張を、完膚なきまでに粉砕した[1]」。プロパガンダの場合は、「スラヴ人の土地」というテーゼが、古代にこの土地には「ソヴィエト人民の祖先」が住んでいたなどという、もっと単純な（学術的観点から見れば馬鹿げた）主張にすり替えられる場合もあった。

太古、東プロイセンはスラヴ世界に属していたというスターリン的理念は、第一に、もともとはドイツの州の一部分を併合したという事実をソヴィエト市民に説明するものでなければならなかった。第二

に、長期にわたって、それどころか永久に、本気でこの地に腰を落ち着ける必要があるという発想を、新住民に植え付けねばならなかった。「ドイツ」という異郷に来てしまったという移住民に広くみられた感覚をなんとか一掃し、この新しい土地の生活は一時的で、まだ確定したものではないという気分を克服しなければならなかった。「スラヴ人の土地」テーゼは一九五〇年代半ばまで存在し、ソヴィエトの大百科事典にも書き込まれたほどだ。(一三世紀のチュートン騎士団による征服以前の)この地域の最古の先住民はプロイセン人(プルシ人)で、リトアニア人に近いバルト諸族の部族だという学問的に根拠のある説がしだいに優勢となるのは、やっとスターリン死後のことなのだ。

だが、初期の歴史政策の基本的ヴェクトルはすでに戦時中に決まっていて、戦争プロパガンダの必要とも関わっていた。一九四四年末に東プロイセンの地に足を踏み入れようとしたソヴィエト兵を国境で出迎えたのは、「赤軍の戦士へ！　君の前にはファシストの野獣の巣窟がある」と書かれたプラカードだった。少し経つと、国内の有力紙『プラウダ』に「ケーニヒスベルク陥落」という記事が掲載され、この都市の歴史について「ケーニヒスベルクは、ドイツの犯罪の歴史そのものである。幾世紀もこの街は強奪することで生きながらえてきたのであり、それ以外の生き方を知らないのだ」と述べていた。[2] 簡潔だが中身のはっきりしたこの解釈は、ドイツの州の過去をめぐる一種独特の公式見解になった。

敵としてのドイツ人のイメージは、戦争プロパガンダを扱う数々の国際法に則して形作られたものである。[*1] しかし、きわめて深刻な軍事衝突のなかで生み出されたステレオタイプは、戦争が終わって不倶戴天の敵への憎悪や無慈悲さを教え込む必要がなくなった後も維持された。ケーニヒスベルクは「ドイツの反動の砦」「軍都の要塞」「強盗の棲み処」「ヨーロッパの暗黒都市」「戦争工場」「自由を愛する全人類の不倶戴天の敵」などと呼ばれ続けたのである。

そして、何世紀もかけて形作られてきたこの地方の伝統と、それをもとに生み出された物的な財はたいして値打ちがなく再生して活用するほどではないばかりか、世界史上もっとも反動的なものを体現しているから、無条件に根絶されてしかるべきだと説明された。それゆえソヴィエト権力は、東プロイセンを完全に破壊しても、それは疑う余地なく良いことなのだと解釈したのである。

## 東プロイセン史の『小教程』

移住先の土地についてもっと多く知りたいというロシア人の自然な思いに、当局は反応を示さなかった。それどころか地方の各級共産党当局は、「プロイセン的精神の追放」、つまり、地域にこれまで暮らしてきた人びとの経験や、戦禍を免れたドイツの歴史文化遺産をすべて拒絶するという方針をとった。

ソヴィエトの共産主義者が「白紙」から歴史を始めようとしたのは、これが初めてではない。ボリシェヴィキは国内で何千何万もの聖堂に爆薬をしかけて破壊し、多くの貴重な記念像を台座からたたき落とし、国内の主要な美術館・博物館から珠玉の芸術作品を売り払い、ロシア・インテリゲンツィアの精華を消し去り、一九一七年までのみずからの歴史を抹殺した。いわんや彼らにとっては、チュートン騎士団の城やドイツの教会、あるいはプロイセンの墓地など、なんの問題にもならなかった。

戦前の過去を禁じるのがさらに好都合だったのは、そのおかげで国家や党の官僚が知的な努力も教養も外国語の知識も必要なくなるからである。これらの素養はどれもスターリン期の幹部に大きく欠けていたのだ。ソヴィエト体制は、こみいった課題を組織的に解決する能力をもたなかったというわけだ。

モスクワであれカリーニングラードであれ、指導者たちは、ソヴィエト移住者にはなんらかの住居と仕事とわずかばかりの特典を与えておけば十分で、それだけで新たな土地への適応問題は解決されると信じていた。

そうはいっても当局は、社会の要求を完全に無視し、一九四五年以前のドイツ的な地域史はまったく存在しないかのように装うと決めていたわけではない。部分的に残っている文化を考慮しないわけにはいかなかったのだ。しかも、移住者が旧東プロイセンの置かれた位置と歴史に大きな関心を示しているという情報が、各地から地域の指導部にも伝わっていた。この欠落をいくぶんかは埋め合わせて、好奇心あふれる同胞の興味関心を満足させるために、『東プロイセン史小教程』③とでも呼ぶべきものが作られた。これは最低限の史実と情報からなる紋切型の概略を述べたもので、教育機関や宣伝組織、定期刊行物やその他のマスメディアに渡して公表することが許されていた。

『小教程』は、この地域の先住民と解釈された古代スラヴ人の天国のような幸福な暮らしの描写から始まる。その後、西から災厄が訪れた。卑劣でならず者の騎士がこの土地を征服して、花咲き匂う国を草も生えない荒地に変えてしまい、スラヴ人を奴隷にしたというのだ。これ以降、二〇世紀にいたるドイツ人時代の歴史は、異国の侵略者による地域の一時的占領の時代とみなされ、一九四五年に本来の主人《あるじ》の手に戻されたことで、この時代は終わったと考えられた。そのなかでは、この地域とロシアとの縁や、何世紀にも及ぶスラヴ人のドイツによる侵略との戦い、ロシアの軍勢の勝利を示すエピソードがいくつか言及されただけだった。必ず言及されたのは、ルーシへの十字軍の遠征と、一二四二年、ドイツ人にたいするアレクサンドル・ネフスキー公の輝かしい勝利である。*2 さらに、一七五六―六三年の七年戦争時のロシア軍による東プロイセン占領期も話題とされた。最後に、一八一三年にナポレオンの軍勢からこの地方が「解放」されたことも教えられた。興味深いことなのだが、第一次世界大戦はほとんど一度も言及されなかった。おそらく、一九一四年の東プロイセン作戦でロシア軍が敗北したから、このプロットには民族の誇りとなる素材が欠けていたためだろう。

もちろん、この地域のドイツ的過去を肯定的な調子で特徴づける情報や発言はなんであれ、新聞やラジオ放送から用心深くとり除かれた。逆に、選ばれたストーリーは、まずこの土地にドイツ人が存在した事実とその結果を否定的に評し、そのことをもってかつてのドイツの州をなくしてしまう根拠にする、というものだった。その次に力点を置かれたのが、この領土とロシアとの縁、何世紀も続いたスラヴ人のドイツによる侵略との戦い、ロシアの軍勢の勝利を証明してくれる歴史的事件だった。

しかし、史実と決まり文句を組み合わせたこの貧弱な手口は、まもなく無用になった。一九四七年九月にカリーニングラードがユロロヴィチ同志の率いる全連邦共産党中央委員会視察団を迎えたのちには、ドイツ的過去を語ることはタブーになったのだ。スターリン期のイデオローグの中心で、中央委員会書記のミハイル・スースロフに宛てて準備された調査報告書のなかでモスクワの査察官たちは、カリーニングラードの指導部に次のような厳しい批判を浴びせていた。

カリーニングラード州では、西側への追従がかなり広く見られるが、それはドイツのブルジョア的生活の快適さやドイツ的技術への跪拝《きはい》、工場再建時にドイツの技術に盲従しようとする姿勢に現れている。……ファシスト的なプロイセンの廃墟の上に、ソヴィエト的な政治体制、社会主義経済、

> ソヴィエト的な社会主義文化を備えた質的に新しい州を建設するという課題が過小評価されている。……カリーニングラード州では、交通網や土地改良システム、港湾、水道、工場にとどまらず、文化と文教施設などの復興が語られている。

特に言語道断だと考えられたのは、「復興」という用語を党幹部や定期刊行物、ラジオまでが使用していたことである[4]。

この叱責めいた批判はカリーニングラードの統治エリートにとって、長年にわたって良い教訓になった。編集者や検閲官は、第二次世界大戦のテーマに直接関係ない場合は、東プロイセンへの言及をことごとく出版物から削除しはじめた。この地域がかつてドイツに帰属していたことは書いてはならなかったのだ。「ドイツ人から取り戻した土地」のような表現も望ましくなかった。工場を話題にする場合も、ドイツ製設備が使用されていることは報じられず、「工場復興」という表現は「工場建設」に替えられた。

ドイツの切手やはがき、肖像写真、絵画、食器などにカリーニングラードの人びとはまるで流行病みたいに熱を上げていたが、地方当局はこれとたゆまず闘っていた。博物館は、地域の戦前の過去に関連する事物を収集しなかったし、まして展示など考えられなかった。市の劇場では目ざとい検閲官が、舞台装置が「ソヴィエト的建築様式にあわない」と判断したり、女優に「非ロシア的な衣装だ」と物言いをつけたり、あるいは家具類のなかに「ドイツ風の椅子」を見つけて「別の種類の椅子」と入れ替えるよう求めたりしたが、それだけで演劇の上演が禁じられる場合もあった[5]。

〔初等・中等〕学校や高等専門学校などの教育機関で学ばれている科目には、ドイツ史ばかりか地域史全般が含まれなかった。カリーニングラード師範学校では、一九四九年一二月に開かれた教員会議の場で、准博士学位を取得してレニングラードから就職してきたばかりの歴史学部の若手講師メリニコヴァが、ケーニヒスベルク史特殊講義を学生のカリキュラムに導入すべきだという思いがけない提案をしたことがあった。この提案は、会議の構成員に衝撃を与えたと考えて間違いない。議事録から判断すると、提案は審議すらされなかったようだ。メリニコヴァ本人にもたいへん悲しい結果をもたらした。即座に解雇の命令が下されたのである。メリニコヴァは、中世史の講義を「誤った方法」で組み立てており、同志スターリンの指示に従っていないとして責任を問われたのだ。(6)

## カリーニングラードの社会主義的再建

戦後初期の記憶政治は、あるひとつの重要問題に答えなければならなかった。市の空間の再建をどう進めるべきなのか、戦争で破壊され被害を受けた建物や施設をどんなかたちで、どのような方針に従って修復するべきなのか、という問題である。

ドイツの歴史文化遺産にどんな態度をとるのかという問題は、カリーニングラード復興・新規建築プランを検討する際に、特に差し迫ったものとして持ち上がった。当初案は、市中心部の廃墟を一九四一―四五年のドイツ・ファシズムとの大祖国戦争に「勝利」した記念物として保存するというものだった。しかしまもなく、カリーニングラードの再建は、都市の見た目を一変させることを目的とすべきだという意見が優勢となった。

主任建築家ドミトリー・ナヴァリーヒンは、「カリーニングラード市の建築物の再建」と題する大部な報告書を準備し、ドイツの建築遺産への態度について、「古い都市を完全に作り直して、改造しなければならない」という基本原則を主張した。みずからの立場を論証するために、彼は次のように記している。

> この都市は七世紀にわたって、建築を規制する統一計画を持たないまま無秩序に建設されて発展してきており、資本主義的都市の多くと同様、さまざまの時代、趣味、イデオロギーの寄せ集めになっている。……狭く曲がりくねった通り、眺望を遮る教会の目障りなほどの外見、収益目的の私有住宅が軒を連ねる雑然とした様子、開放空間や緑の植栽はないのに薄暗くじめじめした井戸のある中庭、このような旧市街中心部の設計が、われわれソヴィエト人を満足させることはありえない。

Калининградская ПРАВДА

№ 69 (752) пятница 7 апреля 1950 г.

Орган Калининградского обкома и горкома ВКП(б), областного и городского советов депутатов трудящихся

Цена 20 коп.

Нет больше Восточной Пруссии!

В облиспол

Об итогах соревнования в совхо

図28　1950年4月7日付の『カリーニングラード・プラウダ』紙の巻頭記事「東プロイセンはもはや存在しない！」

「かつての建築様式上の外観」をそのままにして古い建物を復元しようと提案する一部の建築家たちをナヴァリーヒンは厳しく批判したが、それらが「反映しているのはドイツの民族的趣味」であって、「ソヴィエト的な建築と都市建設上の伝統に応えるものではない」からというのが理由である。ナヴァリーヒンは、「街路の直線化」と「広場の拡大」にただちに着手するように訴えて、「新社会主義都市カリーニングラードの成長と形成は、そのすべてが古いものと新しいもの、死に絶えつつあるものと生まれつつあるものの妥協なき闘争という旗印のもとで行われなければならない」と続けた。以上述べてきた全体から論理的に導き出されたのが、「古いドイツ的形式が新しい社会主義的内容とせめぎあっており、決定的かつ根本的な改造が必要だ」という結論である。(7)

市内の瓦礫の山を片づけるのに並行して、戦時中に破壊されたソ連国内の諸都市の復興に使う建築資材、とくに煉瓦の調達が始まった。この事業の生贄にされたのが、戦前に建てられたカリーニングラードの多くの建物や施設であり、これらは、修理や再建をすればカリーニングラード住民が利用できたはずのものだった。州の建築事業部門の責任者パーヴェル・チモーヒンは、専任の「建築物解体トラスト」の設置を提案したほどで、それらの建物から手に入れた煉瓦を、戦時中に破壊されたロシア諸都市の復興用にするというのである。彼は共産党中央委員会に宛てた書簡で、「カリーニングラード市だけで、建築物の解体により約二〇億個の煉瓦が入手可能」だと書き送った。彼の計算によれば、作業には五—六年を要するが、この方法で毎年四億個の煉瓦を入手でき、新規の煉瓦工場を二〇—二五カ所建設する費用を削減することができるはずだった。(8)もしもこの壮大な計画が実現されれば、カリーニングラードで戦禍を免れた数少ない建物や施設が後世に残されることはなかっただろう。幸い、この提案はモスクワの支持を得られなかった。

## 改称キャンペーン

古いドイツ的な地名のつけ替えは、新たに獲得した土地をわがものとして統合するための最重要課題のひとつだと新当局から考えられていたとはいえ、戦後まるまる一年間は、ほとんど変更されることがなかった。新住民には耳慣れないドイツ語の呼称を聞き分けて記憶することは困難だったから、いささか厄介な状況が生まれることになった。ケーニヒスベルクの郵便配達員がほぼ全員ドイツ人だったのは偶然ではない。市内の地名を正確に理解できたのは彼らだけなのだ。当初、改称はケーニヒスベルク市内の一部の通りや広場に限られたが、その際の理由は、「ファシストの首謀者たちの名前に因《ちな》んでおり、当然、戦勝国人民の憤慨を引き起こしている」ということだった。これは、ケーニヒスベルク特別軍管区司令官クジマー・ガリーツキー将軍の一九四五年一一月の指令に述べられている。とりわけアドルフ・ヒトラー広場は、勝利広場に改称された。実際は、改称された市内三七四カ所の地名のうち「ファシスト的」なものは一五カ所ほどの通りだけだった⑨。

一九四六年夏に州への大量移住が始まると、当局は古い地理呼称を体系的に変更しはじめた。州の中心部から開始する必要があり、ケーニヒスベルクを（バルト海に面した都市という意味で）バルティスクに変更する提案がなされたが、偶然の事情で、このきわめて合理的な中央の創意は実現せずに終わった。同年六月、スターリンの盟友の一人で最高会議幹部会議長であるミハイル・カリーニンが死去したのである。ソ連邦政府は彼の名前を永遠に称える決定を採択し、これを機会に亡き指導者を記念して国内主要都市のひとつを改称すると定めたのだ。こうして、同志カリーニンはこの都市を一度も訪れたことがないにもかかわらず、一九四六年七月四日にケーニヒスベルクはカリーニングラードになった（現在まで、この日は「都市の日」として公的に祝われている）。この際に各地で開かれた集会では、「今日からファシストの隠れ家は本物のロシア人の街になった」と語られた。続いて空前の改称キャンペーンが行われ、数年のうちに数千の集落、川や湖などの自然物、数万の広場や通りや路地が新しい名称を与えられた。ちなみに、いったんお蔵入りになった「バルティスク」という素晴らしい名称も立ち消えにはならなかった。まもなく海沿いの港湾都市ピッラウのものになったのである。

地名は（場所を表示するという）実用的機能だけでなく、シンボルとしても登場する。旧東プロイセンの場合、これらのシンボルは、新しく主人《あるじ》となった権力を正統化し、新たに移住したソヴィエト的人間《ホモ・ソヴィエティクス》の集合的アイデンティティを形成するのに必要だったのだ。

改称は、次のような手順《アルゴリズム》で進んだ。まず、地域（市と地区）の当局が委員会を設置して、新名称を考案しなければならなかった。続いてこれらの名称は、州行政機関の承認を得た後にさらにモスクワに送られ、最終的にはロシア共和国最高会議幹部会令による裁可を得るのである。

新名称の「発明」にはいくつかのパターンがあった。多くは終結したばかりの戦争に関わっていた。州内の六つの市は、一九四五年の東プロイセン作戦時に戦死して「ソ連邦英雄」の称号を与えられた人びとの姓をつけられた。グリエフスク（ドイツ名はノイハウゼン）、グーセフ（グンビンネン）、ラドゥシキン（ルートヴィヒスオルト）、ネステロフ（シュタルペーネン）、マモノヴォ（ハイリゲンバイル）、チェルニャホフスク（インステルブルク）である。それ以外に軍事関連の用語に由来するものもあった。ズナメンスク（軍旗。ヴェーラウ）、クラスノズナメンスク（赤旗。ラスデーネン）、グヴァルヂェイスク（親衛隊。タピアウ）である。

新名称が社会主義時代のシンボルと結びつく場合も多かった。ソヴィエツク（ティルジット）、プラヴヂンスク（フリートラント）、ピオネールスキー（ノイクーレン）などである。州の地図上にはソヴィエト国家の活動家、十月革命と内戦の英雄、ドイツのプロレタリア指導者、ロシア人将校・作家・学者の名（チャパーエヴォ、スヴォーロヴォ、チェルヌィシェフスコエ、マヤコフスコエ、ツルゲーネヴォ、テリマーノヴォ）も登場した。

自然物やその土地のいずれかの特徴にちなんで、街や村が命名される場合もあった。ネマン（川の名前。ドイツ名はラグニット）、ポレッスク（森の中の町。ラビアウ）、ゼレノグラツク（緑の町。クランツ）、オジョールスク（湖の町。ダルケーメン）などである。[10] 一部の村落は移住者の出身地にちなんで命名された。ウラジーミロヴォ、モスコフスコエ、ヤロスラフスコエといった名称がこれにあたる。概して、改称委員会にとってソ連邦地図は、他をもって代えがたい助けになったのだ。

もちろん、どんなものであれ外国風の（ロシア的ではない）呼称をカリーニングラードの地に持ち込むことはありえなかった。関連して興味深いのは、リトアニア語による古称を地図上に残す必要があると考えたリトアニア当局側から、言語学論争がしかけられたことである。リトアニア側の異議申し立ては激怒したモスクワに拒否されたが、その理由は、回答中に述べられているとおり、ドイツ語名称とゲルマン化させられたリトアニア語の名称はともに、「カリーニングラード州のソヴィエト住民の現在の構成、生活様式、そして民族的特質に合致していない」ということだった。[11]

さらにもう一つのやりかたは地名のロシア化、つまりドイツ語旧称を拝借して発音上似た名前をつけるというものである（ドイツ語のペトラチェンをロシア語でペトロフカに、ドイツ語のスチッレン／シッレンをロシア語でジリノに）。ポーランドに編入された東プロイセン南部では、ポーランド人がこの方法を積極的に採用し、ドイツ語名称をポーランド風に変化させていた。そして、実際使われたのはごくまれだが、おそらくもっとも合理的に思えたのは、ドイツ語からロシア語への地名の翻訳である。この場合は、呼称にこめられた有益な情報、つまり、日常的に人びとの暮らしや活動に不可欠な目印を記録する情報が維持された。

改称キャンペーンの過程では、混乱やいまいましい間違いも起こっており、後で訂正するのにたいへん苦労しなければならなかった。悶着が特に多かったのは、州中心部からもっとも離れたネステロフ地区である。すでに名称は決まっていたのに、州とモスクワの役人の勝手な理解で転記時に変えてしまったのだ。その好事例が、チストゥイエ・プルドゥイ村(澄んだ池)である。当初この美しい名前は、ドイツ人の村落であるナッサヴェンに付けられるはずだった。理由ははっきりしていた。村の中心部にふたつ大きな池があったことから、この名前が付けられたのである。ところが、タイプライターで地名を転記するどこかの段階でずれが起こって一覧表内の行に取り違えが生じ、村にも周辺にも池などまったくないトルミンゲン村に、チストゥイエ・プルドゥイという名前を付けてしまったのだ。

街路や広場を改称する際も、都市・村落名の改称と同じ原則が採用された。市内にある地名の多くは、ソヴィエトの偉人やロシアの文化人の名前、あるいはロシア国内の都市名に因んでいた。イデオロギー的に中立であれば、ドイツ語呼称をそのままロシア語に翻訳して道路名にする場合もあった(「青年通り」や「マロニエ通り」など)。ずいぶん広まったのは、各種の職業に因んだものである(「建設家通り」「鍛冶屋通り」「修理屋通り」)。人気は、「赤」「バラ」「ライラック」「桜」など「花の色」の名前をつけた通りや、「オリンピック」「体育」「チェス」「自転車」などスポーツの名称をつけたものだ。

改称キャンペーンは容易な事業ではなかった。時間的に窮屈ななかで数千の新名称を考案しなければならなかっただけでなく、文書や地図に書き込み、道路標識や住居番号札を準備しなければならなかったのだ。焦っていたうえに熟練専門家のチェックもなかったから、地図上には同一名称や冴えない名称、イデオロギー的色彩の強い名称が多く見られた。州内には、レスノエ村〔森村〕が五カ所、マイスコエ村〔五月村〕が六カ所、カシタノフカ村〔栗村〕が七カ所、ベレゾフカ村〔白樺村〕が八カ所、オクチャブリスコエ村〔十月村〕が九カ所、マリノフカ村〔エゾイチゴ村〕が一〇カ所あるといった具合なのだ。最高記録はソスノフカ〔松町・松村〕で、一二の町や村がこう命名された。その結果、町や村のほぼ半数が、まったく同じ名称の「コピー」を持つことになった。だが、もっとも具合が悪かったのは、何世紀もかけて定着し、人びとにとって自然な目印の役割を果たしてきた旧称と違って、新名称はじつにわざとらしかったということである。旧称は、地元の特質や歴史的伝統、民族文化的な独自性を考慮したものだったからである。

これらの明々白々な誤りや見込み違いにもかかわらず、一九五〇年代初めまで続いた改称キャンペーンは、客観的には、戦後になって新たな発展ヴェクトルを手にしたこの地域の歴史のなかでは避けられないひとつの段階だった。

## 記念碑の生涯

戦後長く、「文化記念物」や「歴史記念物」という用語は、東プロイセン攻略戦で死亡したソヴィエト戦士の墓所にのみ使われていた。地元当局による一九四七年の特別決議は、軍人の墓はいずれも「われらの祖国ソヴィエト防衛戦に斃れた英雄たちに永遠の栄光あれ」という同一の碑銘を刻まねばならないと定めていた[12]。このため、東プロイセンに言及したもの、かつてドイツに帰属したことを述べたものはどれも墓標から削られてしまった。

これら以外の彫刻作品や建造物（城、聖堂、橋梁、鉄道駅、公共施設、住宅、記念彫刻、公園彫刻）はいずれも記念物扱いされなかったばかりか、一般に公式文書で言及されることもなかった。当然、プロイセン王やドイツ皇帝などドイツの国民的英雄や文化人の名誉を称えて建立された古い記念像のほとんどは、台座から引きずりおろされて溶解され、金属の塊にされてしまった。

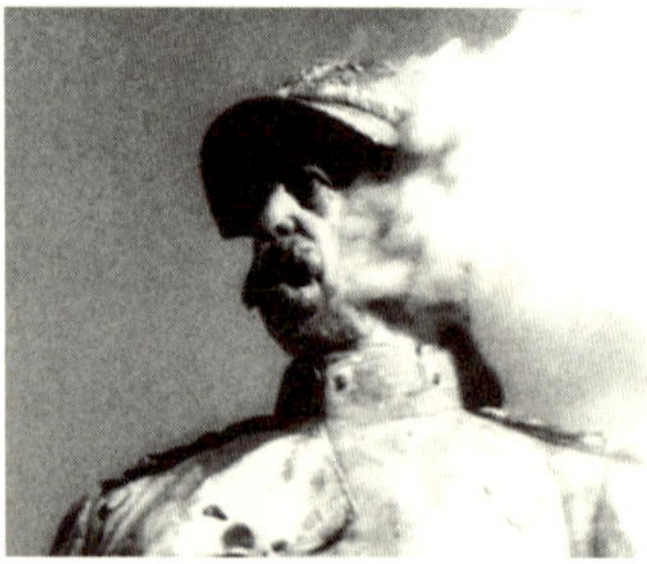

図29　ケーニヒスベルクにある宰相オットー・フォン・ビスマルクの記念像．頭部が燃えている．ソ連長編映画『エルベでの出会い』(1949年)より

例外は多くはなかったが、ドイツの詩人フリードリヒ・シラー（一七五九—一八〇五年）の記念像や、ケーニヒスベルクの著名な学者が眠る墓地内の彫刻や墓石がこれにあたる。

「鉄血宰相ビスマルク」の時代はドイツの他の統治者以上に長く続いたが、カリーニングラードの廃墟で第二次世界大戦の映画を撮影したソ連の映画製作者たちにとって、ビスマルク像はお気に入りのロケ地だった。砲弾で損傷を受けた銅像の内部で火を燃やすと頭部にあいた弾痕の穴から黒煙が立ち上るので、とても効果的な映像を撮れたというわけだ。

破壊されたドイツの記念像を材料に、ソヴィエトの記念像が製作されることも稀ではなかったし、用途が変更されることも一度ならずあった。世界的に著名な哲学者イマヌエル・カント（一七二四—一八〇四年）のブロンズ像に起こった変転がその好例である。この記念像は、一八八四年にケーニヒスベルク大学本館正面に建立されたものである。この偉大な哲学者の銅像は戦時中に失われ、みごとな大理石製の台座は、ドイツ共産党の指導者エルンスト・テールマンの胸像を設置するのに利用された。一九九一年に共産主義が崩壊するとテールマンは台座から取り去られ、カント像の複製が新たにブロンズで鋳造されて、「故郷」の台座のうえに据えられた。

特筆すべき記憶の場はもうひとつある。ケーニヒスベルクの「守護精霊《ゲニウス・ロキ》」ともいうべき天才カントの墓所である。彼の墓が無事に残ったのは偶然のおかげだったのだ。一九四七年初頭、連邦中央で最大の『イズヴェスチヤ』紙編集部にリュビーモフという市民から手紙が届いて、カリーニングラードでは廃墟化した大聖堂の取り壊しが準備されており、その壁のそばにはカントの墓があることが伝えられた。手紙の主は、この哲学者がマルクス主義の古典で高く評価されていることに触れて（フリードリヒ・エンゲルスを引用）、この記念物の保護を訴えた。モスクワの編集部はこの手紙に目をとめて、写しを各級政府機関に送付し、しばらくすると、墓を丁重に扱うとともに、今後も破壊を許さないようにすることが必要だとの指示がカリーニングラードに送られてきた。その後、墓のまわりに金属柵が設けられ、一九五六年には大聖堂の壁に「カントの墓は国家によって保護されている」と記した大理石の銘板が設置された[13]。天才

図 30　カリーニングラードのイマヌエル・カントの墓地，1950 年代初頭．壁面の落書きは「今や君は，世界が物質的であることを理解した！」

哲学者の墓に触れてはならないというモスクワからの指示は、傍に墓のある大聖堂にとっても保護証明書のようなものとなった。

ドイツの記念物が取り壊されて鋳直され跡形もなく姿を消すなかで、この地におけるソヴィエトの存在を示すシンボルがこれに取ってかわった。戦勝と戦死した英雄を称えるソ連最初の巨大な記念碑（柱）は、改称以前のケーニヒスベルクに一〇八日かけて建立され、一九四五年九月三〇日には除幕式が厳かに行われた。工事を行ったのはドイツ人捕虜で、建造には二万一〇〇〇立方メートルの石材と煉瓦、二万平方メートル分の花崗岩の石板、一四トンのブロンズが使われ、一〇〇平方メートルものレリーフが用意された。メモリアルの主任彫刻家でリトアニア人のユオザス・ミケーナスはこう回想している。

私たちはそんな光景を一度も見たことがありません。街はまだ燃えているのに、燃えさかる街でソヴィエト人が、時代をともにする者のために、武器を手にともに戦った同志たちのために、兄弟のために記念碑を立てているのです⒁。

赤軍を称える数多くの軍事的モニュメントに加えて、首領（レーニンやスターリン）の記念像も建立された。国内ではこの種の像の生産が工業ベースで行われていたのだ。

その代表ともいうべき作品群の建立が最初に提案されたのは、隣接するドイツ人墓地を潰して二倍に拡張された市立カリーニン記念公園内の、かつて王妃ルイーザ教会のあった場所である。建築家ミハイロフスキーの案では、公園のまんなかを走る並木道が「わが国の偉大な首領にして大元帥スターリンの巨大な像が聳《そび》える広大な緑の広場」まで続くことになっていた。像を中心に、スターリンの同志であったモロトフ、ベリヤ、ジダーノフらの肖像を、花を植栽して描くことも提案された。⑮ミハイロフスキー案は、資金不足のために実現しなかった。スターリン像は、一九五三年の死から一カ月半後、市中心部の広場で除幕された。しかし「個人崇拝」が暴露されると、[*3]この像は別の場所に移され、一九六二年に解体された。それに比べると幸運だったのはミハイル・カリーニンで、彼の記念像は駅前広場で一九五九年に除幕され、現在まで無事に残っている。しかし、「不朽性」といえばその圧倒的な記録保持者はウラジーミル・レーニンだろう。一九八〇年代半ばまで州全域で七二もの彫像が建立されたのだ。

## ロシア文化のための闘い

終戦まもないソヴィエト連邦では、上（つまりモスクワ）からのイニシアティヴによる「根無し草のコスモポリタン」や西側への跪拝との闘争が始まった。この政治路線はソヴィエト国家内部の諸問題の解決を促して、スターリン体制を磐石にすることを使命としていた。カリーニングラード州では、こうした新たなイデオロギー上の方針は渡りに船だった。というのも、東プロイセンの歴史文化遺産にどのような態度を取るべきなのかという問題にたいするお仕着せの回答が含まれたからである。ここでコスモポリタニズムとして理解されたのは、第一にドイツ文化の遺物への肯定的態度であり、外国への跪拝との闘争という課題は、「プロイセン的精神の追放」（ここで「プロイセン的」と理解されているのはドイツ的精神のことだ）というスローガンに見られるとおり、地方固有の特徴を帯びていた。

コスモポリタニズムとの闘争の口火を公式に切ったのは、モスクワの教授であるロースキンとクリューエヴァの事件をめぐる一九四七年のソ連共産党中央委員会の非公開書簡(16)である。[*4] かれらは、西側の科学と文化への跪拝という理由で非難されたのだ。カリーニングラードでも、職場ごとの活動家集会で槍玉にあげて、この地域のコスモポリタン狩りが始まった。たとえば、ゼレノグラックの女性教師スミルノーヴァは、「ソヴィエト愛国主義の精神で児童を訓育するかわりに、生徒の前でドイツ的アパートの暮らしの便利さに魅了されていた」と告発された。カリーニングラードの労働者ペトローフは、「カリーニングラード市内のドイツの旧跡を、行ったこともないのにスターリングラードやコムソモリスクなどの都市と比較して称賛した(17)」。もっともひどい目にあったのは、ロシア人作家の時間を減らして外国人作家に多く割いたかのように言われた文学教師や、「誤った」史実を授業で扱った歴史教師である。州のラジオ放送に出演した州コムソモール幹部の同志フレーノフは、「快適で心地よいドイツ的アパートとさまざまの美しい装飾品が、ブルジョア文化は水準が高いかのような印象を、わが国の若者のあいだの遅れた部分に与えている」と憤慨した。「わがソヴィエトの文化と技術ははるかに高水準であり、ソヴィエト人たるもの、それを誇りに思わなければならないし、西側のブルジョア文化の外面的で「見せかけ」の輝きに屈してはならない」と、たゆまず説いて聞かせようと呼びかけたのだ(18)。

「ロースキン＝クリューエヴァ事件」キャンペーンが頂点に達したのは、一九四七年一〇月一日に約一〇〇〇人が参加してカリーニングラードで開催された知識人集会である。この施策の重要性を強調する基調講演を行ったのは、党州委員会書記のウラジーミル・シチェルバコーフだった。かれは、外国に跪拝しているとして「一部の遅れたインテリゲンツィア」を糾弾し、「ソヴィエトの国民的誇りの感情、ソヴィエト愛国主義」を発達させようと訴えた。集会の記録は、社会主義文化はブルジョア文化に優越するという報告の趣旨を聴衆がどう理解したのか何も述べていないが、その代わりに、会議中は電気が消されて、集会は「ろうそくの灯のもとで」進行したと記録されている[19]。

「跪拝」の実例を見つけ出すのはとんでもなく難しかったから、イデオロギー担当職員や検閲官は、神業のような発明の才を発揮しなければならなかった。クラブやダンスホールでタンゴ、リンディ・ホップ、フォックストロットといった「西欧的」ダンスを禁止しようとするところにまで話は進んだのだ。とはいえ、この禁止はすぐに取り消さねばならなかった。人びとはロシアの伝統的な輪舞に乗り換えるつもりはなく、まして相変わらず許可されていた古典バレエのレパートリーを踊るつもりなどさらさらなかったからである。

ソヴィエト権力は統制を公的生活に限定せず、市民の私生活領域まで遠慮なく侵入することがしばしばあった。一九五一年には、カリーニングラード市ソヴィエトの代議員たちがこの問題について長文の報告書を作成した。そこには次のように述べられていた。

一部の未熟な同志たちは、ドイツ的生活の快適さのなごりを広い意味での文化だと受け止めてしまって、ブルジョア文化の本質と内容を誤解したり、過大評価したり、それに跪拝し始めている場合さえある。しかし、街の外観自体がドイツのブルジョア文化の水準のたいへんな低さを物語っている。陰鬱な色合いで塗装された兵舎型の建物や小箱のような家屋は、ドイツ人市民《ビュルガー》の小市民的で低俗な趣味の特徴をあますところなく描写している。……カリーニングラードの人びとがアパートの自室をなにで飾っているのか、市街地の通りの見た目がどうなっているのか、われわれはけっして無関心ではいられない。しかるに、ソ連国内の他の場所と違ってここカリーニングラードでは、ドイツ人が残した小市民的で宗教的性格さえ帯びた、不出来で俗悪なドイツ風絵画を多くのアパートで見かけるのだ。市内の通りではドイツ語の掲示や看板、レリーフ、格言をいつでも目にすることができる。こんなものは一切合切、われらのソヴィエト都市の通りからずっと以前に取り除かれてしかるべきものだ[20]。

ソヴィエトのもっとも西の辺境になった領土から「プロイセン的精神を追放」して、永久に「ドイツの痕跡を拭い去る」という方針がもっとも盛んに実施されたのは、スターリンの生前のことである。彼の死後、特に一九五六年に第二〇回ソ連共産党大会でスターリン体制が厳しく批判されると、歴史政策はかなり根本的な変化を遂げた。このことがカリーニングラード州にも影響を及ぼさないはずはない。

第IV部

# ポスト・スターリン期のカリーニングラード

# 第11章　ポスト・スターリン期の記憶政治

## フルシチョフの雪解けと新たな路線

歴史政策をめぐる抜本的な変化は、スターリンの死後間もなく、いわゆるフルシチョフの雪解けの時代(一九五六―六四年)に始まったが、これは、体制の自由化と社会生活上の一定の民主化、「鉄のカーテン」の若干の緩和、そして言論や創作の自由の多少の拡大を特徴とした時期だった。

一九五九年、地域史に関する最初の出版物が登場した。六二頁からなるこの小さなパンフレットは『もっとも西』というタイトルで、これは、ソ連全国地図におけるカリーニングラード州の位置を示していた。著者(エネルギヤ・コルガーノヴァ、イヴァン・コルガーノフ夫妻)は、これまでどおり一九四五年を基準年として、戦前の歴史には言及せずに巧みに新しい州の歴史を記述しており、情報も、公式プロパガンダの方針を考慮して取り上げられていた。だがそれにもかかわらず、禁令の壁にひとつ風穴を開くのに成功したのだ。戦後一五年を経てはじめてこのパンフレットは、この地域の住民であったドイツ人とかれらの運命に触れたのである。本文に付された短い注記として、小さめの活字で「終戦後も残留した少数のドイツ人住民のポツダム協定に基づく移住は、一九四八年に完了した(1)」と書かれたのがそれである。

一九六一年には、この地域の建築の見どころを紹介した観光客向けガイドブックが出版され、これも最初に、ドイツの建築物について記載していた(2)。しかし、炯眼《けいがん》なイデオロギー担当職員の目にとまらずに済むわけはなく、人気を博したこの出版物はまもなく各地の公共図書館から撤去されてしまった(3)。

新たな社会的雰囲気のおかげで、カリーニングラード住民、なかでもインテリゲンツィアの多くは、いまはまだ最終的破壊から救えそうな東プロイセンの歴史文化遺産の保存と修復を求めて発言しようという気持ちになった。あれこれの公共建築物や聖堂、記念物の保護を訴える連名のアピールが、州内や中央の新聞に掲載されるようになったのだ。

このような下からの圧力に影響された地元当局は、一九五六年一〇月二二日に「歴史・考古・芸術・建築記念物の登録ならびに保護に関する措置について」という歴史的決議を採択した。これは文化管理局と建設・建築事業部に、「記念物の探索および登録作業に着手し、……カリーニングラード市内では一九五六年一二月一五日、州内の各地区および各市では一九五七年四月一五日までにこの作業を完了させる」ことを義務づけた。同時に、「記念物の保全を確実なものにする措置(保存処理、修理、記念物周辺地域の整備)を立案する」ことが提唱された。決議は各地区の下級権力機関にたいして、「歴史・芸術・建築記念物の解体や破壊を許可しない」よう義務づけた(4)。時を同じくしてカリーニングラードには歴史文化記念物保存協会の地方支部が結成されたが、同協会は、地域における文化遺産保存のあり方を市民社会の側から注視することを目的としたものである。

これらの決定のおかげで、ドイツ的な記念物への態度に転換をはかる道筋が開かれた。州予算からは、修理や修復のための資金が割り当てられるようになった。登録されるべきドイツ的な記念物を記載したリストが多数作られて、技術面での調査・点検と仕様書の作成が進められた。著名な天文学者フリードリヒ・ヴィルヘルム・ベッセルの墓のあった天文台地区には、ケーニヒスベルクの学者用墓地が設けられており、この墓所とともにフランツ・ノイマン〔物理学者〕、ロベルト・カスパリー〔植物学者〕、ユリウス・ルップ〔神学者〕ら大学者の記念像が国家による保護下に置かれることになった。新規リストには、多くの公共建築物や要塞施設、城、教会、橋梁、公園彫刻など、全部で一四件のドイツの芸術記念物と二七件の建築物が記載された。一九五七年一〇月二日付けの州執行委員会の決定で、これらを保存する厳格な管理体制が定められ、保存処理と修復・復元作業が確実に行われることになった。

## ケーニヒスベルク城の運命をめぐる論争と城の破壊

この時期のもっとも目立ったできごとは、一三世紀にチュートン騎士団によって築造され、ケーニヒスベルクの主たる史跡であった王城〔王城という名称がつけられたのは一八世紀で、プロイセン王の戴冠式が行われたことによる〕の行く末をめぐる幅広い社会的論争である。この城塞は、一九四四年のイギリス空軍による空爆と、続く一九四五年四月のソヴィエト軍部隊によるケーニヒスベルク急襲時にひどく損傷させられていた。軍事行動の終結後、当局は威風堂々たるこの建築物を撤去しようとなんども試みた。一九五三年には、まさにスターリンの生涯最後の数日間に、城のなかでももっとも印象深い、九六メートルもあるゴシック様式の塔の部分が、倒壊の危険があるという理由で爆破された。

一九六〇年代前半には、カリーニングラード中心部の総合建設計画問題の検討と関連して、建築専門

図31　ケーニヒスベルク城の遺跡を背に立つソヴィエトの女性移住者，1946年

家のあいだで城をめぐる議論が始まった[5]。王城はドイツ人民の歴史にとどまらず、ロシア国家の活動における重要事件とも関係があると論じて、市内の建築物の基調をなす文化記念物としてこれを保存すべきだと主張したのが、まさに建築家たちだった。特に強調されたのは、城内には「モスクワ・ホール」があり、ピョートル大帝やロシアの外交官、将官、文化人らが訪れたということである。そのうえこの城は、一九四一年から四五年の戦争で、ドイツ・ファシズムにたいして赤軍がおさめた勝利を記憶するためのシンボルの一つにもなりうるものだった。

特に大きな反響を呼んだのが、「歴史のために保存しよう」という表題で、モスクワで発行されている『文学新聞』に掲載されたカリーニングラード世論の連名書簡である。書簡には、地方当局の方針のために「城に破壊のおそれが迫っていて、ごく近いうちに石造りの壁と塔が爆破されるに違いない」と述べられていた。書簡執筆者の意見では、「この街にまたとない独特の風貌を与えてくれる過去何世紀もの建築記念物として、城が建築芸術上の価値を有することは疑いない[6]」のだから、こんなことはけっして許されてはならないはずだ。これら多くの呼びかけはいずれも、ロシア共和国文化省やモスクワ、レニングラード、ウクライナ、リトアニア、ラトヴィア、エストニアの創作者団体から支持されていた。
地域の共産党当局はこれに反論して、このように指摘した。すなわち、城は一貫して「スラヴ人にたいするドイツの攻撃性を体現したもの」であり、ファシスト独裁の時代には「ヒトラー、ヒムラー、ゲーリングらナチ指導者が何度も訪れた」のであり、したがって「城の廃墟を保存することは、成長中の世代の世界観形成に有害である」。同時に党の活動家らが一貫して強調したのは、この城塞の保存処理と修復には莫大な財貨や巨額の資金を要するが、それらは勤労者用住宅建設や市内整備に必要だ、ということである。[7]

図 32　カリーニングラードの城の壁面の一部．「これは私たちのお城．壊さないで！」との落書きがある．1960 年代半ばの写真

一連の行動のなかでもっとも評判を呼んだのは、カリーニングラード高等師範学校の歴史学専攻学生が執筆してソ連共産党中央委員会宛てに送った、城やその他の文化財の保護を求めた書簡である。この呼びかけに応えた署名集めは、カリーニングラード戦後史に例のない市民運動となり、四〇〇〇人以上の学生が署名するとともに、教師の一部も彼らを支持していた。今回は、世論が歴史記念物を破滅から救うのに成功したかのように思われた。

ところが、そのような例を見ない活動は、カリーニングラードにとどまらずモスクワでも当局に不安を抱かせることになった。城の行く末の審議は、突然、中止した。さらに三年が経過して、城は最終的に撤去されてしまった。オーラル・ヒストリーでは、こうなったのは、強大な権力を持つアレクセイ・コスイギン首相のカリーニングラード訪問後のことだ、という証言が残されていた。口承によると、コスイギン首相が城の廃墟を訪れた際に、「みなさんの街の真ん中にあるこれはいったい何なのでしょうか」と案内役の市職員に尋ねたというのである。「城を再建して、郷土博物館を作ることにしています」との返答にコスイギンは、「博物館、いったい何のためにプロイセン軍国主義ですか。こんなものは明日にはなくしてもらわないと」と指摘したというのだ。目撃者らの回想によれば、爆破力はきわめて強く、周辺のまだ無傷の家屋も被害にあったほどだった。しかし、爆破でも目標は達成できず、壁の残った部分は戦車を使って引きずり倒さねばならなかった。(8)

並行して、学生のあいだで連名書簡のとりまとめ役の捜査が進められた。裏で唆《そそのか》したのは、学部長をはじめとした歴史哲学部の一部教師だと認定された。これに続けてロシア共和国教育省は、当地の高等師範学校の「歴史学」専攻で学ぶ学生を募集停止し、歴史学講座の廃止を命じる決定をくだした。もちろん、この決定は公式には別の理由をあげて説明された。今後数年間、州内の学校では歴史教員の需要がない、というのだ。再度、歴史家養成が許可されたのはようやく一〇年後、一九七四年にカリーニングラード大学(高等師範学校の後継機関)で歴史学科の活動が再開された時のことである。

城の行く末をめぐって一九五〇年代から六〇年代に繰り広げられた議論にはじめて注意を向けたドイツ人研究者ベルト・ホッペの意見に賛成すべきだろう。彼はこう書いていたのである。

古ぼけて傷んでしまった石造りの壁にかんする論争は、じつはこの地域のドイツ的歴史への態度にかかわる紛争であり、地域アイデンティティの形成につながりのあるありとあらゆる問題群にそのままかかわっていた⑨。

実際、カリーニングラードでは城をめぐる論争は、自立的な世論形成に向かう道に踏み出す第一歩となった。これらの論争には地域の愛郷精神《パトリオティズム》の芽生えを見て取ることもできるし、カリーニングフードの若者にとっては、ドイツ的な歴史への態度と結びついていた。

## ブレジネフの停滞の時代の記憶政治

この後二〇年間の記憶政治は、矛盾をはらんで展開していった。一方で、一九六四年から八二年までのレオニード・ブレジネフがソ連共産党書記長であった時期の初期には、王城の撤去という目立ったできごとがあったが、これは東プロイセンの文化遺産を物理的に失った最大の事例だと考えられている。州の戦前の歴史を提示することを禁ずる命令も引き続き有効だった。博物館の歴史展示は、「考古学」部門からいきなり第二次世界大戦とカリーニングラード州の社会主義建設史の部門に進んだ。そのなかで唯一の例外は「『イスクラ』紙のレーニン的ルート」というテーマで、これは、革命出版物がボリシェヴィキの手で、東プロイセン領を通ってヨーロッパからロシアまで非合法に送り届けられたことを展示したものである。ソヴィエツク市(旧ティルジット)には、これを目玉にした博物館も開設された。カリーニングラード大学歴史学部には、地域史に関する教授科目がなかった。最初の地域史教科書が出版されたのは一九八四年で、すでにブレジネフ死去後のことである。この薄っぺらなパンフレットでは、従来同様、地域史は一九四五年から始まり、地域のドイツ的過去は申し訳程度に言及されただけだった[10]。歴史学部の学生たちは、アレクサンドロス大王の遠征、メキシコ革命、パリ・コミューン、中国の文化大革命について卒業論文を執筆し、それはそれで良かったのだが、故郷の地域だけは扱うわけにはいかなかった。大学で東プロイセンに関する初めての卒業論文が合格したのは一九九二年、題目は「チュートン騎士団の歴史」だった[11]。子どもたちは、初等学校・中等学校のカリキュラムから自分たちが暮らす街や村、地域の過去について何も知ることができなかった。

注目に値するのは、コルガーノフ夫妻が執筆して一九六七年に出版された、初めてのカリーニングラード・ガイドブックの顛末である[12]。ガイドブックは、カリーニングラードの名所の建築を紹介しており、読者は、一二五五年に街が創建されて以来、東プロイセンの戦前までの歴史の重要な局面をいくつか知ることができた。この本が準備されたのは、城と大聖堂の撤去をめぐる論争が燃え盛り騒然とした雰囲気のなかのことだ。ガイドブックの著者は、まるでこの論争に棹差すかのように、ケーニヒスベルクは何世紀にもわたって「わたしたちの故国の歴史と深く結びついていたのです」と述べて、ロシア人にとってドイツ的記念物のもつ価値を論証していった。一六世紀にモスクワ大公ヴァシリー三世の使節がケーニヒスベルクの城を訪問したこと、この街をピョートル大帝が何度も訪れたことなどが、この本のなかでは語られていた。ケーニヒスベルク史のこのような筋書きは、今日ではまったくありふれて聞こえるが、五〇年前には、当時の人びとから政治的爆弾のように受け止められた。これまで知られることのなかった一九四五年までの故郷の歴史のある一つの層がまるごと、カリーニングラードの人びとに少しとはいえ明かされたのだ。

この本は国家の検閲をうまくすり抜けて五万部もの大量部数が印刷されたのに、販売できたのはわずかにすぎなかった。下からの密告(この本は有害だとする匿名の訴えが届いたということ)により、党の各級機関がハッとさせられたというわけだ(モスクワからの否定的反応と「ドイツ化」という非難にびっくり仰天したのである)。まずは全点没収され、続いて廃棄された。この本がカリーニングラード社会に広く知られることはなく、このユニークな出版物は、今では二冊が保存されているだけである。

東プロイセンについての「合法的」な独自の学問分野になったのがカント哲学の歴史である。一九七四年、カリーニングラード大学ではイマヌエル・カントの著作を論ずる会議が開催され、モスクワやレニングラード、キエフなどソ連国内各都市から有力な哲学者たちが参加した。会議にあわせて、学内にカント資料室が開設された。これはまもなく、この大哲学者だけではなく、大学とケーニヒスベルクの歴史に関する情報を保存する中心になった。カントの著作を収めた世界の多くの言語による書物が収集され、ドイツの大学者たちの肖像画や、ケーニヒスベルクに暮らす人びとの日常生活も含めて、カントの時代に関する多種多様な展示品が陳列された。実質的に、これははじめての郷土史博物館となったのだ。一九七七年には、ソヴィエトの著名な哲学者であるアルセニイ・グルィガがカントの伝記を出版した。この本は、カリーニングラードの教養人ならだれもが蔵書中に持っていた。関心を集めたのは、ケーニヒスベルク史の概略を記した第一章である。長年にわたってこの書物は、関心を抱いた読者が街の過去について知識を得るための主たる情報源の役割を果たしたのだ⑬。

公式の禁令を避けて通るもう一つの方途は、ファシズム犯罪の暴露という文脈で東プロイセンの過去を扱うことだった。レニングラード郊外のエカテリーナ宮殿にあった、かの有名な「琥珀《こはく》の間」の運命の物語がそうした機会を与えてくれた。これはヒトラーの将兵らによって窃取《せっしゅ》されてケーニヒスベルクに運び込まれ、戦時中は王城内に展示されていたのだが、一九四五年四月には跡形もなく消えてしまっていた。「琥珀の間」が作られ探索されてきた歴史は、多くのルポルタージュや芸術作品に取り上げられ、ケーニヒスベルクと東プロイセンの過去について情報を記述する機会を提供してくれたのだ。

一九七〇年代から八〇年代には、一連の記念碑的な建築物を修復する努力が重ねられ、それ以来、これらがカリーニングラードの街を美しく飾っている。なかでも特筆すべきなのはドーナの塔で、これは一九世紀半ばのケーニヒスベルク防衛施設群に組み込まれたものである。一九七九年には、今日、地域でもっとも人気を集めている琥珀博物館がこのなかに開設された。一九〇七年に建築家のフリードリヒ・ハイトマンが建設したカトリックの聖家族教会には交響楽団のコンサートホールが設けられた(一九八〇年)。同じく彼の設計で建設されたプロイセン王妃ルイーザ教会では、子ども人形劇場が活動を始めた(一九七六年)。同年にはケーニヒスベルク大聖堂を修復する最初の試みも着工したのだが、これは準備不足で失敗してしまった。作業中に大聖堂北塔の壁面にある三角形の切り妻がひどく傷んでしまったのである。成功したものも失敗したものもあるとはいえ、これらの事例はいずれも、イデオロギー的な妨害や方針にもかかわらず、カリーニングラードの人びとが東プロイセンの歴史文化遺産をしだいにわがものとし、それらを価値あるものとして捉えはじめたことを示している。

この時期、全国民的な歴史の語りでは、第二次世界大戦におけるソヴィエト人民の勝利にますます大きな位置づけが与えられるようになっていた。これと関連してブレジネフの導入した新しい儀式や共同想起《コメモレーション》の実践(14)は、まさにカリーニングラード州にうってつけだった。東プロイセン「奪還」をめざした赤軍の闘いと、一九四五年のソヴィエト兵によるカリーニングラード急襲は、たんに地域史の軸をなすできごとと見なされたのにとどまらず、ソヴィエトの新しい州の「創設神話」の土台に据えられた。一九四五年は、「記憶の場」（ピエール・ノラ）として解釈されるようになったのである。この新たな路線は、ファシズムへの勝利と戦死したソヴィエト将兵に捧げられた多数の軍事記念物やメモリアルがこの地域に設けられたところに現れていた。現在、州内にはその種のものが二二〇あり、これには兵士の埋葬地にある一六一のメモリアルと、個々の将官や英雄、軍事功労者を称える五九の記念物が含まれている。カリーニングラード市では、先の戦争に関する記憶のメモリアル化が頂点をきわめて、現在、市内には第二次世界大戦の記憶のメモリアルが四八カ所あり、[15]（面積と人口を考慮するならば）これはロシアと旧ソ連全域にある他のどの都市よりも多い。

それでもなお、過ぎた戦争における勝利を記念するプロパガンダと戦争以前の過去への禁令によって、カリーニングラードの人びとの歴史記憶の内容が限られてしまうことはなかった。地域の過去を自主的に探求する郷土研究愛好家の試みや、広く見られたドイツ語古書・文書・物品のコレクション、戦前の記念物や記念すべき場所、特に一八世紀から二〇世紀初頭の東プロイセン領におけるロシアの軍事的勝利にかかわる事物を保存しようと訴える声が、そのことを証明している。

たとえば一九八〇年にはカリーニングラードの作家グループが、第一次世界大戦時に東プロイセン領内で戦死した三万二〇〇〇人のロシア人将兵の記憶を永久に忘れぬようにしようと発意した。英雄たちのパンテオンをカリーニングラード市中心部に建設して、ここに州内全域からロシア人兵士の遺骸を改葬しようという提案がなされたのだ。しかし、この提案は当局の理解を得られなかった。一九一四―一八年の戦争は、ソヴィエト時代には公式のイデオロギー的言説の外にあり、「忘れられた戦争」だった。だからこそ、一九九〇年代まで、過去何世紀ものロシア人将兵の墓地を世話したのは個々の郷土研究家や熱心な人たちに限られ、政府からの支援はなかったのだ。

## 大聖堂

戦後初期、ケーニヒスベルク大聖堂の存在自体が脅威にさらされたが、その理由は、空爆や砲撃で被害を受けた他のあらゆる建物と同じく、大聖堂もただの「廃墟」や「瓦礫の山」であり、片付けてしかるべきだということである。そうすると、カントの墓も撤去しなければならないが、さすがにこれはだれも決断できなかったので、事態は進まなかった。フルシチョフの雪解けが始まるとようやく一九五八年に州文化管理局が、国家の保護する記念建築物リストに大聖堂を含めようと提案した。大聖堂の地位にかんする問題は、一九六〇年八月三〇日のロシア共和国閣僚会議決定で決着し、大聖堂は共和国レベルの意義を有する記念物に認定された。同年には、大聖堂の調査・修復作業用資金が割り当てられた。技術面の状態は、「破壊されていて壁だけが残っている」[16]と、ごく手短に述べられていた。

もっと徹底した大聖堂の調査が行われたのは一九六四年、ロシア共和国文化省の建築家委員会によるものであり、報告書には次のように述べられていた。

大聖堂は、戦闘時にひどい被害を受けた。……戦後も損壊が続いており、現時点では、技術的状態はきわめて深刻で、場所によっては急を要すると評さなければならない。この記念建造物は一刻の猶予もなく保全・修復作業が必要である。……カントの墓は満足のいく状態にある。プリズム状をした墓石の上面がわずかに割れている。……聖堂周辺の敷地は緑化され、通路や歩道はアスファルトで舗装されている。聖堂内部は、積もった瓦礫が一部片付けられずに残っており、まったく整備されていない。(17)

一九六〇年代前半にカリーニングラード社会では、「中之島」地区(ドイツ語ではクナイプホフ地区、現在はカント島と改称)の今後の利用に関する議論が始まった。カリーニングラードの建築家たちは、島に新たな公園を作って大聖堂を記念建築物として保存しようと発言した。市民のための緑化休養地として公園を造るというアイデアは多くの人びとの胸にストンと落ち、そのことは『カリーニングラード・プラウダ』紙に届いた勤労者の手紙が示している。実際、大聖堂の廃墟については、いろいろな意見が表明された。たとえば、人気だったのは、廃墟をスポーツ・クラブ用建物に建て替えるというアイデアである。

一九六七―六八年は、大聖堂の戦後史上もっとも決定的な年になった。このとき、戦後もわずかに残されていたドイツの歴史文化記念物にたいして、党のイデオローグや地方当局からの攻撃が始まったのである。このキャンペーンがもたらした結果のなかでもっとも病的だったのはケーニヒスベルク城の廃墟の撤去だが、これについてはすでに述べた。矛先は大聖堂にも向けられた。ソ連共産党カリーニングラード市委員会が、一九四五年のケーニヒスベルク急襲で戦死したソヴィエト軍人の遺骨を、市内全域に散らばった数十カ所の集合墓地からカント島に改葬して、大祖国戦争の英雄のパンテオンを建設しようと提唱したのである。同時に当局は、三六件ある戦前の歴史文化記念物（七カ所の十字軍の城、一九世紀の要塞、大聖堂を含む複数の教会や非宗教建築の建物）を、「芸術的価値がない、あるいは再建するのに値しない」として、国家登録からはずすようロシア共和国政府に具申した。カントの墓は「別の場所に」移転することが計画された⑱。

しかし、カリーニングラードのインテリゲンツィアのなかには大聖堂を擁護する人びとが少なくなく、かれらは、記念建築物の保護を求める強力な対抗キャンペーンを組織して広めるのに成功した。各種の教育機関や文化機関、創作家団体に加わった人びとが協調して活動を進めたことは疑いない。最初に声をあげたのはカリーニングラード大学学長のニコライ・プリクラードフであり、大聖堂の建物を大学に移管して、図書館と天文台をそのなかに設置するように提案したのだ。これを受けて、カリーニングラードの作家や画家、学芸員などのインテリゲンツィアから州や連邦の当局に宛てて、大学の提案を支持して大聖堂の破壊に反対する、理路整然として熱い思いのこもった申入れがいくつも送られた。建築家たちは無報酬で、大聖堂の修復設計図を作成した。

カリーニングラードのインテリゲンツィアの足並み揃った活動は、党官僚を狼狽《うろた》えさせるものだった。加えて、モスクワから思いがけない助け舟が寄せられた。モスクワでは、ロシア共和国文化省がカリーニングラードの論争に詳しく通じていたということなのだろう。モスクワの専門家がこぞって、大聖堂を貴重な歴史記念物として保存するよう声をあげたのだ。

そうはいっても、地方当局のドイツの記念物への態度が一変したわけではないし、公式プロパガンダでは、これまで通り、「暗く」「恐ろしい」過去と連想させられていた。それどころか、一九七二年には

図 33　(左)1980 年代のカリーニングラードにおける大聖堂廃墟，(右)再建された大聖堂の 2016 年の様子

州当局がまたもや、大聖堂から文化記念物としての地位を剝奪するよう求めるおきまりの（そして最後の）具申を政府に送付したのだが、幸い、モスクワはこれを再度却下した。

一九八〇年代には、大聖堂の廃墟の活用法を見出す試みがもう一度なされた。野外劇場の建設計画である。しかしこの計画は資金不足と、まもなく始まったペレストロイカのために実現しなかった。完全修復して大聖堂を復活させるアイデアが登場して実現されたのは、まさにこの頃のことだ。ロシアの建築家や建設技術者の手で大規模な作業が行われ、これにはロシア、ポーランド、リトアニア、ドイツからも専門家が参加した。一九九八年には甦った聖堂の内部に博物館が開設されたとはいえ、現在も修復作業は続いている。王城が取り壊されてなくなってしまった以上、いまや大聖堂が、カリーニングラードの建築のなかでも主たる象徴になったというわけだ。

# 第12章　ペレストロイカとその後
## ——カリーニングラードの開放

ソヴィエトの最高指導者が相次いで亡くなった後（ブレジネフが一九八二年、アンドロポフが一九八四年、チェルネンコが一九八五年）、一九八〇年代後半に共産党書記長に選出されたのはミハイル・ゴルバチョフである。彼はペレストロイカの政策、つまり実生活上のあらゆる分野における大改革に着手することを宣言した。社会生活ではグラスノスチをめざす路線が採用されてマスメディアへの検閲が緩和され、これまで沈黙させられてきた事柄について、議論を封じてきた禁令が撤廃された。最初にグラスノスチの対象になったのは国民の歴史であり、多くのドグマや歪曲をそこから取り除かなければならなかった。公共的な議論の中心となったのはスターリンによる抑圧の問題であり、何百万人にものぼる犠牲者の名誉回復だった。

ソ連史やソヴィエト体制への態度にかかわる歴史的テーマを扱う社会・政治評論は、読書する公衆からもっとも求められるジャンルになった。リベラル系の新聞雑誌の発行部数はたびたび引き上げられたが、そこでのスローガンは、「歴史に空白があってはならない」という言葉で表現された。だれもがみな歴史に熱中したこの状況が、カリーニングラード州を避けて通ることは考えられなかった。実際、ここで「空白」として理解されたのは、スターリン体制の犯罪についての歪曲ないし意図的に隠蔽された事実にとどまるわけではなく、地域的特質、すなわちこれまで禁じられてきたドイツ的な歴史もそこに含まれた。まさにドイツ的過去と東プロイセンの歴史文化遺産にたいしてカリーニングラードの人びとの取るべき態度が、ペレストロイカ期の社会的討論の中心に躍り出たのである。

### 「首都への公開書簡」

カリーニングラードで新路線への転換が始まり、地域の過去の問題が公共の場で議論されるようになった日付は、正確に示すことができる。一九八八年四月二三日である。この日、カリーニングラードの画家で作家のヴァジム・フラッパが執筆し、しばしば手渡しで広められた「首都への公開書簡」が、州の青年紙『カリーニングラード・コムソモーレッツ』に掲載されたのである。事実上これは、地域史への新たなアプローチを宣言したマニフェストだった。この文章は、カリーニングラードの人びとの特殊性・独自性を強調する「われわれ、人民《ナ》／国民《ロー》／民族《ド》」という多義的で意味深長なタイトルをつけて掲載されたのだ。[1]

筆者はこの書簡を、「わたしたちの街は、縁もゆかりもない人物の名前で呼ばれている」という言葉から始めた。だが、街の住民には誇るべきものがある。ケーニヒスベルクは偉大な哲学者や詩人、天文学者、数学者を世界に送り出してきたし、この地の大学はモスクワ大学より二〇〇年も古いのだ。さらに筆者は、これまで書かれることも語られることもなかった地域の自然と人の手になる名所を、印象深い一覧の形で列挙していった。

郷土博物館では街の歴史が一九四六年から始まっている。ドイツ的な記念物についての知識は、非合法の地下道を通して手に入れるしかない。そうすると君は、かつてこの街の市民だった人のなかに、世界中で知られた名前を見つけてびっくりすることだろう。君の眼の前で撤去された建物のなかに、世界的に認められた文化財があったことに気づくだろう。頭部をもぎ取られてだれも要らなくなったレリーフのなかに、大政治家を発見するだろう。……なんということだろうか。ここは一体どこなのだ。本当にこれが私の街なのか。いつ、どこでも、そんなことは言及されはしない。何もかも、懸命に地面から消し去られている。そして、それは今も続いている。

この街の瓦葺屋根の下で生まれたソヴィエト移住者の子孫は、戦前のドイツ文化の相続人であり、失われた文明の保管係なのだと筆者は記す。

筆者は、旧東プロイセンの地に、新たな歴史共同体が出現しているとも書いている。

でも、わたしたちがいるじゃないか。わたしたち移住者の子孫は、瓦葺の屋根の下に生まれ、ゴシック様式のアーチの下で歩きはじめ、子ども時代は、近くにあってまだ崩れていない要塞や城の地下室にもぐり込んだものだ。わたしたちは、食器や戦前のロマンチックな街並みの写真を、消え去った文明の聖遺物のように保存している。……わたしたちは、学校の机のなかに鋳鉄製のケーニヒスベルクの紋章が見つかったとか、路面電車のガラス窓にゴシック体の「K」という文字を王冠付きで金釘流に刻んだとかといっては、罰せられてきた。でも、わたしたちがいる。わたしたちの記[*1]

憶を切り取ってしまうことはできないし、禁止することもできないのだ。

彼が語った考えは、かつてプロイセンであった土地に「東西の交わる新たな文化」が登場しているということであり、カリーニングラードの人びとは、「首都から隔絶されたこの一片の土地、つまり大国の辺境に暮らす小さな民族《ナロード》」だということである。

ヴァジム・フラッパの熱のこもった訴えは、カリーニングラードのインテリゲンツィアの耳に届いて、支持を得ることになった。新聞には多くの反響が寄せられた。否定的評価もあったとはいえ、支持する声がますます大きくなっていった(「いつまで黙っていられるでしょうか」「わたしたちの地域の歴史を知る人が少なすぎる」)。もっと後になると、「首都への手紙」に書かれたアイデアは、地元の急進主義的な人びとの一部で、「独特のカリーニングラード・ネイション」だの、ロシア人とは違う「カリーニングラード・エトノス」だのが存在するという、極端で学術的にはばかばかしい解釈のかたちを取るようになった(2)。こうした考え方が、カリーニングラードの人びとに支持されることはなかった。

**カリーニングラードからケーニヒスベルクへ、そして復路**

もう一人、カリーニングラードの作家であるユーリー・イヴァノーフは、カリーニングラード問題を全連邦レベルの公の場で発言するようになった最初の例である。一九八九年、彼は、八〇〇万部以上の発行部数を持つモスクワの新聞『イズヴェスチヤ』紙に、「カリーニングラードからケーニヒスベルクへの旅と復路」という大部の論稿を発表したのだが、その趣旨はドイツの遺産を無視してはならないという点にあった。その論稿は、著者とドイツ連邦共和国〔西ドイツ〕のドイツ人との想像上の対話の形で構成されており、そのドイツ人は、カリーニングラードのかつて自分の家があった住所に手紙を送り、「あなたはどんな権利があって私の家、私の街に住んでいるのですか」と尋ねた、という設定である。このような問いが、ソヴィエトの新聞雑誌に公然と掲載されるのは初めてだった。

この問いへの返事は完全にお決まりのものだった。作家は、架空の文通相手であるドイツ人に、ナチズムの犯罪や、東プロイセンのドイツからの分離も含めて、第二次世界大戦の帰結が合法的であることを想起させた。だが、イヴァノーフはもっと先に進んで、カリーニングラードの過去と未来という、ソヴィエト連邦の人びとが漠然としたイメージしか抱いていない問題に話題を移した。彼は自分たちの土地を、ここに存在した古代の文化の事実上の後継者だと書いたのである。

カリーニングラードの新しい世代の心とかれらの眼は、真に素晴らしい過去の遺産に開かれているし、彼らには、いまなお尽きることのない、このうえなく貴重なその精神と物質文化の遺産を学んで吸収する心意気がある。暮らしている環境のエコロジー、そしてお望みとあらば、人間的精神のエコロジーといっても良いのだが、これらは、人が自分の暮らす場所と一つにならないことには、ありえない。[3]

作家であるイヴァノーフは、地元の新聞や雑誌に多数の論考を発表し、テレビの地方局で歴史に関する放送を行い、ドイツの社会団体や慈善団体とつながりをつけるために、まるで嵐のような活動を繰り広げた。一九九〇年には彼のイニシアティヴで、政府から独立した初の新聞『ケーニヒスベルク・クーリエ』が登記されて発刊されたのだが、これはこの街のドイツ的過去の資料を掲載することに特化したものだった。

総じて、一九八〇年代末以降ほぼ毎日のように、カリーニングラードの人びとにとって自分たちの小さな故郷を発見し認識する新たな一歩を意味するようなできごとが起こっていた。たとえば、ドイツのドキュメンタリー映画製作者の一団が訪問して、カリーニングラードに残るドイツの痕跡について撮影した映画を、地元テレビで放送したことがあった。ドイツの骨董品や古本の初めてのオークションも開かれた。これまでもドイツの古物市場は存在してはいたが、ずっと非合法だったのだ。カリーニングラード大学では、『実践理性批判』刊行二〇〇周年を記念して、「カント読書会」という大規模な会議が開催され、読書会の場ではカント協会が創設された。国立カリーニングラード州アーカイヴは、それまで秘密扱いだった戦後初期の所蔵資料を公開すると発表し、これには地元に残留したドイツ人住民の生活にかんするものも含まれた。文化財団カリーニングラード支部に付設して、ドイツ歴史文化協会も結成された。地域の過去を扱った『古き街並み』というカレンダーが発行されて、これにはドイツの建築記念物を撮った戦前の写真が掲載されたし、美術館では、ドイツの個人所蔵コレクションをもとに、「古きケーニヒスベルク」という展覧会が開かれた。

論争のひとつの的になったのは、改称であった。カリーニングラード市ソヴィエトは、スターリンの側近であったジダーノフの名を冠した通りの名称を、ドイツの作曲家ブラームスに因んだものに変更し、博物館通りはケーニヒスベルクの天文学者であったベッセルの名前で呼ぶことを決定した（真相は旧称の復活で、一九四五年までそう呼ばれていたのだ）。その後、スターリンの手下たちの名前が州内全域で通りや広場から消え去り、コルホーズや企業、各種施設の場合も同様だった。だが、もっとも差し迫っていたのは、州の中核都市の名称問題だった。

一見したところ、この件の原則にかかわる決定はモスクワで行われていた。極秘扱いの一九八八年一二月二五日付「スターリンの抑圧に関するソ連共産党政治局調査委員会報告」でミハイル・カリーニンは、抑圧措置遂行に関与して不法行為と大量テロルの実行を黙認したソヴィエト指導者の中心的な一人として名指しされていた。委員会の結論は、スターリンと側近の名前を都市や村落、通り、企業などにつけた命令や決定を全廃するというものだった[4]。その後一―二年で、全国の三つの都市、数十の村落、数百の広場と通りからカリーニンの名が取り払われ、手付かずで残ったのは、バルト海沿岸地方のカリーニングラード市だけだった。

そうしたなか、カリーニングラード住民の意見は割れた。年長世代の人びとは現在の名称を維持することに賛成していた。創作的な職業の人びとや若者は、創建時に付けられたケーニヒスベルクという名称を街に取り戻そうという意見だった。最後に、多くの人が、対立する二案をともに退けて、新たな名称を付けようと呼びかけていた。もっとも魅力があったのはコロレヴェツ（「王の都市」という意味）という名称で、これは、一六―一八世紀にロシアで、ケーニヒスベルクを指して用いられたものである。プリモルスク（沿海）やバルチモル（バルトの海）という案には「海の」という意味がある程度込められていた。ルーシの公やツァーリ、あるいは将軍たちにちなんだ名称（ペトログラード、スヴォーロフ、アレクサンドル・ネフスキー公を称えるアルネフスク）[*2]を提案する人もいた。人気を博したのはカントの名前をつける案で、カントグラード、カントフスク、イマヌイリスクである。同じく、多少月並みだが、スラヴャンスク（スラヴの）、スラヴャノグラード（スラヴの街）、ペレヤスラヴリ・プルスキー（プロイセンのペレヤスラヴリ）、ロシスク・ザパドヌィ（西ロシア）などがあった。

一九九一年三月に市ソヴィエトは、市民対象の住民投票実施にかんする問題を審議したが、そこで提案されたのは「カリーニングラード市の名称を変える必要があると考えますか」と問うかどうかだった。審議の結果、代議員七人が住民投票に賛成、四人が反対、一人が棄権だった。しかし、最終局面で数人の代議員が採決に加わるのを拒否したため、定足数に満たないとして決定はされなかった。経済状況が悪化するなかでしだいに、カリーニングラード改称問題は緊急性を失っていった。

### カリーニングラードの開放

一九九〇年七月五日、カリーニングラード市ソヴィエトは市を外国人に開放するという歴史的決定を下した。この決定はより上位の権力機関にとってまったく予期せぬものであり、国防省や国家保安委員会の代表者らは、採択された決定に不満を表明していた。さらに実際のところ、州の領域は引き続き閉鎖されたままだったのだから、そのような決定を即座に実行するのは不可能だっただろう。国外からの訪問者がどうやって州都に入れるのか、はっきりしなかったのだ。この決定を時期尚早だと考える者も多かったし、正統性もなかったとはいえ（都市の地位や境界線の問題は、最高会議の権限に属していた）、市ソヴィエトの決定は多大の反響を呼んだ。州を取り巻く「鉄のカーテン」の撤去を加速させたのである。翌年からは、外国人への障壁がしだいに取り除かれるようになり、外国人にカリーニングラード市と州内の一連の都市や保養地を訪問する機会が開かれた。ただし、それ以前から公式の外国代表団が訪問しはじめていた。最初の一つは、すでに一九六七年に創設されていた日本のソ連東欧貿易会（現ロシアNIS貿易会）の代表団である。ソ連東欧経済研究所長を団長としたこの代表団は、一九九〇年九月七日から九日にかけてカリーニングラードに滞在した。代表団メンバーには三菱や伊藤忠などの大企業や大銀行の代表が参加していた。代表団はバルト海の港や大企業を訪問したり、州幹部と面会して経済協力の発展について意見を交わしたりした。

とはいえ、外国人でもっとも多かったのは、もちろん、ドイツから来た人びとである。初期にやって来たドイツ人は、ただ人道支援の案内役として来ただけだった。カリーニングラード住民のためにドイツ連邦共和国の市民の寄付金と一緒に寄せられた最初の積み荷が、一九九〇年一二月九日に到着した。一九九一年二月にはクラスノズナメンスクに、旧東プロイセン生まれの人びととその子孫を糾合したドイツ人同郷会「シュロスベルク」の人びとが初めて到着した。以来、現在にいたるまで、毎年ドイツ人とこの地域の住民の相互訪問が行われている。最後に、同年四月二八日にはハンブルクから初の団体観光客が訪れた。これ以降、毎年約五万人のドイツ人が海路や空路やバスでカリーニングラードにやって来た。鉄道への需要もたいへん大きいことがわかったので、まもなく、約五〇年の中断を経て再びベルリンからカリーニングラード／ケーニヒスベルクへの鉄道路線が開かれることになった。ドイツの新聞はこのニュースを、一九四五年以来ベルリン駅に掲げられていた「ベルリン―ケーニヒスベルク便一時廃止」という標示札の写真つきで掲載した。

この巨大な人の流れを形作ったのはいわゆる「ノスタルジア・ツーリスト」、つまり旧東プロイセン領内で生まれたドイツ市民である。ノスタルジア・ツーリズムは、カリーニングラード州とポーランドやリトアニアの国境付近の地区に共通してみられた現象だった。この流れはいまも続いていて、地域の観光業に少なからぬ収入をもたらしてくれている。ようやく二〇〇〇年代初頭以降、東プロイセン生まれがおのずと減少し、その子や孫、さらに自国史に関心を持つただひたすら勉強好きのドイツ人にどんどん入れ代わっている。

ドイツ人がかつての故郷に戻った際に受けた印象は、「失われた約束の地」への苦い思いに染めあげられている場合が多い。ドイツの著名な政治学者であるディートマル・アルブレヒトは自著『サルマチアへの道』(一九九五年、サルマチアは東プロイセンの古称)のなかでそうした気分を映し出していた。日誌の中で彼は、二〇世紀末のカリーニングラードをこんなふうに、かなり陰鬱なものとして描いていた。

どちら側からカリーニングラードに来たにせよ、……いたるところで現実がわたしたちの夢を打ち砕いてしまう。貧相な農場、物置小屋、教会の廃墟、古びた建物のある畑地、街にいたる道は雑草が生い茂り、しかも無秩序に建てられた住居のあいだを曲がりくねって通っていて、穴ぼこだらけの悪路だ。だが、こんな場所でもなんとか人が住むことができるらしい。この都市には四〇万人がいるという。(5)

もっと違った反応をしたものもあって、その場合はカリーニングラードが中立的に、場所によっては共感的に描かれていて、執筆者たちが関心を抱いているのは街の住民であり、彼らのことを理解したいの

だということがよくわかる。⑹

　ドイツから来た旅行者との出会いは、カリーニングラードの人びとにとっても事件だった。彼らは、かつての故郷の痕跡を探しにやってきた年老いた人びとの感動的で時には恐ろしいほどの物語を耳にすることになったのだ。この非公式の接触のおかげでカリーニングラードの多くの人びとは、自分たちの地域にこれまでとは違った目の向け方をせずにはおられなくなった。この土地はかつてドイツ人のものだったという抽象的な知識が、突然、目に見えて確証されたというわけだ。戦争以前もこの土地にはたいへん活気のある、ありのままの生活が存在していて、発展していたということをロシア人は理解するようになった。新住民の大半にとって新たな故郷の歴史は一九四五年の戦勝を祝う号砲から始まったのだが、その故郷が突然、過去を見つけたのである。地域社会にとってこの出会いは、ドイツ的な文化遺産への態度や、全ヨーロッパ的で全人類的な財としてこれを学び保存し発展させる必要性について議論する、もう一つのきっかけになった。

　カリーニングラードの開放にはさらに別の側面があって、州の対外関係の著しい拡大をもたらした。これを促したのは、初期(一九九一―二〇〇三年)には、州の住民が隣接諸国へのヴィザなし旅行の制度を活用できたということである。カリーニングラードには、諸外国の外交代表部も戻ってきた。ポーランド、リトアニア、ドイツの領事館と、バルト地域各国の各種交易団体や社会団体の代表部が開設されたのである。しかし、北大西洋条約機構(NATO)と欧州連合(EU)が東方に拡大するなかで、カリーニングラードの人びとは新たな地政学的状況のもたらす好ましからぬ結果も感じるようになった。この州は、祖国の本土部分から孤立し、EUの単一空間内に置かれた飛び地となってしまったのだ。ポーラン

図 34　大聖堂と「街の魂」イマヌエル・カントを描いたカリーニングラードの通りの落書き，2012 年

ド、リトアニア、ラトヴィアの当局はあいついで、ロシア人がロシア本土にむけて自国領を自由に通行するのを制限しはじめた。ロシア人向けに、当初はこれら諸国の一国ヴィザが導入され、その後は共通のシェンゲン・ヴィザが採用された。

外の世界との人的接触がかつてなく拡大したのも、開放政策の結果である。ドイツの社会団体や教育・文化基金が、ロシア＝ドイツ間の共同人文プロジェクトに積極的に資金提供するようになった。何千何万もの人びとがビジネスや学問、芸術、教育、スポーツ分野の交流に参加した。これは特に生徒や学生に関わりが深く、彼らは早い時期からヨーロッパ諸国の同世代の人びとと知りあって、外国語を積極的に学んでヨーロッパの大学で高等教育を受けることを目指したし、自分の人生の戦略を西で働く機会に結びつけることも稀ではなかった。

ソ連の解体によってもたらされた地政学上の激変のために、ロシア・ドイツ人というもう一つの問題も持ち上がった。一九三九年の人口調査によれば、戦前のソ連領内には、ロシア化した移民の子孫であるドイツ人が一四〇万人以上暮らしており、ヴォルガ・ドイツ人自治共和国が存在した。一九四一年にドイツとの戦争が始まると、スターリンの命令によりドイツ人の自治は廃止され、続いて、ヨーロッパ・ロシア地域から中央アジアやシベリアへのドイツ人の全面的な強制移住が行われた。ペレストロイカ期には、ロシア・ドイツ人による自発的で大規模なドイツへの帰還が始まり、毎年五万人から二〇万人のドイツ人とその家族が出国した。ドイツ人の一部はドイツへの途上でカリーニングラード州に定住することになった。一九九〇年までは当地のロシア・ドイツ人の数は一三〇〇人を超えることはなかったが、一九九七年にはすでに五四〇〇人を数えた。

こうした状況のなかで一部のドイツ人エリートが、カリーニングラード州内にドイツ人自治共和国を創設してロシア連邦の構成単位とすることを提案しはじめた。このアイデアは、ジャーナリストのクルトヴィドマイヤーをはじめとしたソヴィエト・ドイツ人の新聞『新生活《ノイエス・レーベン》』の記者たちによって推進され[7]、ドイツの一部の政治家にも支持されていた。提案を実現するために、一九九一年には彼を支持する人びとによって、「バルト連盟」という独自の組織が結成された。ドイツ人たちは、「カリーニングラードという選択肢」の理由を次のように説明していた。すなわち、かつてあった場所(ヴォルガ川沿岸)にドイツ人共和国を復興しても、「歴史的故郷《ファーターラント》」へのソヴィエト・ドイツ人の大量移住の波は止められないが、もともとドイツの一つの州であったカリーニングラード州はみごとな妥協点で、ロシアにもドイツにも同時に住むようなものだ、というのである。しかし、このアイデアはカリーニングラードのコミュニティからも、モスクワの中央権力からも支持を得られなかった。政治学者たちの意見では、このアイデアは、ロシア領であるカリーニングラード州の未来にとってははなはだ危険なものだった。最終的にこれは実現されなかった。

開放政策とグラスノスチの表れとして意義深かったことのひとつに、西ドイツ領内からロシア語で放送される西側ラジオ局(「ドイツの波」「自由」など)にたいする放送妨害が停止されたことがある。西側ラジオ局の周波数帯への妨害電波を発射する数十の妨害施設、つまり専用ラジオ局が置かれていたのが、まさにカリーニングラード州だったのである。だが、カリーニングラード住民がよく思い出したのは、もっと別の象徴的なできごとである。一九九〇年一〇月二八日、州の新聞『カリーニングラード・プラウダ』がはじめてポーランドのテレビ局の番組表を掲載したのである。ここで説明しておく必要があるだろうが、ソ連の同胞たちと違ってこの州の住民は、一九七〇年代以降、ポーランドのテレビ放送を見ることができたのである。カリーニングラードの住宅の多くの屋根には、南向きでポーランドの至近のテレビ塔を向いた長いアンテナが取り付けられており、この書物の著者の家も例外ではなかった。地元市場では、手作りのテレビ信号増幅装置を安価で買うことができた。ポーランドは社会主義陣営に加わっていたものの、テレビ放送はソヴィエトとは驚くほど異なっていた。西側の映画や、外国のポピュラー歌手やバンドの公演が放送されていたのだ。地元民がポーランドのテレビに夢中になることに党幹部はきわめて否定的な態度だったが、この情熱をねじ伏せることはできなかった。外国のテレビ番組表の公表もまた、カリーニングラードが新たに外の世界に開放されたことの証拠だったのだ。

## 取り戻される歴史

一九八〇年代後半のゴルバチョフのペレストロイカ、イデオロギー的ドグマの弱まり、カリーニングラード州におけるグラスノスチ政策の開始、こうしたことと一体的に、戦前の地域の歴史への禁令が解除されることになった。いつものことながら、先陣を切ったのは、非公式の団体を結成しはじめた個々の熱心な人びとである。この時、「復活《ルネサンス》」「古い都市」「プロイセン・クラブ」などの歴史団体が生まれたのである。コンピュータやタイプライターで製版した自主出版の雑誌や新聞も登場した。

『大聖堂』（一九八九年）というタイトルの手作り文集の表紙には、旧大聖堂のロマンチックな廃墟と、撤去された城跡に建てられ人びとから「コンクリート・モンスター」と命名された新しい「ソヴィエト会館」という、市内にある二つのシンボル的な建物の図像が向かい合わせで載っていた。文集には東プロイセン史の概説が掲載されており、カリーニングラードからのドイツ人追放についての情報もはじめて含まれた。これは、地域史上の困難な問題には沈黙するというソヴィエト的慣行と手を切ることを意味したものだ。

ペレストロイカ期にもっとも名の知られた非公式団体「連帯」の活動も少なからず関心を呼んだが、これは一九八八年に誕生したもので、名称の点でも一九八〇—八一年のポーランドの反政府運動「連帯」の経験に依拠していた。会員には学生、労働者など多様な社会層の人びとが加わった。この団体は討論の場や集会を組織し、ビラの配布を行い、小型オフセット印刷の新聞『連帯通信』を発行した。これには、東プロイセンを「ファシズムと軍国主義の巣窟」とみなすステレオタイプを覆す記事が掲載され、ドイツの建築記念物の写真も公開された。綱領（一九九〇年）によればこの団体は、人民の文化財を保護し、歴史記念物や建築記念物の大規模破壊を中止し、街と通りと広場を（ドイツ的な）旧称に戻すことなどを政府に要求していた⑧。

カリーニングラード大学では地域史がカリキュラムに戻ってきたし、一九九二年にはバルト地方史講座が開設されて、東プロイセンとカリーニングラード州の歴史について体系的な研究を行い、地域研究分野を専門とする歴史家を養成するようになった。地域史が学会やセミナーでテーマとして取り上げられるようになり、ケーニヒスベルクと東プロイセンの過去について少なくない数の歴史研究が現れた。

ロシア語で初めてのケーニヒスベルク史の書物を執筆したのは、一九九〇年に創設された非公式の郷土研究者クラブの会員である。五年後には、地元大学出身のプロの歴史家たちが、この地域の戦前の過去について包括的に扱う労作を準備した。[9] 一九九〇年代初頭以降、古代から現代までの地域史が学校で補助的な任意科目として教えられるようになった。二〇〇七年には、地域内のすべての学校で「西ロシアの歴史」という名称の必修科目が導入された。この科目の履修には六年間が割り当てられ、そのうち四年間(四―九年生)は戦前の東プロイセン史が教えられる一方、一九四五年以降のソヴィエト期とロシア期のカリーニングラード州史は二年間(一〇―一一年生)だけである。この授業用に地元の大学の歴史家の手で、教科書、資料集、地図、九巻からなる教師・生徒用参考書が一揃い作成され、多くの部数が印刷されて州内の全学校に備えられることになった。

一九九四年には、かの有名なケーニヒスベルク・アルベルトゥス大学の創立四五〇周年記念式典がおごそかに挙行され、現代ロシア風のカリーニングラード大学の構内には、ケーニヒスベルクの偉人イマヌエル・カントの像が建てられた。

二〇世紀から二一世紀への転換点に達成されたもっとも意義深いできごとと言えば、一九九〇年初頭まで廃墟状態で放置された大聖堂が復興され、いまや現代カリーニングラードを代表するシンボル的な建築物の一つになったことであろう。大聖堂を宗教精神と文化の中心として修復するという考え方は、一九九二年に州の行政府によって採択されたものである。その後六年かけて、ロシア、ポーランド、リトアニア、ドイツの専門家が参加して大規模な工事が行われ、一九九八年には復興した聖堂内部に博物館が開設されたものの、修復作業は今もまだ続いている。

カリーニングラード州内では今日までに、九四〇件の歴史的文化財が国家による保護対象一覧に登載されているが、そのうち二五件は連邦レベルで意義を認められた記念物、三九〇件は州レベルで意義を認められたもので、それ以外の五二五件は自治体の記念物としての地位を得ている[10]。しかも、全記念物のうちほぼ八〇％は戦前のプロイセンやドイツ的な過去にかかわったもので、最近七〇年間のソヴィエト／ロシア史にかんするものは文化遺産のうちほぼ五分の一にすぎない（基本的には軍のメモリアルである）。

## ケーニヒスベルク、あるいはカリーニングラードの記念日？

ポスト共産主義の新しいロシアにおいて、カリーニングラードの人びとの歴史記憶に影響を与えた最重要のできごとは、二〇〇五年にケーニヒスベルク創建の日から七五〇年が経過したことである。カリーニングラードの住民はこの日を迎えるずっと以前から、市の栄えある記念日をどのように祝うべきなのか、計画立案に着手していた。地元当局と世論が、国家の高いレベルによる大規模な記念式典の案を策定したのだ。しかしながらこうした着想は、中央省庁の一部の不満を呼ぶものだった。モスクワからは、政治的に正しくない企画だとして、記念式典を中止するよう勧告が寄せられた。記者会見でロシア連邦大統領府の報道官は、「もはや存在せず、ロシア史とほとんど関係ないドイツのケーニヒスベルクの記念日を祝うことには十分な根拠がない[11]」と述べた。代わりに勧められたのは、カリーニングラード市・州の六〇年の歴史を顕彰することである。

カリーニングラードの人びとはこの決定に納得がいかなかった。州知事のウラジーミル・エゴーロフ

図 35　大統領令を掲載した『コムソモール・プラウダ』紙(2003 年 6 月 23 日).「プーチンがカリーニングラードに 690 年の歴史を返還した」

海軍提督が、暦は変えられないのだから市の誕生日をなくすことはできない、したがってどんな場合も式典は行う、と言明したほどだ⑫。カリーニングラードの人びとの着想には、ウラジーミル・プーチン大統領から思いがけない支援が届けられた。二〇〇三年、「このできごとの歴史的、政治的、文化的意義を考慮して」、市創建七五〇周年記念祝賀式典挙行にかんする大統領令に署名したのである。このニュースにコメントした新聞各紙は、「プーチンがカリーニングラードに六九〇年の歴史を返還した」と見出しをつけていた。

二〇〇五年に開催されたケーニヒスベルク／カリーニングラードの七五〇周年記念祝賀式典は、新生ロシアによるヨーロッパ的選択を宣言する場となった。七月三日には、式典に合わせてカリーニングラードでヨーロッパ三カ国首脳会談が行われることになり、ロシア大統領ウラジーミル・プーチン、ドイツ首相ゲアハルト・シュレーダー、フランス大統領ジャック・シラクが保養地のスヴェトロゴルスクで会談したのだ。

記念祝典を前にして市内では、古いドイツの記念物を含む大規模な修復作業が行われた。祝祭の象徴となったのは、ケーニヒスベルク要塞地帯の中央部分の王門が修復されて、かつての姿を取り戻したことである。このころカリーニングラード大学には、ドイツの哲学者イマヌエル・カントの名が冠せられたが、これは、外国人にこの種の栄誉が与えられたロシアで唯一の例である。

記念式典の準備と挙行は、すでにペレストロイカ期に始まっていた二つの根本問題をめぐる議論をまたもや刺激することになった。第一に、「ケーニヒスベルクのために」という市民的なイニシアティヴが登場したが、そのメンバーらは、市を旧称に復するよう市議会《ドゥーマ》議員に呼びかけていた。第二に、マスメディアでは、一九六〇年代末に当局によって爆破されたケーニヒスベルク城の再建計画がふたたび語られるようになった。新聞雑誌やインターネット上で繰り広げられたこの問題をめぐる広範な議論は、提案への賛否双方の論点を数多く明らかにした。ケーニヒスベルクという呼称の復活とその主たるシンボルである城の再建を支持する人びとが指摘したのは、基本的に、このような歩みを重ねることで、ロシア人と外国人の旅行者にとって地域の観光上の魅力が桁違いに高まり、その結果、地域の経済発展が促進される、というものだった。反対する人びとは、このような変更は民族的伝統からの逸脱であり、ドイツ化と分離主義を助長するものだと考えていた。そしてペレストロイカ期と同様に、これらの問題をめぐる議論はまたもやしだいに終息した。

図 36　カリーニングラード市750 周年記念切手

二〇〇五年のケーニヒスベルク／カリーニングラード七五〇周年記念式典は、地域住民の歴史記憶の内容に一定のバランスが見られることをはっきりと示しており、そのことは、二〇〇五年発行の郵便切手の図像表現からも一目瞭然だった。切手にはカリーニングラードの主要な名所旧跡とシンボルが描かれており、識別可能な七点のうち五点がドイツの文化記念物(カント、市門、大聖堂、王妃ルイーザ教会、聖ゲオルギー病院)で、ロシアのものはわずか二点(軍事記念像の一部と背景の海港の一部)にすぎない。

東プロイセンの遺産に関する国家の歴史政策はこの四半世紀でおおいに変化したが、だからといって、この分野で完全なコンセンサスが成立したと言えるわけではない。カリーニングラード市と州には、みずから「愛国主義者」を名乗り、「ドイツ化」や「分離主義」という言葉で人びとを威嚇し、過去何世紀もの歴史文化遺産の保護・研究・活用やバルト海沿岸地域の近隣国との互恵的協力を国民的裏切りといって攻撃する、プロの歴史家や社会団体、政党、マスメディアが存在する。幸いにも、このような立場は現在のところ、各地域の当局の支持を得るにはいたっていない。

### 東プロイセンからロシア、ポーランド、リトアニアへの変容——比較の試み

かつてドイツの一地方であった東プロイセンの第二次世界大戦後の運命は、激変した。ドイツから切り離されて、ポーランド、ロシア、リトアニアに編入されたのである。これらの土地の新たな主人《あるじ》たちの政策は、当初は共通の原則に依拠していた。すなわち、残留したドイツ人住民の歴史的故郷への強制移住、先立って存在してきたドイツ文化の新住民にとっての価値の否定、「ドイツ化の痕跡の除去」と「プロイセン精神の追放」をめざすこと、公共空間における新たな民族的・理念的シンボルの確立、である。いずれもスターリン主義という共通のイデオロギー的基盤を持っていた。

しかし、この共通の政策が一貫して実行されたのはカリーニングラード州内に限られ、他方、リトアニアと特にポーランドではうわべだけだった。実際、ポーランド人とリトアニア人は新たな居住環境を

予断ぬきで受け止めて、より巧みに適応し、何世紀にもわたって形作られてきた地域の先住民の生活様式や暮らしぶりをある程度はわがものとし、歴史的伝統の一部を支えることもできた。理由は、数世紀にわたって民族的ポーランド人やリトアニア人がそこに居住しており、ロシア人と違って彼らは自民族の歴史的伝統をよりどころにできたという点にある。さらに彼らは、一五―一八世紀にこれらの土地がポーランド王国の一部だった時代や、一九二三―三九年のリトアニア共和国の一部だった時期を頼りにすることもできた。そのうえ、カリーニングラード州では一九四七―四八年にドイツ国籍を基準に全地域住民のドイツへの強制移住が全面的に実行され、民族の違いは考慮されなかった。これにたいしてリトアニアとポーランドでは、それぞれ数千人、数万人のドイツ国籍を持つリトアニア民族、ポーランド民族出自の地域住民が追放対象から除外されており、彼らが東プロイセンのアイデンティティの担い手となって、知識や地元の伝統を新たな移住者に伝える仲介者になることができたのである。

戦後初期の記憶政治の中心となった問題は、東プロイセンの歴史文化遺産への態度であった。ロシアに編入された部分では、戦争をくぐり抜けた文化遺産や地域の伝統は敵対的で反動的なものとみなされていた。ポーランドとリトアニアでは、ドイツ的なるものとの闘いが有形の文化財にまで及ぶことはなく、これを自分たち自身の歴史文化遺産の一部だと言ったとしても、それには多少の根拠があった。民族インテリゲンツィア、とりわけ元来この地域の住民であった人びとの熱心な努力のおかげで、騎士団の城や公共施設、文化施設が破壊を免れ、再建されるようになった。博物館で展示されたものもあった。探索して図書館・文書館における国家的保存のために移管する活動も組織された。新聞雑誌には定期的に、地域史に関する概説記事や地元の名所旧跡と文化功労者の話が掲載された。

旧東プロイセンの三つの地域すべての状況は、スターリン死後、一九五〇年代半ばに始まったフルシチョフによる雪解けの時代にしだいに接近していった。カリーニングラード州では、「プロイセン精神の追放」という権力が掲げた路線のもっとも忌まわしい現れが克服された。ドイツの建築物や施設、芸術記念物が当初は一つずつ、その後は数十、数百の単位で国家による保護のもとに置かれ、当局はその修理と修復に資金を割り当てるようになったのだ。一九八〇年代から九〇年代にかけて、ゴルバチョフによるペレストロイカが始まり共産主義体制が崩壊すると、地域の戦前の歴史への禁令は最終的に解かれた。まさにこの時から、旧東プロイセン領にいま現在住んでいる人びと同士の、そして彼らとドイツ人との、活発な協力の時代が始まっており、この古来の地の歴史遺産を、バルト地域諸民族の共通財として保護するための活動もこれには含まれている。

二〇〇五年のケーニヒスベルク／カリーニングラード七五〇周年は、生まれ故郷の街の歴史を「自分の」ものと「他者の」ものに分けるのを好む人びとが、ロシアではますます少なくなっていることをはっきりと示してくれた。そして、自分たちのこの小さな故郷を住みよいものにするには、自覚的な社会活動全般がそうなのだろうが、自分たちに先立ってここに暮らした人びとや隣人たちの経験に学んで活用することが不可欠だという信念が、ますます強くなっている。

# 結語

## 遺産はいかに扱われたのか
### ――結論に代えて

おそらく、戦後のカリーニングラードの展開をだれよりもみごとに総括できたのは、初期のロシア人移住者の古老たちである。彼らは自分たちの新しい故郷におこった変化を、そのすべての段階にわたって自分自身の経験として生き抜いてきたからである。しばしば見られることであるが、もっとも聡明でおおきな感銘を与えてくれる言葉は、女性たちのものだ。本書の結論代わりに、「遺産はいかに扱われたのか」という問いかけへの回答として、彼女らが思いめぐらしたところを引用しておくのがよいだろう(1)。

**エカテリーナ・コジェーヴニコヴァ（プリモルスク在住）**

ドイツ人への悪意はなかったね。この人たち《ナロード》には、痛ましく胸が締めつけられるような思いがしたもんだ。確かに苦しみを味わってこらえてきたのは私たちロシア人の方だったし、世界の誰よりもそうだ。でも、あの人たちが私たちをあざ笑ったり、銃で撃ったりして、どれほど血が流れたのか、思い出そうとした時もあったけれど、そういうことにはならなかったね。連中を憎む気持ちなんてなかったんだよ。憐れみの感情だけ。自分がこつこつ手に入れてきたもの（家や財産）や暮らしてきた土地を後に残して立ち去るのは、彼らにも簡単なことではないはずだってこと。もちろん、あの人たちの文化にはうっとりさせられてるよ。生まれ故郷のクルスク(ロシアの都市)と比べようにも、比較にならないわね。それはいまも、この時代も同じこと。ロシア人は建物を作るのも雑でまるで犬並み、つまり、バカでかいってこと。土地がいっぱいだから。ここ(ドイツ人のところ)では、何もかもこぢんまりとしていて文化的。ここではどの土地もうまく使ってあったし。こういう文化はなくすんじゃなくて大事にして、若い人たちをそれで育てなけりゃならないよね。ドイツ人はここに来なくちゃならないし、私たちは向こうを訪ねなくちゃいけないと思うよ。子や孫たちもね。あの人たちは仕事好きできれい好き、すばらしい民族《ナロード》だわ。もちろんそうでしょう。悪魔のような総統《フューラー》みたいなのが生まれているけれど、こういうのはどの国民《ナロード》でも生まれてくるかもしれなくて、ドイツ人だけじゃない。いまでは多くの人が塗りつぶしているけれど、私はそうはしたくない。私たちの歴史には汚点がたくさんあるけれど、いいこともあったじゃない。確かに私たちの暮らしは豊かじゃなかったかもしれないけれど、私たちは良く暮らしてきたし、むだに生きてきたわけじゃないと思うの。楽しむことができたし、働くこともできた、しかも力を出し切ってね。

**アンナ・ボイコ(バルティスク在住)**

最初、この新しい領土への態度は異国向けみたいだった。でも人間はなんにでも慣れるもの。ドイツ風の建物はどれも似たようなものなんてことはなかったけれど、これと違って私たちは、どれもこれも同じような建物を建てた。本来の主人《あるじ》の文化を完全に根絶やしにして、自分たちの文化をここに持ち込んだってわけ。そして、自分たち流のソヴィエト的な生活を始めた。いまでは、しでかした過ちについて話すのはつらいわね。時代が違ったのよ。あらゆるものへの態度がまったく違った。もちろん、王城はとても残念だわ。よく考えもせずに破壊してしまったというのがすべて。でも当時は、なにもかも正しくやっているように思えた。どっちにしても、しでかした過ちについて、いまごろ話したからってなにになるの。まだ私たちになんとかなるものは、いま救い出すように努力しなくちゃね。それよりも、一生ずっとカリーニングラード州で生きてきたんだから、自分の故郷としてしか接しようがないのよ。この土地が私たちを恨めしく思うのには理由があるけれど、なんてったって私たちが、多くの犠牲を払ってこの土地になったんだと私には思えるよ。だから、私たちの多くにとってカリーニングラードは、まるで磁石みたいに惹きつけられる愛着のある場所になったというわけ。その呼び名はね、故郷。

**アンナ・ルィジョーヴァ（カリーニングラード在住）**

ソヴィエトの原則――古いものをなくすことを通じて新しいものへ、ただしもちろんナショナリズムの混ぜもの付き。責めるわけにはいかないよね。戦争が終わったばかりだったから。カリーニングラードはソヴィエト的な都市だし、プラスとマイナスがすべてそろっている。昔の王様の都の廃墟にへたくそに建てられた都市だし、その立派さも独特のものも残してなんていない。文化のまったくない都市。でも、ケーニヒスベルクの幽霊が街のうえを舞っている。人に落ち着きを与えてくれることもない。

**アレクサンドラ・ミトロファーノヴァ（ムーロムスコエ在住）**

――初めて故郷のウラジーミル州に行ったのは、こっちに来て八年後のことだったわ。それからさらに四年経って、もう一度行ったの。三年前にも行ったわ。もうこれ以上あっちに行くつもりはない。どうせ二、三日もお客として滞在していると、里心がつくんだから。家に帰りたくなるの。こんなふうに言われるのよ。「どこが里だって。あんたの家はどこさ。ここがあんたの故郷だろう」。「いいえ、いまでは私の故郷はあっち」って言い返すの。それにいまではここに夫が葬られているし、もうここからどこにも行ったりはしないわ。子どもたちはみんなここですし。

**異郷に暮らしているみたいな気持ちになったことはないのですか。**

――ないわね。なんでそんなことを思わないといけないの。夫も私と一緒、子どもたちも一緒。

**何かが変わるとか、ドイツ人がここに戻ってくるかもしれないとか、不安になることはないのですか。**

――あのね、何年のことだったか覚えていないけれど、一九五三年だったかな、ごたごたがあったのよ。故郷に帰って五カ月暮らしたんだけれど、ここに戻ってきたの。

**いったいどんなごたごただったのですか？**

――わからないわ。こんな話だったかな、戦争だ、戦争だ、戦争だ。怖かったよね。

**それは、スターリン死後のことですか？**

――ええ、スターリンが亡くなって、それで始まったの。その後向こう（ウラジーミル）で暮らしていて、こう言ったのよ。「鉄砲玉が飛ぼうが、雷が鳴ろうが、私は戻る」ってね。そうして、こっちにもう一度やって来て、メスの仔牛を買ってきて、雌牛を育てて、戻ってきてここで暮らしてきた。いまあっち（かつての故郷）では私に宝の山をくれるってさ。兄さんが私を呼んでくれたの。「引っ越して来いよ。何もかも（遺産として）残してやるから」――「何もいらないわ。私はここからどこにも行かない。ここには自分の家があるから」――（兄）「でもドイツ人がやってきて、家を取り上げるかもしれんぞ」――「来たけりゃ、来させればいい。私は働くし、だれも私を追い出すことはできないよ」。息子に、ドイツ人がここに戻ってくるらしいね、って言ったことがあるんだけど、息子はこう答えるの。「俺にはどうでもいいことさ。ここが俺の故郷だから」ってね。彼はもうここで生まれたんだよね。

**つまり、あなたはもうこの土地で最終的に落ち着いたということですか？**

――（かつての）故郷に戻ろうなんて考えたくもないわ。いいえ。どんなにお金を積まれてもね。向こうからはこんなふうに言ってくれるかもしれない。「設備の整った家やアパートの部屋をあげるよ」ってね。でも引っ越さない。そんなのはいや。

**カリーニングラードの改称についてはどう思いますか？**

――どんな名前だろうと、私にはどうでもいいこと。ケーニヒスベルクならケーニヒスベルクだし、カリーニングラードならカリーニングラード。私はもう七一歳よ。あとはこのまま生きるだけ……。

# 訳者あとがき

一九九〇年代以降に作られた地球儀やヨーロッパ地図をつぶさに観察した人であれば、バルト海に面しリトアニアとポーランドに挟まれた小さな地域に「ロシア連邦」と書かれているのを目にして、奇異に思ったことがあるだろう。ある世代より上に属し、一九八〇年代後半以降のソ連・東欧の激動に多少とも関心を持っていた場合には、ソ連解体にともない、カリーニングラードと呼ばれる地域がロシア本土から切り離されて飛び地になったことを覚えているかもしれない。さらにドイツとロシアの歴史や文化に詳しい事情通は、かつてドイツの東プロイセンと呼ばれた地域が第二次世界大戦後の国境線変更で分割され、北半がソ連に属するロシア・ソヴィエト連邦社会主義共和国内のカリーニングラード州となり、南部はポーランドが領有したことを知っているだろう（実際には、最北部はソ連に併合されたリトアニアの領土になったが、そのことを知る人は多くはあるまい）。東プロイセンといえば、ドイツ帝国の統一を果たしたプロイセン王国の故地であり、一八世紀には、著名な哲学者イマヌエル・カントが生涯暮らして思索を重ねたケーニヒスベルクの街がここにあったことも広く認識されているはずだ。だが、ドイツだったはずの土地がロシア人を主たる住民とする一地方に転じて、どんな歴史を刻んできたのか、その足取りに思いをめぐらした人はまずいないのではないだろうか。本書は、日本ではほとんど誰も考えたことのない地域の歴史を、カリーニングラードに生きる歴史家がたどる試みである。

本書の著者ユーリー・ウラジミロヴィチ・コスチャショーフさんは、一九五五年に西シベリア南部、ケメロヴォ州の小都市ユルガで生まれた。一八八六年に創建されたこの町で学校を卒業した後、一九七二年にロモノーソフ記念国立モスクワ大学歴史学部に入学して東欧史を学んだ。一九七七年には大学院に進んでポーランド・チェコスロヴァキア・ブルガリア・ユーゴスラヴィアの歴史を専攻して、セルビア史に関する論文で准博士号《カンディダート》を取得した。ソ連/ロシアでは大学で教職ポストを得る基礎資格は准博士で、博士号はさらなる研鑽を積んではじめて取得できる上位学位だが、その例に倣ってコスチャショーフさんも一九八一年に当時のカリーニングラード大学(現在は、イマヌエル・カント記念バルト連邦大学と改称)歴史学部に助手として赴任した。その後、准教授に昇進するとともに、ソ連解体後の一九九八年には、一八世紀ハプスブルク帝国治下のセルビア人農民に関する論文でモスクワ大学から博士学位を授与され、翌年にはカリーニングラードで正教授職に就いた。

東欧史とくにセルビア史を専攻されたコスチャショーフさんは、並行してみずから暮らし働くこととなった新しい郷土の歴史にも強く心を惹かれたようだ。本書でも丹念に語られたように、カリーニングラードの歴史を語ることは長く禁じられ、あたかも過去の不在が地域の特質のようであった。だが、ペレストロイカのもとで禁制が緩んだ一九八八年にコスチャショーフさんは、同僚や歴史を学ぶ学生たちを率いていち早く地域史を記録するプロジェクトを立ち上げ、ソ連各地からカリーニングラード州に移住した第一世代を訪ねてオーラル・ヒストリーの試みに着手した。証言者は州内全域五一の都市・村落に暮らす三二〇人に及び、その記録はまずドイツ語で刊行され、続いてポーランド語、最後にロシア語版が出版されている。刊行の順序の意味は、熟慮されるべき点である。第Ⅳ部に描かれた知識人たちによる歴史奪還のための努力にもかかわらず、長くソヴィエト的な神話に囚われた地域社会がみずからの過去の実相を受け入れるには、相当の時間を要したことが示唆されているからである。訳者の手元には、地域史を掘り起こした少なからぬ数の地方出版の図書や資料集があるが、その多くは今世紀になってから刊行されたもので、ペレストロイカ期に著者たちの始めた努力が、やっとその頃結実するようになったことがわかる。その意味で、彼らの取り組みは、学問的営為の枠を超えた地域アイデンティティを構築する実践でもあったと言わなければならない。

＊　＊　＊

次に、本書の刊行にいたる特異な道のりについて説明しておきたい。というのも、本書はロシア語からの訳書であるが「原著書」は存在せず、著者が日本の読者向けに新たに稿を起こし、自身の仕事の「総決算」として執筆した作品だからである。そのような企画自体が、岩波書店の編集者である大橋久美さんの発意で始まったという点でも、希有の事例だといえる。

この「訳者あとがき」の筆者がカリーニングラードに初めて足を踏み入れたのは、二〇〇六年暮れのことである。その五年ほど前からバルト諸国(カリーニングラード州の北隣りがリトアニア、さらに北にラトヴィア、エストニアと続く)について共同研究を組織していて、いずれも第二次世界大戦を契機にソ連に併合され、多数の住民がソ連内地から流入したという点で共通しながら、カリーニングラードが三国とまったく異なる経路をたどったことが気になり、その歴史と現状を調べてみたいと考えたのだ。今はなくなったが、当時はポーランドのグダンスク近郊の港町グディニャから客車一両だけの列車が日に一便あって、途中でベルリン発の列車に連結して国境を越えることができた。調査の成果ははかばかしくなかったが、得られた断片的情報からもそのまま引き下がるのは口惜しく、二〇一〇年に再度、カリーニングラードを訪問した。事前調査からは、日本までは届かぬ地方出版のなかに興味深い文献があるらしいとの感触があったので、それらを読んだり入手したりするのが目論見だった。事前に連絡した市立図書館では何冊もの書物をうずたかく積み上げて歓待してもらい、ふらりと立ち寄った書店では新刊のコスチャショーフ『カリーニングラード州秘史――一九四五―一九五六年』(*Ю. В. Костяшов* Секретная история Калининградской области. Очерки 1945–1956 гг. Калининград. 2009)という書名が目にとまった。「秘史」の隠微な語感から胡散臭そうな気もしたが、購入してホテルで読み始めると、カリーニングラードの戦後の精細な叙述が、図書館で手にした類書と比しても格段に面白く、著者の誠実な研究姿勢にも印象づけられた。機会があればこの著者と仕事をしてみたいと強く感じた。そこから著者との交流が始まった。

二〇一五年一一月、筆者は、国際共同研究「東中欧・ロシアにおける歴史と記憶の政治とその紛争」(日本学術振興会科学研究費補助事業・基盤研究B・二五二八四一一九)の一環として「歴史と記憶の政治とその紛争――東西ユーラシアの比較と対話」と銘打った国際会議を開催し、コスチャショーフさんも招聘してカリーニングラードを舞台としたソ連とロシアの記憶政治について報告してもらった。その場には、国際会議関連の出版企画(橋本伸也編『紛争化させられる過去――アジアとヨーロッパにおける歴史の政治化』二〇一八年)のために岩波書店から大橋さんも参加されていたのだが、コスチャショーフさんの報告内容と人柄に心を撃ち抜かれたらしく、間もなく、この出版とは別に彼の著作を日本語で出したいという思いがけない提案がなされた。実にありがたい申し出だった。

だが、問題はそこからである。もちろん筆者は、著者の主著である『秘史』か、直前にモスクワで刊行されたばかりの『戦後農村の日常――カリーニングラード州の移住民コルホーズの歴史より　一九四六―一九五三年』(*Юрий Костяшов* Повседневность послевоенной деревни: Из истории переселенческих колхозов Калининградской области 1946–1953 гг. М., 2015)という、カリーニングラード州のコルホーズ創設初期を描いた著作を翻訳するのだろうと考えた。だが、大橋さんの思いは違った。カリーニングラードのことを何も知らない日本の読者にはそんな主題的なモノグラフでは理解されない、ドイツ時代も含めて地域の歴史を通覧できるものこそ必要だ、と力説されたのである。実にまっとうな言い分だが、実現には通常の翻訳をはるかに上回る労力を要することが明らかだった。ともかく提案をコスチャショーフさんに伝えると、謝辞とともに快諾のメールがすぐに寄せられた。とはいえ、では実際のところどんな内容にするのか、穏やかだがタフなやりとりが続いた。ロシアの出版界では純然たる学術書か、一般読者向けの読み物かといった本の性格付けが厳格に決まっているが、この点は一般向け学術書というカテゴリーを採用することで容易に合意することができた。だが、扱う時代の区分と各時期の分量が問題になったのに加えて、それ以前に対象設定をめぐってなかなか話が噛み合わなかった。私たちは、カリーニングラードと聞くとロシアの飛び地全体をイメージするが、どうやら現地ではカリーニングラード市を想起しており、日本人の多くが思う領域は州と呼んでいるようだと気づくだけでも、何度もやりとりが必要だった。「カリーニングラード史を書いて欲しい」と頼んだところが、著者にとってその語が指すのは都市史であって、私たちが想定していた州全体の歴史とは別物だったのだ。考えてみれば、「京都の歴史」

と聞いて京都市を思い浮かべるのか、それとも京都府かということだが、これがすぐにはわからなかった。また著者には都市史と農村史の区別も重要で、限られた紙幅で両方を扱うのではまとまりのある一般向け学術書にはならないかもしれないと、厳しい感想も寄せられた。こうして、大橋さんの思いとコスチャショーフさんの学者らしい矜持とのあいだで立ち往生したこともあったが、やりとりを重ねる中で相互の理解は深まり、全体の構成を練ることができた。

そこからの作業は早かった。コスチャショーフさんは二冊の単著に加えて、これまで書きためてきたさまざまの時代と対象を扱った論文をもとに、半年強で一気に原稿を書き上げて送ってくださった。著者の迅速な仕事ぶりに応えて作業を進めるには、訳者がひとりではとうてい手が足りないので、ソ連史が専門の立石洋子さんに助っ人をお願いして準備を進めることにした。正確を期すためにそれぞれ訳出した原稿を交換して複数回点検しあうとともに、文体上の癖や好みがまったく異なる二人が訳出することから生じる齟齬や不揃いをなくすために、全体の語彙と文体を徹底して統一する作業を筆者が行った。それゆえ訳文全体の最終責任は橋本が負っているが、立石さんの迅速な仕事がなければ刊行にはもっと時間を要しただろう。そして、出来上がった翻訳原稿を一冊の書物に仕上げてくださったのは、もちろん大橋さんである。

翻訳にあたって立石さんには、筆者が代表を務める国際共同研究「グローバル社会におけるデモクラシーと国民史・集合的記憶の機能に関する学際的研究」(日本学術振興会・課題設定による先導的人文学・社会科学研究推進事業(グローバル展開プログラム))の研究分担者としてカリーニングラードに出張してもらい、図版をめぐる原著者との折衝や翻訳の前提となるカリーニングラードの現状についての情報集めをしていただいた。それゆえ本書は、このプロジェクトの研究成果としての性格も有していることを付言しておきたい。

＊　＊　＊

本書は、文書館などに残されたさまざまの文書史料を縦糸に、第一世代移住者を対象としたオーラル・ヒストリーを横糸に配して、東プロイセンとケーニヒスベルクがカリーニングラード州／市に姿を変えて今にいたる足取りを描いた色彩豊かな歴史である。記述対象の時間幅はかなり長いが、第二次世界大戦（ロシア的には大祖国戦争）直後のスターリン体制下で進んだカリーニングラードの形成過程に主眼がある。とりわけ、戦争の結果無造作になされた国境線変更と住民入替が、そこに生きる人びとの運命に何をもたらしたのか、戦後しばらく残留したものの間もなく追放されたドイツ人と、ソ連各地からやって来た移住者の双方に光を当てて、彼らの暮らしぶりと経験の数々を精細かつ公平にあぶり出すことに力が注がれている点に感銘を受ける。大状況を見失うことのないよう、必要な限りで当時のソ連の政治過程や政治文化に注意を払いながらも、むしろ社会史・文化史的観点を前景に据え、微細な力の働きと地域のありさまにこだわった日常生活史としてこれを読むことができるだろう。年老いた女性たちの語りだけで構成された「結語」が示す通り、叙述はきわめて抑制・禁欲的で、声高な告発ではなく発掘された事実と証言に語らしめる慎重な手法が実に印象深い。それだけにかえって、ある土地にある人びとが暮らしているという、その事実の重みが感得され、国家と政治と軍事のことばで軽々しく「領土」への欲望をたぎらせることへの戒めになっているようにも見える。

だが、このような著者の姿勢にもかかわらず、州と市の形成から七〇年余りを隔てたカリーニングラードの現在は、再版された世界規模の対立構図のなかで大きく揺さぶられている。冷戦期を思わせる地政学的緊張のもと、核弾頭搭載可能なミサイル「イスカンデル-M」の配備が進み、ヨーロッパにおけるカリーニンクラードの軍事的プレゼンスばかりが注目される状況が現出しているのである。その一端は『ロシア・ユーラシアの経済と社会』誌二〇一八年四月号の特集「ロシアの飛び地の暮らしと安全保障問題」におさめられた論考に垣間見ることができる。しかるに、本書のなかで著者は、大戦と直後の占領軍部隊の傍若無人さを除いて軍事と安全保障への言及を避けており、これは著者だけでなくカリーニングラード現代史の多くに見られる傾向なのだけれども、それだけに人びとの日常に背後から作動する軍事的要因については、読み手の側が何がしかの想像力を働かせて理解する必要があるのだろう。ソ連期に瓦礫からの復興がなかなか進まず廃墟が長く放置されたことと、安全保障政策上の位置づけとが無縁であったのかどうかも問うてみる価値がありそうだし、現在、そうした状況が本質的に転換されたのかどうかも気になるところだ。

そうしたことを踏まえつつ、著者が日本の読者向けに書いてくれた本書を読む際の観点について、筆者なりに考えたところを最後に述べておきたい。はたしてカリーニングラードは私たちにとってまったく縁遠い存在なのかどうか、そのことが問題である。

実は、二〇一〇年のカリーニングラード再訪は、勤務先の同僚と行った学内共同研究「沖縄とカリーニングラード——周縁地域の自立/従属と地域秩序構築をめぐる比較現代史」(研究代表者は豊下楢彦教授[当時])の一環として実現したものだった。もとより、住民入替の有無からしてカリーニングラードと沖縄の同一視はありえないが、大戦による国境移動、冷戦体制下とその後の軍事的役割、周辺諸地域との対立・緊張と超境的な関係構築の可能性など、地域のあり方を規定する共通の要因を取り出せるのではないかというのが、プロジェクト立ち上げ時の思いだった。この対比にさらに、日本列島の北方に点々と連なる数多くの島々で起こった(そして今も続いている)出来事を重ね合わせるならば、遠く離れたカリーニングラードの辿った道のりと私たちの社会が経験した出来事とは存外に近しいような印象も得られるだろう。もしもそうであるとすると、安易で単純な比較ではなく、これら同時代の出来事を関連づけ接続する試みを重ねることで、私たちの現代史と未来への視野は大きく開けてくるのではないか、そうした思いを禁じ得ない。

もちろん、本書の記述がこうした問いの一つひとつに直接答えてくれるわけではない。それを考えるのは、あくまで読み手に委ねられた課題である。だが、著者が「はじめに」で触れた「二国間関係における未解決の問題」に冷静な判断を下すためには、私たち読者がこのような視野の広がりのなかで批判的想像力を育むことがなによりも必要なことのように思われる。

二〇一八年一二月

橋本伸也

**コスチャショーフ，ユーリー**(Костяшов, Юрий)
1955年生．イマヌエル・カント記念バルト連邦大学(ロシア)教授．専門：カリーニングラード史，南スラヴ諸民族史．主要著作(いずれもロシア語，原題は本書「訳者あとがき」参照)：『戦後農村の日常——カリーニングラード州の移住民コルホーズの歴史より 1946-1953年』(2015年)，『カリーニングラード州秘史——1945-1956年』(2009年)．

**橋本伸也**(はじめに，1-4章，9章，結語，訳者あとがき担当)
1959年生．関西学院大学文学部教授．専門：ロシア近現代史，バルト地域研究．主要著作：『紛争化させられる過去——アジアとヨーロッパにおける歴史の政治化』(編著，岩波書店，2018年)，『記憶の政治——ヨーロッパの歴史認識紛争』(岩波書店，2016年)ほか．

**立石洋子**(5-8章，10-12章担当)
1980年生．成蹊大学法学部助教．専門：ロシア・ソ連史．主要著作：「「雪どけ」とソ連の歴史学——1953-56年の『歴史の諸問題』誌の活動」(『成蹊法学』87号，2017年12月)，『国民統合と歴史学——スターリン期ソ連における『国民史』論争』(学術出版会，2011年)ほか．

創造された「故郷」
——ケーニヒスベルクからカリーニングラードへ

2019年2月21日　第1刷発行
2019年7月25日　第2刷発行

著　者　ユーリー・コスチャショーフ

訳　者　橋本伸也《はしもとのぶや》　立石洋子《たていしようこ》

発行者　岡本　厚

発行所　株式会社　岩波書店
〒101-8002 東京都千代田区一ツ橋2-5-5
電話案内 03-5210-4000
https://www.iwanami.co.jp/

印刷・三陽社　カバー・半七印刷　製本・松岳社


ISBN 978-4-00-023738-3　Printed in Japan

# 地名索引


**ア 行**

アイトクーネン　13,20
アメリカ　17,47,68,第10章訳注4
イギリス　8,23,42,45,47,68,209,第4章訳注2
インステルブルク　→チェルニャホフスク
ヴィリニュス　164
ヴェーラウ　194
ヴォルガ・ドイツ人自治共和国　234
ウクライナ　91,97,167,211,第3章訳注1,第4章訳注2
ウラジーミル州　248
ウラジーミロヴォ　195
エストニア　140,211,第10章訳注2
オクチャブリスコエ　197
オジョールスク　20,95,195

**カ 行**

カシタノフカ　197
カルーガ州　95
カント島　219
グヴァルヂェイスク　110,194
グーセフ　94,194
クナイプホフ　→カント島
クフィヂン　23,第2章訳注1
クラスノズナメンスク　194,231
クランツ　→ゼレノグラック
グリエフスク　194
クルスク　246
クロイツブルク　→バグラティオノフスク
グンビンネン　→グーセフ
ケーニヒスベルク　v, vii, 6-12, 15-19, 22, 25-27, 29-37, 42-48, 52, 57, 58, 60, 61, 71, 74, 79, 92, 116, 126, 127, 130, 145, 168, 182, 185, 190, 193, 198-200, 209, 210(図31), 214-216, 219, 224-226, 228, 229, 231, 237-241, 244, 247, 249, 第3章注14, 第12章訳注1
コズロヴォ　74
コムソモリスク　202

**サ 行**

ザームラント半島　47,58
ザリヴノエ　177
ジェレズノダロジュヌィ　180
シベリア　234,第5章訳注2
シャンヴィツ　→コズロヴォ
シュタルペーネン　→ネステロフ
ジリノ　195
シルヴィント　20
スヴォーロヴォ　195
スターリングラード　202
スチッレン／シッレン→　ジリノ
ズナメンスク　194
スモレンスク　96,99
スラフスク　110
ゼレノグラック　74(図14),195,202
ソヴィエツク　5,10,54,67,194,213
ソスノフカ　197

**タ 行**

タピアウ　→グヴァルヂェイスク
ダルケーメン　→オジョールスク
ダンツィヒ　37,58,第4章訳注1

タンボフ州　95
チェルニャホフスク　54, 110, 194
チェルヌィシェフスコエ　195
チストゥイエ・プルドゥイ　131, 196
チャパーエヴォ　195
中央アジア　234, 第 4 章訳注 2
ツルゲーネヴォ　195
ティルジット　→ソヴィエツク
テリマーノヴォ　195
ドイツ民主共和国(東ドイツ)　47, 181
ドイツ連邦共和国(西ドイツ)　47, 227, 231, 235
ドブリノ　131, 133
トルコ　29, 108
トルミンゲン　→チストゥイエ・プルドゥイ

**ナ 行**

中之島　→カント島
ナッサヴェン　196
西ドイツ　→ドイツ連邦共和国
日本　vii, viii, 23, 29, 231, 第 2 章訳注 1
ネステロフ　20, 194, 196
ネマン　54, 195
ネマン川　10, 100
ノイクーレン　→ピオネールスキー
ノイハウゼン　→グリエフスク

**ハ 行**

ハイリゲンバイル　→マモノヴォ
バグラティオノフスク　73, 95
白ロシア　88, 90, 91, 94, 97, 103, 167, 第 3 章訳注 1
バルティスク　19, 58, 172, 193, 194, 246
バルト海　3, 12, 41, 44, 102, 153, 172, 193, 229, 231, 242, 第 10 章訳注 2
パルムニケン　→ヤンタルヌィ
ピオネールスキー　194
東プロイセン　v, vii, viii, 3-7, 9-14, 17-27, 29-34, 36-38, 41-48, 52, 57-61, 66, 71, 74 (図 14), 87-89, 91-94, 99, 101, 103, 105, 112, 118, 125, 138, 145, 148-150, 152, 163, 165, 168, 182-189, 194, 195, 197, 198, 201, 208, 213-217, 224, 225, 227, 231, 232, 237, 238, 242-244
東ヨーロッパ(東欧)　25, 168, 182, 第 1 章訳注 1
ピッラウ　→バルティスク
ピルカレン　20
プラヴヂンスク　95, 194
フランス　5, 23, 47
フリシェス・ハフ　59
フリートラント　→プラヴヂンスク
プリモルスク　177, 245
ブリャンスク州　94, 108
プロイセン　5, 6, 11, 16, 17, 110, 186, 188, 198, 209, 226, 239
プロイセン・アイラウ　→バグラティオノフスク
ペテルブルグ　8, 9, 13, 第 1 章訳注 2
ペトラチェン　→ペトロフカ
ペトロフカ　195
ベラルーシ　→白ロシア
ベルリン　8, 12, 26, 30, 32, 33, 78, 80, 231
ベレゾフカ　197
ポーランド　3-5, 8, 22, 23, 32-35, 41, 43-46, 50, 58, 59, 170, 174, 195, 221, 232, 233, 236-238, 242, 243, 第 3 章訳注 1
ポレッスク　195

**マ 行**

マイスコエ　197

マモノヴォ　194
マヤコフスコエ　195
マリエンヴェルダー　→クフィヂン
マリノフカ　197
ミンスク　108,116
ムーロムスコエ　248
メーメル　10,19,21,44
メーメル川　→ネマン川
モスクワ　27,30,93(図16),96,113,116,120,140,201,210,215,226,第1章訳注2
モスコフスコエ　195

## ヤ行・ラ行

ヤロスラヴリ州　95,108
ヤロスラフスコエ　195
ヤンタルヌィ　24(図6),116
ラグニット　→ネマン
ラスデーネン　→クラスノズナメンスク
ラトヴィア　140,211,234
ラドゥシキン　194
ラビアウ　→ポレッスク
リトアニア　3,4,21-23,44,50,51,111,117,140,148,163,164,173,174,181,195,211,221,232-234,238,242,243
リャザン州　95
ルィバチィ　156(図24)
ルーシ　6,187,229
ルートヴィヒスオルト　→ラドゥシキン
レスノエ　197
レニングラード　35,41,96,105,111,130,140,190,211,215
ロシア帝国　11,18,27,第1章訳注2,第8章訳注2

# 人名・事項索引

### ア 行

アトリー，クレメント　46
イヴァノーフ，ピョートル　105-117,121
ヴィルヘルム・グストロフ号事件　58,第4章訳注1
ヴィルヘルム二世　18,19(図3)
ヴェルサイユ講和条約　21,23,24
エンゲルス，フリードリヒ　199
王城(ケーニヒスベルク城)　42,130,209-214,216,219,221,241,247
王妃ルイーザ教会　200,216,242
オストメッセ(東方見本市)　29-32,36

### カ 行

カリーニン，ミハイル　193,229
カント，イマヌエル　198,199,215,218-220,229,234,238,240,242
矯正収容所管理本部　→グラーグ
グラーグ　91,101,116,174,第5章訳注2
グラスノスチ　223,235,236
クリミア会議　→ヤルタ会談
クルグロフ，セルゲイ　115,116,170,171,182
ケーニヒスベルク大学　4,7-9,198,238
ゲルツェン，アレクサンドル　12,15
コスイギン，アレクセイ　111,114-117,119,171,212
コッホ，エーリヒ　36,37,41
琥珀の間　130,216
コムソモール　92,96,202,240(図35),第5章訳注3
ゴルバチョフ，ミハイル　223,236,244
コルホーズ　50,53,88,89,91,93,99,100,106-108,110,111,115,118,145-163,165,229,第6章訳注1

### サ 行・タ 行

ジダーノフ，アンドレイ　201,228
シチェルバコーフ，ウラジーミル　67,117,119,202
七年戦争　5
スースロフ，ミハイル　188
スターリン，ヨシフ　36,37,43-46,55,60,82,88,101,105,108,109,111-121,126,164,168,171,182,184,185,190,193,200,204,207,209,223,228,229,234,244,248,第6章訳注2,第10章注3,同訳注3
正教会(正教徒)　132,163-165,第7章訳注1
ソフホーズ　51,67,68,74,75,106,118,169,171,173,176,第6章訳注1
大聖堂　42,199,214,216,218-221,234,237,238,242
ダンツィヒ回廊　→ポーランド回廊
チャイコフスキー，ピョートル　13
チャーチル，ウィンストン　44-46,184
チュートン騎士団　3-5,129,185,186,209,214,243,第10章訳注2
テヘラン会議(会談)　44
ドイツ騎士団　→チュートン騎士団
ドイツ人　v,vii,3,4,8,11,15-17,23,27,28,33,41,43,48,51,55,57,

59-85, 88, 90, 101, 106, 108, 109, 112, 119, 120, 127, 129-131, 133-136, 139, 143, 146, 147, 150, 151, 163, 164, 167-182, 184, 185, 187-189, 193, 196, 200, 203, 204, 207, 210, 227, 228, 231-235, 237, 242, 244-246, 248, 249
トルーマン，ハリー　46

### ナ行・ハ行

ナポレオン・ボナパルト　5, 6, 43, 188, 第12章訳注2
ニコライ二世　18, 19
ニュルンベルク裁判　83
ネフスキー，アレクサンドル　187, 229, 第10章訳注2
ビスマルク，オットー・フォン　198
ヒトラー，アドルフ　33, 34, 37, 74, 91, 168, 211, 216
ピョートル一世(大帝)　6-9, 210, 214, 第12章訳注2
プーチン，ウラジーミル　240
フリードリヒ二世(大王)　5
フルシチョフ，ニキータ　207, 218, 244, 第4章訳注3, 第10章訳注3
ブレジネフ，レオニード　213, 216, 223
プロイセン人(プルシ人)　3, 16, 185
ブローフキン，ステパン　114, 115
ベリヤ，ラヴレンティ　48, 182, 201
ベルリン会議　→ポツダム会談
ペレストロイカ　v, 163, 221, 223, 224, 234, 236, 237, 241, 244
ホーエンツォレルン王国　5, 6
ポツダム会議(会談)　v, 46, 47, 59, 79, 182, 207
ポーランド回廊　21, 22, 41
ボリーソフ，ヴァシリー　49, 109, 114, 115, 169

### マ行・ヤ行・ラ行

モロトフ，ヴャチェスラフ　169, 170, 182, 201
モロトフ=リッベントロップ条約　35, 43
ヤルタ会議(会談)　45, 第10章訳注1
ラパロ条約　25
レーニン，ウラジーミル　24, 126, 200, 201

# 注

## はじめに

（1）Als Russe in Ostpreußen: Sowjetische Umsiedler über ihrem Neubeginn in Königsberg/Kaliningrad nach 1945. Ostfildern, 1998. 501 S.（Auflage 2: 2002）; Przesiedleńcy opowiadają: Pierwsze lata Obwodu Kaliningradzkiego we wspomnieniach i dokumentach. Olsztyn, 2000. 360 s.; Восточная Пруссия глазами советских переселенцев. Первые годы Калининградской области в воспоминаниях и документах. СПб.: Бельведер, 2002. 272 с.（2-е изд.: Калининград, 2003. 333 с.）. タイプライター版で総計2500頁に及ぶインタヴュー全20巻は，カリーニングラード州国立文書館に恒常的に収蔵され（フォンド Р-1191），利用に供されている．

## 第1章

（1）*Устрялов Н.Г.* История царствования Петра Великого. Санкт-Петербург, 1858. Т. 3. С. 32-33.

（2）См.: *Костяшов Ю.В., Кретинин Г.В.* Российские студенты времён Петра I в Кёнигсберге//Вопросы истории. 1994. № 3. С. 174-176.

（3）*Пекарский П.П.* История Императорской Академии наук в Петербурге. Санкт-Петербург, 1870. Т. 1. С. XIII-XIV.

（4）Сборник сведений по департаменту торговли и мануфактур. Консульские донесения. Санкт-Петербург, 1880. Т. 1. С. 92-94.

（5）Краткий обзор донесений императорских российских консульских представителей за границей за 1914 год. Петроград, 1915. С. 68. Островский.

（6）*Д.* К вопросу о русских сельских рабочих в Германии // Известия Министерства иностранных дел. Санкт-Петербург, 1912. Кн. 6. С. 211.

（7）Сводка отчетов миссий и консульств о консульской деятельности за 1907 год. Санкт-Петербург, 1908. С. 25-26, 31, 33.

（8）*Герцен А.И.* Письма из Франции и Италии // Собрание сочинений в 30 томах. М., 1955. Т. 5. С. 25-27.

（9）*Островский А. И.* Поездка за границу в апреле 1862 г. //Полное собрание сочинений. М., 1952. Т. 13. С. 238-242.

（10）*Чайковский П.И.* Полное собрание сочинений. Москва, 1979. Т. 16-Б. С. 206.

（11）*Яковлева Н.* По Пруссии // Европа. Иллюстрированный географический сборник. Москва, 1904. С. 256-257.

(12) *Верховский А.И.* На трудном перевале. Москва, 1959. С. 32.
(13) *Герцен А.И.* Op. cit. С. 26–27.
(14) *Кокорев В.А.* Три вечера // Отдел рукописей Российской государственной библиотеки. Ф.(фонд) 231. Д.(дело) 11. Л.(лист) 29 об.
(15) *Фонвизин Д.И.* Избранные сочинения и письма. Москва, 1947. С. 246, 249–250.
(16) *Немирович-Данченко В.И.* По Германии и Голландии. Санкт-Петербург, 1893. С. 15–16.
(17) *Салтыков-Щедрин М. Е.* Собрание сочинений. Москва, 1972. Т. 14. С. 16–18.
(18) *Морозов Н. А.* Повести моей жизни. Москва, 1961. Т. 2. С. 6.
(19) *Дурново П.Н.* Записка// *Красная новь. 1922. № 6. С. 178–199.*

【訳注】

＊1　ロシア史において「西(ザーパド)」は地理概念としての西欧・東欧の区分を超え，軽侮と憧憬の入り混じった独特の意味で使われることが多い．それゆえ本書では多くの場合，西欧に代えて西という訳語を用いている．

＊2　サンクト・ペテルブルグ遷都とロシア帝国成立に先立ち，モスクワに政治・経済の中心があったモスクワ大公国時代の国家を指す．おおむね 15 世紀半ばから 17 世紀末まで．

## 第 2 章

(1) Łossowski W. Między wojną a pokojem. Niemieckie zamysły wojenne na wschodzie w obliczu traktatu wersalskiego. Warszawa, 1976. S. 20–21.
(2) Wrzesiński W. Plebiscyty na Warmii i Mazurach oraz na Powiślu w 1920 roku. Olsztyn, 2010. S. 195.
(3) Lietz Z. Plebiscyt na Powiślu i Mazurach w 1920 roku. Warszawa, 1958. S. 198–199.
(4) Plebiscyty na Warmii, Mazurach i Powiślu w 1920 roku. Wybór źródeł. Olsztyn, 1986. S. 410.
(5) Документы внешней политики СССР. Москва, 1959. Т. 3. С. 414–415.『レーニン全集』第 31 巻，大月書店，1959 年，482–483 頁．訳文を一部訂正した．
(6) Международная жизнь. 1922. № 15. С. 24–25.
(7) Frankfurter Zeitung. 26.08.1922.
(8) Politisches Archiv des Auswärtigen Amts, Berlin (PAAA). R 142308. Nr IE 1375.
(9) Государственный архив Российской Федерации (ГАРФ). Ф. 5283. Оп. 6. Д. 409. Л. 102–102 об.
(10) Архив внешней политики Российской Федерации, Москва (АВП РФ). Ф. 0165. Оп. 8. П.(папка) 147. Д. 299. Л. 37–38.

(11) Российский государственный архив экономики (РГАЭ). Ф. 413. Оп. 2. Д. 1437. Л. 50.

(12) АВП РФ. Ф. 0165. Оп. 5. Д. 159. Л. 274, 335.

(13) Там же. Л. 19.

(14) Historia dypłomacji polskej. Warszawa, 1999. T. 5. S. 17.

(15) ГАРФ. Ф. 5446. Оп. 24а. Д. 219. Л. 3.

(16) Правда. 24.08.1939.

(17) ГАРФ. Ф. 5283. Оп. 5. Д. 758. Л. 1-2.

(18) Königsberger Tageblatt. 12.08.1940.

(19) Документы внешней политики. Москва, 1995. Т. 23. Кн. 1. С. 522-524.

(20) Винокуров В. Договор о ненападении: "...мы перестали быть врагами". URL: http://vpk-news.ru/articles/1569.

【訳注】

＊1 原注3・4などに記載されたポーランド語文献には，本文に訳出したような記述がある．他方，日本の外務省外交史料館収蔵文書によると，アレンシュタインには国際行政監督日本代表委員として丸毛直利(在露西亜大使館参事官)，随行員として天羽英二(在瑞西公使館書記官)，マリエンヴェルダーには行政監督代表委員として井田守三(書記官)，随行員として加藤外松(書記官)らを確認できる．後者について三宅正太郎書記官，友田書記官らの名を示した文書もある(外交史料館所蔵・人民投票監督委員会/「アレンスタイン」B06150303500, B06150303700，人民投票監督委員会/「マリエンウエルダー」B06150305900など)．したがって，カトウマルモは丸毛直利と加藤外松からの誤認，イダモリカズは井田守三と推認できる．Sara Wambaugh, *Plebiscites since the World War, vol. 1,* Carnegie Endowment for International Peace, Washington 1933も日本の外交官に言及するが，やはり氏名に誤記がある．詳細は他日を期したい．

## 第3章

(1) См.: Очерки истории Восточной Пруссии. Калининград, 2002. С. 417-442; *Медведев К. Н., Петрикин А.И.* Штурм Кёнигсберга. Калининград, 1985.

(2) *Ржешевский О.А.* Визит А. Идена в Москву в декабре 1941 г. // Новая и новейшая история. 1994. No 2. С. 100.

(3) Тегеранская конференция трех союзных держав-СССР, США и Великобритании. 28 ноября-1 декабря 1943 г. Москва, 1984. С. 150.

(4) Переписка Председателя Совета Министров СССР с Президентами США и Премьер-министрами Великобритании во время Великой Отечественной войны 1941-1945 гг. Т. 1. Москва, 1989. С. 229.

(5) Там же. С. 237.

(6) Крымская конференция руководителей трех союзных держав-СССР, США

и Великобритании. 4–11 февраля 1945 г. Москва, 1984. С. 139, 147, 148.
(7) Берлинская (Потсдамская) конференция руководителей трех союзных держав-СССР, США и Великобритании. Москва, 1984. С. 56–58.
(8) Там же. С. 438.
(9) Правда. 1945. 13 апреля.
(10) Государственный архив Российской Федерации. Ф. 9401. Министерство внутренних дел СССР. Оп. 2. Д. 95. Л. 39–43.
(11) ГАКО. Ф. Р-237. Оп. 1. Д. 6. Л. 8.
(12) ГАКО. Ф. Р-318. Оп. 1. Д. 1. Л. 2–3 об.
(13) ГАРФ. Ф. 374. Оп. 2. Д. 173. Л. 58–61 об.
(14) 1946 年にケーニヒスベルク州内の主たる土地所有者は軍事省で，5000 km$^2$ 以上がその管理下におかれていた．これは内海部の海域面を除けば，州の総面積のほぼ半分を占めていた．
(15) ГАКО. Ф. 265. Оп. 2. Д. 6. Л. 2.
(16) ГАКО. Ф. 237. Оп. 1. Д. 5. Л. 11.
(17) Там же. Ф. 358. Оп. 1. Д. 2. Л. 153.

【訳注】

*1 戦間期ポーランド共和国領の東部は，1939 年 9 月のドイツとソ連によるポーランド侵攻後にソ連に併合され，ウクライナと白ロシアの一部となった．独ソ戦下ではドイツに占領されたが，戦後処理のなかで引き続きソ連領とすることが想定され，さらに追加的な領土の併合も行われた．
*2 1990 年 9 月 12 日に 6 カ国間で調印された「ドイツに関する最終的規定に関する条約(2+4 会議最終文書)」を指す．この条約では統一ドイツの国境や軍備制限，東独部のソ連軍撤退と外国軍隊配備の禁止などが定められた．

## 第 4 章

(1) Известия. 1944. 20 июля.
(2) *Ляш О.* Так пал Кёнигсберг. Воспоминания коменданта крепости Кёнигсберг. М., 1991. С. 20.
(3) Proudfoot, M.J. *European Refugees: 1939–1952*, Evanston, 1956, p. 369.
(4) Правда. 1945. 15 апреля.
(5) Берлинская (Потсдамская) конференция руководителей трех держав-СССР, США и Великобритании. М., 1984. С. 443.
(6) Ср.: История края (1946–1950). Калининград, 1984. С. 47.
(7) Lasch O., *So fiel Königsberg*, Stuttgart, 1976. S. 116, 127; Neumann R. *Ostpreussen unter Polnischer und Sowjetischer Verwaltung*, Frankfurt/M., 1956. S. 97–98; *Chronik deutscher Zeitgeschichte*, Duesseldorf, 1986. Bd. 3/1. S. 92, 189.
(8) Государственный архив Калининградской области (ГАКО). Ф. 330. Оп. 1. Д.

7. Л. 2, 3.

(9) Центральный архив Министерства обороны. Ф. 358. Оп. 5914. Д. 13. Л. 87.

(10) ГАКО. Ф. 181. Оп. 1. Д. 10. Л. 19, 123; Ф. 297. Оп. 3. Д. 7. Л. 26; Ф. 298. Оп. 4. Д. 2. Л. 59, 61.

(11) См.: *Костяшов Ю.В.* Выселение немцев из Калининградской области в послевоенные годы//Вопросы истории. 1994. № 6. С. 187.

(12) Восточная Пруссия глазами советских переселенцев. Первые годы Калининградской области в воспоминаниях и документах. Калининград, 2003. С. 246–250.

(13) *Маслов В. Н.* В начале нового пути: документы и материалы о развитии Калининградской области в годы деятельности чрезвычайных органов управления(апрель 1945–июнь 1947). Комитет по делам архивов, 2004.

(14) Восточная Пруссия глазами советских переселенцев. С. 252.

(15) ГАКО. Ф. Р-297. Оп. 3. Д. 10. Л. 55.

(16) Восточная Пруссия глазами советских переселенцев. С. 68.

(17) ГАКО. Ф. П-1. Оп. 1. Д. 2. Л. 33.

(18) ГАКО. Ф. Р-361. Оп. 6. Д. 1. Л. 21–22.

(19) ГАКО. Ф. Р-237. Оп. 1. Д. 2. Л. 77–78.

(20) Восточная Пруссия глазами советских переселенцев. С. 277–278.

(21) Восточная Пруссия глазами советских переселенцев. С. 281.

(22) В начале нового пути. С. 118.

(23) Восточная Пруссия глазами советских переселенцев. С. 254.

(24) В начале нового пути. С. 118.

(25) Восточная Пруссия глазами советских переселенцев. С. 256.

(26) В начале нового пути. С. 125.

(27) Восточная Пруссия глазами советских переселенцев. С. 271.

(28) Восточная Пруссия глазами советских переселенцев. С. 273.

(29) В начале нового пути. С. 340–341

(30) Восточная Пруссия глазами советских переселенцев. С. 268.

(31) Строганова Н.А. "Neue Zeit" — газета для немецкого населения Калининградской области//Вестник РГУ им. И. Канта. 2006. Вып. 6. С. 52–55.

(32) В начале нового пути. С. 85, 112.

(33) ГАКО. Ф. 298. Оп. 4. Д. 2. Л. 71–73.

(34) Восточная Пруссия глазами советских переселенцев. С. 273.

【訳注】

＊1　ヴィルヘルム・グストロフ号はナチが旅客船として建造し，戦時には病院船などに軍事転用された．1945 年 1 月 30 日に多数の避難民を乗せてダンツィヒ近郊のゴーテンファーヘン(現在のポーランドのグディニャ)を出航したがすぐに撃沈された．この悲劇はギュンター・グラスの『蟹の横歩き――ヴィルヘ

ルム・グストロフ号事件』(池内紀訳，集英社，2003年)やルータ・セペティスの『凍てつく海のむこうに』(野沢佳織訳，岩波書店，2017年)などの文学作品に描かれた．

＊2　「悲しみの収穫」という表現は，1930年代初頭のソ連で引き起こされた大規模な人為的飢餓について論じたイギリスの歴史家ロバート・コンクエストの『悲しみの収穫——ウクライナ大飢饉』(白石治朗訳，恵雅堂出版，2007年)に由来する．飢餓はウクライナからロシア南部，カフカース，中央アジアへと広がり，犠牲者数は定かではないが，数百万人に及ぶと考えられている．ウクライナはこれを「ホロドモール」と呼んで自国民への「ジェノサイド」とみなし，国際的な争点になっている．

＊3　同志裁判所は，犯罪ではなく労働規律違反や住民間・家族内のトラブルなどの比較的軽微な事案を扱う，勤労者や住民自身の手による教育的機能をあわせもった紛争解決の仕組み．革命直後から存在したが，一般的には第二次世界大戦までに廃れ，フルシチョフ期以降に再び活発化したとみられている．(河本和子「同志裁判所にみるソヴェト国家・社会・個人」『ロシア史研究』第89号，2012年)

### 第5章

(1)　ГАКО. Ф. 183. Оп. 5. Д. 1. Л. 9-12.

(2)　Восточная Пруссия глазами советских переселенцев. С. 38.

(3)　Секретные документы Отдела спецпоселений МВД СССР о заселении Калининградской области//Проблемы источниковедения и историографии. Калининград, 1999. С. 64-68.

(4)　Восточная Пруссия глазами советских переселенцев. С. 39-40.

(5)　Восточная Пруссия глазами советских переселенцев. С. 47.

(6)　Восточная Пруссия глазами советских переселенцев. С. 57-58.

(7)　Большой энциклопедический словарь Калининградской области. Калининград, 2011. С. 436.

(8)　Восточная Пруссия глазами советских переселенцев. С. 46.

(9)　ГАКО. Ф. 514. Оп. 1. Д. 4. Л. 13.

(10)　ГАКО. Ф. 183. Оп. 5. Д. 136. Л. 38.

(11)　ГАКО. Ф. 141. Оп. 7. Д. 8. Л. 14 об.; Д. 10. Л. 8-8 об.

【訳注】

＊1　第二次世界大戦期にドイツは占領地域住民を多数ドイツ国内に移送して強制労働させるとともに，多数の戦争捕虜を抱えていたが(そのうち数百万人が人為的飢餓による犠牲になった)，これらの人びとは「ファシスト」による感化を疑われ，帰国時に「浄化」のために一定期間「濾過《フィルター》キャンプ」に収容された．釈放後も故郷に戻れなかった者は相当数にのぼり，その人びとがカリーニングラードに定住した．

＊2　グラーグとは「矯正収容所管理本部」の略号で，シベリアや極東，極北地方などソ連全土に多数建設された収容所を広く指す．劣悪な環境に加えて過酷な強制労働により被収容者の死亡率はきわめて高かった．反体制的だとみなされた人びとには，「人民の敵」というレッテルが貼られて粛清の対象にされるとともに，家族も抑圧の対象になった．

＊3　コムソモールは1918年に創立された青年組織で，正式名称は全連邦レーニン青年共産主義同盟．

### 第6章

(1)　ГАКО. Ф. П-1. Оп. 1. Д. 103. Л. 5; Д. 123. Л. 86-87.

(2)　ГАКО. Ф. П-1. Оп. 1. Д. 45. Л. 140.

(3)　ГАКО. Ф. П-1. Оп. 1. Д. 27. Л. 3.

(4)　ГАКО. Ф. П-1. Оп. 1. Д. 58. Л. 1, 4, 6; Ф. 121. Оп. 1. Д. 7. Л. 52-53; Ф. 753. Оп. 1. Д. 1. Л. 12.

(5)　ГАКО. Ф. П-1. Оп. 1. Д. 83. Л. 85, 88, 98-99.

(6)　ГАКО. Ф. Р-297. Оп. 1. Д. 113. Л. 298.

(7)　ГАКО. Ф. П-1. Оп. 1. Д. 84. Л. 1; Д. 90. Л. 1, 12-16; Ф. 183. Оп. 1. Д. 3. Л. 12-15.

(8)　Первые секретари...Документы и материалы о деятельности партийных руководителей Калининградской области и Калининграда в 1947-1991 гг. Калининград, 2002. С. 13-22.

(9)　РГАСПИ. Ф. 17. Оп. 163. Д. 1500. Л. 99.

(10)　См.: ГАРФ. Ф. 5446. Оп. 49. Д. 1133, 2213, 2215; Оп. 59. Д. 38; ГАКО. Ф. 180. Оп. 1. Д. 3; Ф. 297. Оп. 1. Д. 105; Оп. 11. Д. 11, 12.

(11)　Калининградская правда. 1947. 26 августа.

(12)　ГАКО. Ф. 1. Оп. 1. Д. 124. Л. 68-71.

【訳注】

＊1　コルホーズやソフホーズの農民に保有の認められた，農家付属の小規模な自家菜園用の土地．ここでは一定の範囲内で個人の副業的な生産が許されていた．

＊2　ここで「首領」と訳出した原語 вождь は，本来，部族や国家の長や指導者を意味する語であるが，ソ連では1930年代末の大粛清の頃から，「独裁者」たるスターリンに限って使用されるようになった．

### 第7章

(1)　Восточная Пруссия глазами советских переселенцев. С. 65.

(2)　Восточная Пруссия глазами советских переселенцев. С. 58.

(3)　ГАКО. Ф. Р-1191. Оп. 1. Д. 18. Л. 87.

(4)　Восточная Пруссия глазами советских переселенцев. С. 204.

(5) Восточная Пруссия глазами советских переселенцев. С. 163.
(6) Восточная Пруссия глазами советских переселенцев. С. 209-210.
(7) ГАКО. Ф. Р-1191. Оп. 1. Д. 5. Л. 34.
(8) Восточная Пруссия глазами советских переселенцев. С. 66.
(9) Восточная Пруссия глазами советских переселенцев. С. 74.
(10) Восточная Пруссия глазами советских переселенцев. С. 90.
(11) ГАКО. Ф. Р-1191. Оп. 1. Д. 3. Л. 97-98.
(12) ГАКО. Ф. 298. Оп. 1. Д. 19. Л. 39-41.
(13) Восточная Пруссия глазами советских переселенцев. С. 107.
(14) ГАКО. Ф. Р-1191. Оп. 1. Д. 2. Л. 108.

【訳注】

*1 ロシア正教会の聖堂は，イコンと呼ばれる聖像画が数多く飾られる一方，カトリックやプロテスタントの教会で使用されるパイプオルガンやベンチはなく，ミサの間，信徒は立っていなければならない．

*2 イソップ寓話にちなんだ表現．権力のある者が富を独占することを皮肉っている．

## 第8章

(1) ГАКО. Ф. Р-318. Оп. 2. Д. 7. Л. 29; Ф. Р-921. Оп. 3. Д. 2. Л. 10 об.; Ф. Р-1033. Оп. 1. Д. 1. Л. 19; Ф. Р-1070. Оп. 1. Д. 1. Л. 3-3 об.
(2) ГАКО. Ф. Р-1026. Оп. 1. Д. 4. Л. 19-22.
(3) ГАКО. Ф. Р-1052. Оп. 1. Д. 137. Л. 32.
(4) ГАКО. Ф. Р-139. Оп. 9. Д. 223. Л. 14.
(5) ГАКО. Ф. Р-851. Оп. 6. Д. 1. Л. 11 об.
(6) ГАКО. Ф. Р-1002. Оп. 1. Д. 2. Л. 13.
(7) ГАКО. Ф. Р-679. Оп. 1. Д. 11. Л. 40; Ф. Р-746. Оп. 1. Д. 5. Л. 11 об.; Ф. Р-813. Оп. 1. Д. 2. Л. 24 об.
(8) ГАКО. Ф. П-1372. Оп. 1. Д. 1. Л. 37 об.
(9) ГАКО. Ф. П-439. Оп. 1. Д. 1. Л. 12.
(10) ГАКО. Ф. Р-535. Оп. 3. Д. 2. Л. 60.
(11) *Ким И.П.* Религиозная политика советского государства на Южном Сахалине и в Кенигсбергской / Калининградской области в 1945-1947 гг. // Ученые записки Сахалинского государственного университета. Южно-Сахалинск. 2009. С. 45-46.
(12) ГАКО. Ф. Р-1191. Оп. 1. Д. 5. Л. 80-96.
(13) ГАКО. Ф. Р-246. Оп. 2. Д. 18. Л. 1-25.

【訳注】

*1 セミョーン・ミハイロヴィチ・ブジョンヌィ(1883-1973)はソ連邦元帥，軍事人民委員代理などを歴任．

＊2　ソ連には，ロシア帝国期以来の伝統を受け継いで，中等段階の医学教育を受けた「准医師《フェルトシャー》」と呼ばれる下級医療専門職があり，農村には准医師が応急措置を行う施療所が置かれていた．
＊3　ソ連で「労働集団」という語は，組織労働に整然と従事するとともに労働権上の主体とみなされる労働者の集団を意味しており，ここでは実際の働きぶりとの乖離を印象づける効果をもたらしている．
＊4　共産党の最末端の組織を指す．

### 第9章

(1)　ГАКО. Ф. 297. Оп. 3. Д. 7. Л. 23-25.
(2)　Восточная Пруссия глазами советских переселенцев. С. 225.
(3)　В начале нового пути. С. 327.
(4)　Архив Управления внутренних дел по Калининградской области (АУВДКО). Ф. 48. Д. 1. Л. 2-86.
(5)　Государственный архив Российской Федерации (ГАРФ). Ф. 9401. Оп. 2сч. Д. 172. Л. 303-304.
(6)　ГАРФ. Ф. 9401. Оп. 12. Д. 229. Л. 104-106; ГАКО. Ф. 297. Оп. 3. Д. 8. Л. 110-111 об.
(7)　Восточная Пруссия глазами советских переселенцев. С. 226-227.
(8)　ГАКО. Ф. Р-361. Оп. 6. Д. 1. Л. 29 об.
(9)　ГАКО. Ф. Р-1191. Оп. 1. Д. 9. Л. 7-8.
(10)　Восточная Пруссия глазами советских переселенцев. С. 295.
(11)　Восточная Пруссия глазами советских переселенцев. С. 299-300.
(12)　АУВДКО. Ф. 48. Д. 1-33.(算定はすべて著者が行った.)
(13)　ГАКО. Ф. 297. Оп. 3. Д. 16. Л. 28-30.

### 第10章

(1)　Калининградская правда. 26 июля 1950 г.
(2)　Правда. 13 апреля 1945 г.
(3)　スターリンの指導の下に作成された『共産党史小教程』は，ソ連のイデオロギーの主要な教科書であり，歴史の歪曲の同義語とみなされている．
(4)　Российский государственный архив социально-политической истории, г. Москва (РГАСПИ). Ф. 17. Оп. 125. Д. 515. Л. 18-22.
(5)　ГАКО. Ф. Р-344. Оп. 3. Д. 39. Л. 1-16.
(6)　ГАКО. Ф. Р-65. Оп. 1. Д. 14. Л. 8-8 об., 30; Д. 24. Л. 1-73.
(7)　ГАКО. Ф. Р-520. Оп. 1. Д. 45. Л. 35-46.
(8)　ГАКО. Ф. Р-520. Оп. 1. Д. 158. Л. 61-62.
(9)　ГАКО. Ф. Р-310. Оп. 1. Д. 1. Л. 1-14.
(10)　*Криворуцкая И.Е.* Кампания переименований 1946-1947 годов //

Калининградские архивы. Калининград, 1998. No 1. С. 90–106.

(11) Brodersen P. Die Stadt im Westen. Wie Königsberg Kaliningrad wurde. Göttingen, 2008. S. 65–70.

(12) ГАКО. Ф. Р-297. Оп. 1. Д. 12. Л. 17–20. 1947年のカリーニングラードには，44カ所の軍人墓地があった．

(13) *Костяшов Ю.* Кто спас усыпальницу Иммануила Канта от разрушения? // Кантовский сборник. 2002. №23. С. 125–131.

(14) *Фостова С.* Мемориал 1200 гвардейцам в Калининграде // Теория и практика современных краеведческих исследований. Тамбов, 2015. С. 67–73.

(15) ГАКО. Ф. Р-19. Оп. 1. Д. 22. Л. 302–304.

(16) この非公開つまり秘密の書簡(呼びかけ)は公刊されず，集会に出席した党員に向けて読み上げられた．これはイデオロギー活動やプロパガンダを行う際の一つのやり方だった．

(17) ГАКО. Ф. П-1. Оп. 1. Д. 82. Л. 32–33.

(18) ГАКО. Ф. Р-19. Оп. 1. Д. 10. Л. 275–276.

(19) ГАКО. Ф. П-1. Оп. 1. Д. 82. Л. 29–31.

(20) ГАКО. Ф. 216. Оп. 1. Д. 101. Л. 50, 57.

【訳注】

＊1 連合国首脳は大西洋憲章やヤルタ協定など一連の国際協定によって，ナチの暴政の打倒と恐怖や欠乏からの解放などの戦争目的を確定し明示したが，その点に留意してこの一文は書かれている．

＊2 ドイツ騎士団によるバルト海東岸地域(現在のポーランド東部からバルト諸国にいたる地域)からさらにその東への進攻は，異教地域のキリスト教化をめざした十字軍運動の一環と考えられており，最近の歴史学でも「北の十字軍」ないし「北方十字軍」と呼ぶのが一般的になっている．ノヴゴロド公のアレクサンドル・ネフスキーは，現在のエストニアとロシアとの国境に位置するチュード湖(エストニア語ではペイプシ湖)の氷上の戦いでドイツ騎士団を破ったことで歴史に名をとどめている．

＊3 1956年のソ連共産党第20回党大会で党第一書記のフルシチョフがスターリンを批判する秘密報告を行ったが，これは「個人崇拝とその結果について」と題されていた．

＊4 1947年7月16日付のソ連共産党中央委員会秘密書簡により，ソ連科学アカデミー生理学研究所細胞研究室長でロシア共和国保健省腫瘍学研究所の研究室長を兼務したグリゴリー・ロースキンと，彼の妻で微生物学者のニーナ・クリューエヴァが，共著書『悪性腫瘍の生物療法』をアメリカで発表したことが批判された事件．保健省内党組織からの摘発に基づき，両名の「外国崇拝とブルジョア的な西側の現代的反動文化への拝跪と隷従」が厳しく槍玉に挙げられた．

## 第11章

(1) *Колганова Э., Колганов И.* Самая западная. Краткий очерк о Калининградской области, Калининград, 1959. С. 13.
(2) *Колганова Э., Колганов И., Иванов Ю.* Путешествуйте по Калининградской области. Калининград, 1961.
(3) Matthes E. *Verbotene Erinnerung: Die Wiederentdeckung der ostpreußischen Geschichte und regionales Bewußtsein im Gebiet Kaliningrad* (1945–2001). Stuttgart, 2001. S. 17.
(4) ГАКО. Ф. Р-68. Оп. 2. Д. 6. Л. 7.
(5) *Фостова С.* Дискуссия о судьбе Кёнигсбергского замка и его разрушении в 1950–1960-е годы//Калининградские архивы. 2015. №12. С. 179–204.
(6) Литературная газета. 30 октября 1965 г.
(7) ГАКО. Ф. Р-297. Оп. 8. Д. 1780. Л. 19–21.
(8) Восточная Пруссия глазами советских переселенцев. С. 208.
(9) Bert Hoppe, "Auf den Trümmern von Königsberg. Kaliningrad 1946–1970, *Schriftenreihe der Vierteljahrshefte für Zeitgeschichte*, Bd. 80, München, 2000. S. 128.
(10) *Бирковский В.* (ред.) История края (1945–1950): Учебное пособие для студентов-историков Калининградского университета. Калининград, 1984.
(11) *Дементьев И.* К 25-летию кафедры истории и международных отношений Калининградского государственного университета. Калининград, 2003. С. 122.
(12) *Колганова Э.М., Колганов И.П.* Путеводитель по Калининграду. Калининград, 1967. 72 с.
(13) *Гулыга А.В.* Кант. Москва, 1977(邦訳：アルセニイ・グリガ著，西牟田久雄・浜田義文訳『カント――その生涯と思想』法政大学出版局，1983年，新装版2015年).
(14) たとえば5月9日には首都や共和国，州の中心部で軍事パレードが行われた．あらゆる都市に「無名戦士」の像や「永遠の火」の記念碑が建設され，「記憶の衛兵」「沈黙の時間」といった催しが開催され，花輪が飾られて集会が開かれた．
(15) *Трунов А.*(ред.)Объекты культурного наследия Калининградской области. Москва, 2013.
(16) ГАКО. Ф. Р-310. Оп. 1. Д. 273. Л. 19–24, 37–42.
(17) ГАКО. Ф. Р-68. Оп. 2. Д. 37. Л. 21–35.
(18) ГАКО. Ф. Р-297. Оп. 8. Д. 1913. Л. 40, 48–49; Ф. Р-615. Оп. 1. Д. 3. Л. 15.

## 第12章

(1) *Храппа В.* Мы-народ//Калининградский комсомолец. 23 апреля 1988 г. С. 4,

9.

(2) *Городилов А.А.* Россия в центре Европы. Калининград, 1998. С. 131.

(3) *Иванов Ю.* Путешествие из Калининграда в Кёнигсберг и обратно // Известия. 5 октября 1989 г.

(4) Вестник Архива Президента Российской Федерации. 1995. No 1. С. 123–130.

(5) Albrecht D. *Wege nach Sarmatien. Zehn Tage Preussenland. Orte, Texte, Zeichen.* Lüneburg, 1995. S. 51–52.

(6) Mühlen I. *Als Gast in Königsberg.-Königsberg in alten und neuen Reisebeschreibungen.* Düsseldorf, 1989. S. 229–260.

(7) *Видмайер К.* Никто не хотел уезжать//Литературная газета. 11 октября 1989 г.

(8) *Дементьев И.О.* «Что я могу знать?»: формирование дискурсов о прошлом Калининградской области в советский период//Люди и тексты. Москва, 2014. С. 175–218.

(9) *Губин А., Строкин В.* Очерки истории Кёнигсберга. Калининград, 1991; Исупов В., Кретинин Г. (ред.) Восточная Пруссия с древнейших времен до конца Второй мировой войны. Калининград, 1996.

(10) *Трунов А.*(ред.)Объекты культурного наследия Калининградской области. Москва, 2013. С. 129–164.

(11) Известия. 5 мая 2003 г.

(12) Независимая газета. 16 июня 2003 г.

【訳注】

＊1　ケーニヒスベルクの紋章で，意匠化された「K」の上に王冠が配されていたことが意識されている．

＊2　ペトログラードはピョートルに由来する．スヴォーロフはナポレオン戦争時に武勲をあげた将軍，アレクサンドル・ネフスキーについては第10章の訳注2を参照のこと．

## 結　語

(1)　以下の引用は1989年から1991年に記録したインタヴューからの抜粋である．